U0932808

中国特色社会主义政治经济学 名家论丛

王立胜 主编

中国特色社会主义
政治经济学的国家主体性

国家社科规划重大课题《中国特色社会主义政治经济学探索》(编号:16ZDA002)

ZHONGGUO TESE SHEHUIZHUYI
ZHENGZHI JINGJIXUE DE GUOJIA ZHUTIXING

王立胜 著

山东城市出版传媒集团·济南出版社

图书在版编目(CIP)数据

中国特色社会主义政治经济学的国家主体性/王立胜著.
—济南：济南出版社，2017.9
（中国特色社会主义政治经济学名家论丛 / 王立胜主编）
ISBN 978－7－5488－2807－5

Ⅰ.①中…　Ⅱ.①王…　Ⅲ.①中国特色社会主义—社会主义政治经济学—研究　Ⅳ.①F120.2

中国版本图书馆 CIP 数据核字(2017)第 234565 号

出 版 人　崔　刚
责任编辑　朱向泓
封面设计　侯文英

出版发行　济南出版社
地　　址　山东省济南市二环南路1号(250002)
编辑热线　0531－86131712
发行热线　0531－86131728　86922073　86131701
印　　刷　山东华立印务有限公司
版　　次　2017年9月第1版
印　　次　2017年9月第1次印刷
成品尺寸　170mm×240mm　16开
印　　张　21.25
字　　数　300千
印　　数　1—3000册
定　　价　86.00元

中国特色社会主义政治经济学名家论丛

中国社会科学院　王立胜

王立胜简介

王立胜，1963 年 1 月生于山东省莒南县。 现任中国社会科学院经济研究所党委书记、副所长，中国社会科学院全国中国特色社会主义政治经济学研究中心主任。 哲学硕士、法学博士。 山东省专业技术拔尖人才，山东省十佳理论工作者，享受国务院政府特殊津贴。 当代中国马克思主义政治经济学创新智库常务理事长，中国特色社会主义政治经济学论坛主席、理事会理事长，中国社会科学院中国现代经济史研究中心理事长，中国《资本论》研究会副会长，全国毛泽东哲学思想研究会副会长，新疆智库学术委员会委员。

1991.07—1998.01，在中共山东省委党校工作，先后任讲师、副教授和中共党史教研部副主任；1998.01—2001.01，中共潍坊市委副秘书长；2001.01—2005.12，山东省昌乐县委副书记、县长；2005.12—2010.06，中共山东省青州市委书记、市人大常委会主任；2010.06—2012.08，山东省援疆工作指挥部副总指挥、潍坊市副市长、山东省对口支援办公室副主任；2012.08—2015.12，中共喀什地区地委委员、宣传部长、喀什地区行署常务副专员；2016.01 至今任中国社会科学院经济研究所党委书记。

无论是从事领导工作还是在理论研究岗位，王立胜始终把实践当作思考问题的动力，把问题意识作为科研的基本导向，所以，他的研究成果具有明显的问题导向和跨学科特征。

王立胜长期从事中国化马克思主义理论研究，是国内较早进行这方面研究的学者。 他较早提出并进行了毛泽东邓小平理论比较研究，较早提出建构“毛泽东学”和“毛泽东精神”研究。 出版了《晚年毛泽东的艰苦探索》《重新认识毛泽东》《中国发展大战略——从毛泽东到邓小平》《论作为思想体系和价值体系的邓小平理论》等著作。

长期的县域工作使他极为关注中国农村现代化问题。 他不仅在学术刊物上发表了大量的关于农村研究的论文，还出版了《中国农村现代化：思路与出路》《中国农村现代化社会基础研究》《农村研究的中度视野：以县为中心的思考》等专著，主持创办了连续出版物——《中国乡村学研究》。

新疆问题的紧迫性和复杂性使他特别关注边疆学尤其是新疆学的研究。 作为新疆智库学术委员会委员，他承担了智库项目——《长治久安目标下的对口援疆对策研究》，写出了一系列关于新疆问题的论文，出版了专著《新疆治理实践的过程论审视》。 他与一些著名学者进行关于新疆问题的对话发表后，引起了国家有关领导的高度重视。

适应工作重心的转变，中国特色社会主义政治经济学成为王立胜当前重要的学术研究方向。 他不仅已有数篇相关学术文章见诸报刊，而且获 2016 年社会科学规划重大课题——《中国特色社会主义政治经济学探索》。 同时，中国社会科学院全国中国特色社会主义政治经济学研究中心和中国社会科学院当代中国马克思主义政治经济学创新智库的建立，为他和他所带领的研究团队进行科研攻关提供了重要的平台。

总　序

中国社会科学院　王立胜

习近平总书记在2016年哲学社会科学工作座谈会“5·17”讲话中指出：“这是一个需要理论而且一定能够产生理论的时代，这是一个需要思想而且一定能够产生思想的时代。我们不能辜负了这个时代。”① 中国特色社会主义政治经济学就是习近平总书记结合时代要求倡导的重要学说，其主要使命就是以政治经济学总结中国经验、创建中国理论。他指出：“坚持和发展中国特色社会主义政治经济学，要以马克思主义政治经济学为指导，总结和提炼我国改革开放和社会主义现代化建设的伟大实践经验。”② 在2017年省部级主要领导干部“学习习近平总书记重要讲话精神，迎接党的十九大”专题研讨班“7·26”讲话中，习近平总书记提出当前的时代变迁是发展阶段的变化，指出“我国发展站到了新的历史起点上，中国特色社会主义进入了新的发展阶段”③，强调“时代是思想之母，实践是理论之源”④，要求总结实践经验，推进理论创新。在经济学领域，实现从实践到理论的提升，就是要贯彻习近平总

① 习近平：《在哲学社会科学工作座谈会上的讲话》，《人民日报》2016年5月19日。

② 新华社：《坚定信心增强定力　坚定不移推进供给侧结构性改革》，《人民日报》2016年7月9日。

③ 新华社：《高举中国特色社会主义伟大旗帜　为决胜全面小康社会实现中国梦而奋斗》，《人民日报》2017年7月28日。

④ 新华社：《高举中国特色社会主义伟大旗帜　为决胜全面小康社会实现中国梦而奋斗》，《人民日报》2017年7月28日。

书记在中央政治局第二十八次集体学习时提出的重要指示，“提炼和总结我国经济发展实践的规律性成果，把实践经验上升为系统化的经济学说”[①] ——这就是“坚持和发展中国特色社会主义政治经济学”的历史使命和时代要求。

当前中国特色社会主义政治经济学的提出和发展也是六十余年理论积淀的结果。1955 年苏联政治经济学教科书中文版[②]在国内出版，当时于光远[③]、林子力和马家驹等[④]学者就开始着手探讨政治经济学的体系构建问题。从 1958 年到 1961 年，毛泽东四次提倡领导干部学习政治经济学[⑤]，建议中央各部门党组和各省（市、自治区）党委的第一书记组织读书小组读政治经济学。他与刘少奇、周恩来分别组织了读书小组。在组织读书小组在杭州读书期间，他在信中说“读的是经济学。我下决心要搞通这门学问”[⑥]。在毛泽东的倡导下，20 世纪 50 年代中后期我国出现了第一次社会主义经济理论研究高潮——正是在这次研究高潮中，总结中国经验、构建中国版的社会主义经济理论体系被确定为中国政治经济学研究的方向和目标，并被一直坚持下来。这次研究高潮因“文革”而中断。“文革”结束后的 80 年代，在邓小平的倡导和亲自参与下，我国出现了第二次社会主义经济理论的研究高潮。很多学者在“文革”前积累的理论成果也在这一时期集中发表。在这次研究高潮中，我国确立了社会主义公有制与市场经济相结合的发展方向，形成了社会主义市场经济理论，为改革开放以来 40 年的经济繁荣提供了理论支撑。

① 新华社：《立足我国国情和我国发展实践　发展当代中国马克思主义政治经济学》，《人民日报》2015 年 11 月 25 日。

② 苏联科学院经济研究所：《政治经济学教科书》（中译本），北京：人民出版社 1955 年版。

③ 仲津（于光远）：《政治经济学社会主义部分研究什么?》，《学习》1956 年第 8 期；《最大限度地满足社会需要是政治经济学社会主义部分的一个中心问题》，《学习》1956 年第 11 期。

④ 林子力、马家驹、戴钟珩、朱声绂：《对社会主义经济的分析从哪里着手?》，《经济研究》1957 年第 4 期。

⑤ 逄义明：《“大跃进”后毛泽东四次提倡领导干部学政治经济学》，《党的文献》2008 年第 3 期。

⑥《建国以来毛泽东文稿》第 8 册，北京：中央文献出版社 1993 年版，第 637 页。此次学习期间毛泽东读苏联政治经济学教科书的批注和谈话成为我国政治经济学研究的重要文献资料。

当前在习近平总书记的倡导下，从2016年年初开始，我国出现了研究中国特色社会主义政治经济学的新高潮，形成了中国社会主义政治经济学的第三次研究高潮。经历了六十余年的理论积淀，在中国特色社会主义新的发展阶段，中国特色社会主义政治经济学的发展正逐步汇成一股理论潮流，伴随中国特色社会主义建设事业的蓬勃发展滚滚而来！

纵观六十余年积淀与三次研究高潮，中国特色社会主义政治经济学的发展既继往开来又任重道远。一方面，所谓“继往开来”，是中国社会主义经济建设事业的蓬勃发展为中国版社会主义政治经济学的形成开创了越来越成熟的现实条件。20世纪50年代，毛泽东感叹“社会主义社会的历史，至今还不过四十多年，社会主义社会的发展还不成熟，离共产主义的高级阶段还很远。现在就要写出一本成熟的社会主义、共产主义政治经济学教科书，还受到社会实践的一定限制”①。20世纪80年代，邓小平高度评价中共十二届三中全会《中共中央关于经济体制改革的决定》提出的“在公有制基础上有计划的商品经济”，认为是“写出了一个政治经济学的初稿，是马克思主义基本原理和中国社会主义实践相结合的政治经济学”②。当前，习近平总书记指出，“中国特色社会主义是全面发展的社会主义”③，“中国特色社会主义进入了新的发展阶段”④，要“提炼和总结我国经济发展实践的规律性成果，把实践经验上升为系统化的经济学说”⑤。从毛泽东认为写出成熟的教科书“受到社会实践的一定限制”，到邓小平认为“写出了一个政治经济学的初稿”，再到习近平提出“把实践经验上升为系统化的经济学说”，历代领导人关

① 中华人民共和国国史学会：《毛泽东读社会主义政治经济学批注和谈话》（简本），内部资料，第804页。

②《邓小平文选》第3卷，北京：人民出版社1993年版，第83页。

③ 习近平：《准确把握和抓好我国发展战略重点　扎实把“十三五”发展蓝图变为现实》，《人民日报》2016年1月31日。

④ 新华社：《高举中国特色社会主义伟大旗帜　为决胜全面小康社会实现中国梦而奋斗》，《人民日报》2017年7月28日。

⑤ 新华社：《立足我国国情和我国发展实践　发展当代马克思主义政治经济学》，《人民日报》2015年11月25日。

于理论发展现实条件的不同判断表明，随着社会主义建设进入不同历史阶段，政治经济学理论发展的现实条件日益成熟，实践推动理论创新。正如习近平总书记所言："中国特色社会主义不断取得的重大成就，意味着近代以来久经磨难的中华民族实现了从站起来、富起来到强起来的历史性飞跃……意味着中国特色社会主义拓展了发展中国家走向现代化的途径，为解决人类问题贡献了中国智慧、提供了中国方案。"① 在实践的推动下，中国特色社会主义政治经济学的发展，继往开来。

另一方面，所谓"任重道远"，是指中国特色社会主义政治经济学从提出到成熟尚需经历曲折的探索过程。当前中国特色社会主义政治经济学的发展至少需要面临两个方面的艰难探索：第一，理论构建面临诸多悬而未解的学术难题。从20世纪50年代开始，国内围绕体系构建的"起点论""红线论"等问题就形成了诸多争论，同时，社会主义条件下"剩余价值规律"和"经济危机周期性"的适用性等一些原则性的问题未能获得解决，甚至某些问题上的分歧出现了日益扩大的趋势。这在很大程度上限制了中国特色社会主义政治经济学的理论化水平，使政治经济学经典理论中的价值理论、分配理论、剩余价值理论和危机理论未能充分体现在中国社会主义政治经济学中，从而导致中国实践中涌现的一系列具有中国特色的经济思想未能获得经典的理论化表述。破解这一难题，需要直面六十余年来形成的一系列争论，加速对政治经济学经典理论的创新应用，在中国特色社会主义经济思想理论化的道路上不断探索。第二，时代变革形成的新问题和新挑战倒逼理论探索。20世纪50年代中后期，既是中国社会主义政治经济学的第一次研究高潮，也是我国社会主义初级阶段的起始时期。当前中国社会主义经济建设在经历了六十余年的巨变后，迎来了中国特色社会主义新的发展阶段。中国特色社会

① 新华社：《高举中国特色社会主义伟大旗帜　为决胜全面小康社会实现中国梦而奋斗》，《人民日报》2017年7月28日。

主义政治经济学也需要适应新时期新阶段，加速理论创新。正如习近平总书记在“7·26”讲话中所强调的：“我们要在迅速变化的时代中赢得主动，要在新的伟大斗争中赢得胜利，就要在坚持马克思主义基本原理的基础上，以更宽广的视野、更长远的眼光来思考和把握国家未来发展面临的一系列重大战略问题，在理论上不断拓展新视野、作出新概括。”① 值得注意的是，实践中的新问题与历史累积的学术难题，都将理论探索指向中国特色社会主义政治经济学理论化水平的提升：在实践方面，要形成解释社会主义初级阶段不同时期的理论体系，为新时期的经济实践指明方向，必须提升理论高度；而提高理论高度就需要在理论方面破解体系构建面临的学术难题，创新政治经济学经典理论使之适应当前现实，从而实现中国特色社会主义经济建设经验的理论化重构。理论水平的提升必须遵循学术发展的客观规律，注定是一个任重道远的探索过程，要求政治经济学研究者群策群力、积极进取、砥砺前行。

编写出版《中国特色社会主义政治经济学名家论丛》就是为了响应习近平总书记推进理论创新的时代要求，服务中国特色社会主义政治经济学的发展。纵观中国社会主义政治经济学六十余年的发展历程不难发现：政治经济学学者承担着理论创新的历史使命，学术交流质量决定理论发展水平。当前中国政治经济学界存在着一支高水平的政治经济学理论队伍，他们既是六十余年理论积淀的承载者，也是当前理论创新的承担者。及时把握这些学者的研究动态，加快其理论成果的普及推广，不仅有助于推动政治经济学界的学术交流，也有助于扩大中国特色社会主义政治经济学的社会反响，同时为后来的研究提供一批记录当代学者理论发展印迹的历史文献。“名家论丛”选取的名家学者都亲历过20世纪80年代和当前两次研究高潮，部分学者甚至是三次理论高潮的亲历者。

① 新华社：《高举中国特色社会主义伟大旗帜　为决胜全面小康社会实现中国梦而奋斗》，《人民日报》2017年7月28日。

这些学者熟悉中国社会主义政治经济学的理论传承，知晓历次研究高潮中的学术焦点与理论分歧，也对中国特色社会主义经济建设经验具有深刻的理论洞察。在本次研究高潮中，他们的理论积淀和实践观察集中迸发，围绕中国经验的理论升华和中国特色社会主义政治经济学的体系构建集中著述，在中国特色社会主义政治经济学的发展中起到学术引领和理论中坚的作用，其研究成果值得高度关注和广泛推广。同时，从2015年底习近平总书记提出“中国特色社会主义政治经济学”算起，当前这次研究高潮从形成到发展，尚不足两年，还处于起步阶段，需要学界同仁的共同参与、群策群力，使之形成更大的理论潮流。中国社会科学院经济研究所是我国重要的经济学研究机构，也是中国社会主义政治经济学六十余年发展历程和三次理论高潮的重要参与者。在20世纪50年代和80年代两次理论高潮中，经济研究所的张闻天、孙冶方、刘国光和董辅礽等老一辈学者是重要的学术领袖。在本轮研究高潮中，经济研究所高度重视、积极参与中国特色社会主义政治经济学的发展，决心依托现有资源平台积极服务学界同仁。策划出版《中国特色社会主义政治经济学名家论丛》的目的就在于服务学术创新，为当前的理论发展略尽绵薄，也是为笔者所承担的国家社科规划重大项目“中国特色社会主义政治经济学探索”积累资料。

同时，为了更加全面地展示中国特色社会主义政治经济学的理论发展动态，我们还将依据理论发展状况适时推出“青年论丛”和“专题论丛”，就青年学者的学术观点和重要专题的学术成果进行及时梳理与推广，以期及时反映理论发展全貌，推动学术交流，服务理论创新。当然，三个系列论丛的策划与出版，完全依托当前的理论发展潮流，仰赖专家学者对经济研究所工作的认可与鼎力支持。在此我们代表经济研究所和论丛编写团队，对政治经济学界同仁的支持表示衷心的感谢！同时也希望各位大家积极参与论丛的编写和出版，为我们推荐更多的高水平研究成果，提高论丛的编写质量。

目 录

上卷 中国特色社会主义政治经济学

下卷 政治家的经济思想

上卷

中国特色社会主义政治经济学

中国特色社会主义政治经济学的形成和发展

以习近平同志为核心的党中央十分重视中国特色社会主义政治经济学。早在2012年6月视察中国人民大学《资本论》教学与研究中心时，习近平同志就指出，“马克思主义中国化形成了毛泽东思想和中国特色社会主义理论体系两大理论成果”，提出“进一步深化、丰富和发展中国特色社会主义理论体系”；在2014年7月的中央经济形势专家座谈会上，习近平同志提出，“各级党委和政府要学好用好政治经济学”；2015年11月，习近平同志强调不断开拓当代中国马克思主义政治经济学新境界；2015年12月，习近平同志强调要坚持中国特色社会主义政治经济学的重大原则；“十三五”规划纲要指出：积极适应把握引领新常态，坚持中国特色社会主义政治经济学的重要原则。经过近40年的改革开放和经济发展实践，中国特色社会主义政治经济学已经开始形成相对完整的思想体系，弄清它的形成背景、理论基础、形成脉络、基本原则和主要观点，具有重要的理论和现实意义。

一、 中国特色社会主义政治经济学形成的背景和理论来源

（一）中国改革发展实践是中国特色社会主义政治经济学发展的丰厚土壤

改革开放之前30年，中国共产党和毛泽东同志一直在艰辛探索，曾试

图“以苏联为鉴”，并最终走上了中国自己的社会主义建设道路，为当代中国一切发展进步奠定了基础。改革开放开启了中国社会主义制度和生产力发展的历史大幕，取得了举世公认的成就。1978 年，中国 GDP 只有 3650 亿元，世界排名第 15 位；2010 年，GDP 达 397983 亿元，超越日本成为全球第二大经济体；2015 年 GDP 初步核算达 676708 亿元。连续 30 多年的高速增长创造了世界经济增长奇迹。中国依然是发展中国家，但经济体量于世界举足轻重，成为影响世界经济的关键变量之一。新中国成立 60 多年，特别是改革开放近 40 年来的改革发展实践为马克思主义政治经济学的中国化、时代化奠定了丰厚的现实基础。

苏东剧变、全球金融危机等重大世界历史事件也为中国特色社会主义政治经济学提供了发展机遇。上世纪 80 年代末 90 年代初苏东剧变，一些人宣布“历史终结了”，即使是马克思主义阵营中的一些人，面对“信息时代”“知识经济”“消费主义”“后工业”“后现代”等新现象，也感到马克思主义政治经济学“过时了”。邓小平同志曾一针见血地指出：“世界上一些国家发生问题，从根本上说，都是因为经济上不去。”① 这一认识逐步凝练为中国特色社会主义政治经济学的一个基本原则：“发展是第一要务”。2008 年以来世界金融危机的蔓延和所带来的冲击，在暴露出资本主义制度和西方主流经济学脆弱性的同时，也昭示了中国特色社会主义制度和理论体系的生命力。

经过 30 多年的高速增长，中国经济已经开始迈入新常态，粗放式的经济增长模式已经难以为继，财富占有和收入分配差距过大、生态环境和资源遭到严重破坏、发展质量不高等已成为迫切需要解决的现实问题。科学认识新成长阶段，准确把握经济发展新常态的基本特征，提出跨越中等收入陷阱的根本对策，已成为当前紧迫的理论需求，也为中国特色社会主义经济学提供了新动力。

---

① 邓小平文选：第 3 卷．北京：人民出版社，1993.

（二）中国特色社会主义政治经济学的理论来源

作为马克思主义政治经济学中国化和时代化的结晶，马克思主义政治经济学的基本原理构成中国特色社会主义政治经济学的基本理论来源。这些基本原理主要包括：第一，历史唯物主义方法论。这是马克思研究政治经济学的一条基本思维。在《〈政治经济学批判〉序言》中，马克思对历史唯物主义方法论做了非常清晰的表述，指出："人类始终只提出自己能够解决的任务，因为只要仔细考察就可以发现，任务本身，只有在解决它的物质条件已经存在或者至少是在生成过程中的时候，才会产生。"① 基于这一根本方法，中国特色社会主义政治经济学应该从中国改革开放和经济发展的实践出发，直面重大理论和现实问题。第二，马克思、恩格斯对共有经济规律的研究。这些研究同样适合于分析中国特色社会主义经济。比如，马克思认为按比例分配社会劳动就是一条普遍规律："这种按一定比例分配社会劳动的必要性，绝不可能被社会生产的一定形式所取消，而可能改变的只是它的表现形式，这是不言而喻的。"② 第三，对市场经济运行规律的分析。在《资本论》等著作中，马克思对市场经济的一般原理进行了分析，这些分析同样适用于社会主义市场经济，如对价值规律、供求规律、竞争规律、社会再生产规律以及收入分配原理的分析等等都适用于社会主义市场经济。第四，对未来社会的科学预测。如按劳分配思想、人的自由而全面发展的思想等。恩格斯指出："通过消除旧的分工，通过产业教育、变换工种、所有人共同享受大家创造出来的福利，通过城乡的融合，使社会全体成员的才能得到全面发展。"③

中华民族文化精粹为中国特色社会主义政治经济学提供了深厚的文化

① 马克思恩格斯文集：第 2 卷．北京：人民出版社，2009.

② 马克思恩格斯全集：第 32 卷．北京：人民出版社，1974.

③ 马克思恩格斯文集：第 1 卷．北京：人民出版社，2009.

底蕴。五千多年连绵不断的文明史，积淀了丰富的经济思想。孙中山先生甚至提出“经济学本滥觞于我国”的说法。儒家学说包含深刻的经济思想。“仁义”二字，构成儒家经济思想的灵魂，认为生产等社会经济活动，不仅是一个物质产品生产和流转的过程，也是一个受道义制约的求道尽仁的精神活动过程；“百姓足，君孰与不足，百姓不足，君孰与足?”民富为源，国富为流。除了儒家经济思想外，其他学派也提出了重要的经济思想。司马迁《史记·货殖列传》堪称经典，著名经济学家莱斯利·杨格甚至认为，司马迁早在亚当·斯密之前就提出了市场机制的概念，以及“看不见的手”的隐喻：“水之趋下”。哈耶克和罗斯巴德等奥地利学派学者赞同老庄的“自发社会秩序”思想。[①] 一部中国古代经济思想史为构建中国特色社会主义政治经济学提供了丰富的传统文化养料，而后者的“特色”在根本上源于中国的传统文化基因。中国近现代经济思想更是为中国特色社会主义政治经济学的建构，提供了丰富的反映中国现代化历程经验教训的思想成果。新中国成立以后尤其是改革开放以来近40年中国经济思想的不断发展成为中国特色社会主义政治经济学建构的直接的思想来源。

中国特色社会主义政治经济学和马克思主义政治经济学一样是一个开放的体系，它不仅把中国经济思想作为自己的文化资源，还应该借鉴现代西方经济学中的科学成分。习近平总书记在联合国教科文组织总部发表演讲时指出，“对待不同文明，我们需要比天空更宽阔的胸怀”。邓小平指出，要使中国特色社会主义赢得与资本主义相比较的优势，就必须大胆吸收和借鉴人类社会创造的一切文明成果。应该承认，现代经济学对现代市场经济运行和经济发展规律做了比较系统的分析，提出了一系列的概念、分析范式和理论观点，有些是科学的，中国特色社会主义政治经济学可以借鉴和利用。一些著名西方经济学家提出的科学观点也是可以借鉴的。例如，在政府与市场的关系问题上，诺贝尔奖得主迈克尔·斯宾塞认为二者并没

① 程霖，陈旭东．中国传统经济思想的现代价值．文汇报，2016－2－26.

有明确边界，应考虑到经济体的差异。具体说来，市场对高收入经济体的主要功能是价格发现、资源配置和激励创新等；但是市场功能的发挥也需要政府干预，市场上述功能的发挥需要政府在基础设施建设、人力资本投资和制度环境的培育方面提供帮助。① 这些观点对于我们处理好政府与市场关系都是富有启发意义的。

二、中国特色社会主义政治经济学的发展脉络

中国特色社会主义政治经济学的形成经历了一个奠基、开拓、丰富、发展和逐步系统化的过程，是我们党不断探索人类社会发展规律、中国特色社会主义建设规律、中国共产党执政规律的理论结晶，政治经济学界专家学者的学术探讨和理论争鸣做出了重要贡献。

（一）以毛泽东同志为核心的中共第一代中央领导集体，对建设社会主义进行了艰辛探索，为中国特色社会主义政治经济学奠定了基础

新中国建立前夕，毛泽东同志发表《论人民民主专政》指出：我们必须向一切内行的人们（不管什么人）学经济工作。1949 年《中国人民政治协商会议共同纲领》提出：中华人民共和国经济建设的根本方针，是以公私兼顾、劳资两利、城乡互助、内外交流的政策，达到发展生产、繁荣经济之目的。1956 年在生产资料私有制的社会主义改造基本完成之后，我们党和毛泽东同志曾力图以苏联为鉴，探索适合我国国情的社会主义建设道路。同一年的《论十大关系》明确了建设社会主义的根本思想是必须根据本国情况走自己的道路，其中有七点是谈经济问题的。

"大跃进"和人民公社化运动带来的后果，引起了毛泽东同志的反思。为着手纠正已经察觉到的错误，毛泽东同志建议全党同志认真阅读斯大林

① 谢鹏. 如何处理好政府与市场关系. 新华每日电讯，2015-6-18（6）.

的《苏联社会主义经济问题》和《马恩列斯论共产主义》，并批评“有些号称马克思主义经济学家的同志”“在读马克思主义政治经济学的时候是马克思主义者，一面临目前经济实践中某些具体问题，他们的马克思主义就打了折扣”①。从1959年12月10日至1960年1月4日，毛泽东同志主要在杭州阅读苏联《政治经济学教科书》，形成一个比较完整的近10万字的谈话记录。毛泽东同志批评主张取消商品生产的人混淆了社会主义与资本主义条件下商品生产的根本差别，没有认识到商品生产对社会主义的有用性。他提出，“我们可以发展商品生产为社会主义建设服务”，并指出，“在我国，价值规律还起作用”，但是，“不起决定作用，起决定作用的是计划”②。毛泽东同志首次提出社会主义发展阶段论，认为社会主义分为不发达和比较发达的两个阶段。③ 这是社会主义初级阶段理论的直接思想来源。

（二）以邓小平同志为核心的中共第二代中央领导集体，掀起了波澜壮阔的改革开放事业，为中国特色社会主义政治经济学成功破题

社会主义初级阶段理论、社会主义本质论、社会主义市场经济理论是中国共产党第二代中央领导集体对中国特色社会主义政治经济学的重大贡献。1984年《中共中央关于经济体制改革的决定》提出要打破将计划与商品经济对立起来的错误观点，明确了社会主义计划经济是有计划的商品经济。对此，邓小平同志给予了高度评价：“写出了一个政治经济学的初稿，是马克思主义基本原理和中国社会主义实践相结合的政治经济学。”对于社会主义初级阶段，邓小平同志指出我们位于作为共产主义初级阶段的社会主义的初级阶段，应根据实际情况制定路线方针。对于社会主义的本质，邓小平同志提出了关于社会主义本质的著名论断。对于社会主义与市场经

---

① 毛泽东文集：第7卷．北京：人民出版社，1999.

② 毛泽东．毛泽东读社会主义政治经济学批注和谈话．北京：中华人民共和国国史学会，1998.

③ 毛泽东文集：第8卷．北京：人民出版社，1999.

济关系，邓小平同志指出计划与市场都是手段，并非姓资和姓社的本质区别，这些都已成为中国特色社会主义政治经济学有关社会主义与市场经济关系的经典论述。

（三）以江泽民同志为核心的第三代中央领导集体，确立了建立社会主义市场经济体制的改革目标，发展了社会主义市场经济理论，使中国特色社会主义政治经济学得以深化

十四大前夕，学术界和决策界对于经济体制改革的目标模式展开了激烈争论，当时有几种提法——社会主义商品经济体制、有计划的市场经济体制和社会主义市场经济体制。江泽民同志明确表示：“我个人的看法，比较倾向于使用‘社会主义市场经济体制’这个提法。”[①] 这个提法立即获得了邓小平同志的赞成。[②] 十四大明确了建立社会主义市场经济体制的改革目标；十四届三中全会提出了社会主义市场经济体制的基本框架；十五大提出了社会主义初级阶段的基本经济制度与收入分配制度。

（四）以胡锦涛同志为总书记的党中央，提出了科学发展观，拓展了中国特色社会主义政治经济学

科学发展观的提出既反映了时代的特征，也反映了中国经济改革发展的实际要求，是我们党运用马克思主义关于发展的世界观、方法论把握世界大势和中国大局的光辉产物。科学发展观将我们党对社会主义改革、发展和建设的规律提升到了全新的高度，在发展的目标、要求和方法等方面进一步拓展了中国特色社会主义政治经济学。

（五）党的十八大以来，以习近平同志为总书记的党中央，提出了

---

① 江泽民．论社会主义市场经济．北京：中央文献出版社，2006.

② 中共中央文献研究室．邓小平年谱（1975—1997）．北京：中央文献出版社，2004.

一系列治国理政的新理念、新思想、新论断、新战略，开始形成系统化的中国特色社会主义政治经济学，开拓了当代中国马克思主义政治经济学新境界

党的十八届三中全会对政府与市场的关系做了全新阐释，强调使市场在资源配置中起决定性作用的同时更好地发挥政府作用，实现了社会主义市场经济理论的新飞跃；十八届五中全会提出了五大发展理念，书写了中国特色社会主义经济发展理论新篇章；在改革理论方面，进一步明晰了完善、发展中国特色社会主义制度和推进国家治理体系、治理能力现代化的改革目标，强调凝聚改革动力，克服改革阻力，不断把改革推向前进。习近平同志指出："要拿出勇气，坚持改革开放的正确方向，敢于啃硬骨头，敢于涉险滩，既勇于冲破思想观念的障碍、又勇于突破利益固化的藩篱，做到改革不停顿、开放不止步。"①

三、 中国特色社会主义政治经济学的主要原则和基本内容

立足于改革开放和经济发展实践，中国特色社会主义政治经济学不断发展，思想理论体系日渐完善，成为全面深化改革、全面建成小康社会和现代化建设的重要指南。

（一）社会主义初级阶段理论

认清我们所处的阶段是建设中国特色的社会主义的首要问题。党的十三大系统阐述了社会主义初级阶段理论，是我们党认识上的一次飞跃。习近平同志在主持中共中央政治局第二十次集体学习时指出，当代中国最大

① 中共中央文献研究室．习近平关于全面深化改革论述摘编．北京：中央文献出版社，2014．

的客观实际，就是我国仍处于并将长期处于社会主义初级阶段，这是我们认识当下、规划未来、制定政策、推进事业的客观基点，不能脱离这个基点。①

在社会主义初级阶段，我们必须大力发展和解放社会生产力，把发展作为第一要务，为社会主义制度和人民美好生活奠定雄厚的物质技术基础。马克思、恩格斯在阐述生产力发展对未来社会的意义时说，生产力的发展是“绝对必需的实际前提”，如果没有生产力的巨大发展，“那就只会有贫困的普遍化”，“全部陈腐污浊的东西又要死灰复燃”。因此，共产主义社会的第一阶段即社会主义社会，主要任务将是“尽可能快地增加生产力的总量”。习近平总书记强调发展生产力的极端重要性，指出：“全面建成小康社会，实现社会主义现代化，实现中华民族伟大复兴，最根本最紧迫的任务还是进一步解放和发展社会生产力。”

（二）社会主义市场经济理论

社会主义市场经济理论是中国共产党对马克思主义政治经济学的重大贡献。习近平总书记指出：建立社会主义市场经济体制，“这是我们党在建设中国特色社会主义进程中的一个重大理论和实践创新，解决了世界上其他社会主义国家长期没有解决的一个重大问题”②。这是因为，无论是传统政治经济学还是西方主流经济学，都认为社会主义与市场经济不能相容，而改革开放的实践已经使社会主义市场经济在中国成为不争的事实。

社会主义市场经济就是社会主义作为一种社会制度和市场经济作为一种资源配置机制的有机结合，同时“发挥社会主义制度的优越性和市场配置资源的有效性，使全社会充满改革发展的创造活力”③。作为一个有机整

① 坚持运用辩证唯物主义世界观方法论 提高解决我国改革发展基本问题本领．人民日报，2015-1-25．

② 习近平．切实把思想统一到党的十八届三中全会精神上来．求是，2014（1）．

③ 胡锦涛．在纪念党的十一届三中全会召开30周年大会上的讲话．求是，2008（24）．

体，社会主义是市场经济运行的制度基础，市场在价值规律的作用下促进资源实现优化配置。江泽民同志指出，社会主义市场经济中的“社会主义”四个字是表明我们市场经济性质的点睛之笔，绝对不能丢弃。

（三）社会主义基本经济制度理论

所有制是马克思主义政治经济学的核心问题。改革开放以来，中国特色社会主义政治经济学在所有制问题上实现了一系列重大突破，形成了比较系统的所有制理论。党的十五大实现了所有制理论的质的飞跃，提出公有制为主体、多种所有制经济共同发展的基本经济制度；十六大提出了“两个毫不动摇”的方针；十八届三中全会提出“公有制经济财产权不可侵犯，非公有制经济财产权同样不可侵犯”。今年3月4日，习近平总书记在全国政协民建、工商联界委员联组会议上的重要讲话，系统阐明了我国基本经济制度的理论与实践原则，实现了所有制理论的新发展。①

围绕社会主义基本经济制度，中国特色社会主义政治经济学在以下几个方面提出了一系列重要命题：第一，公有制的主体地位和国有经济的控制力问题，第二，公有制的实现形式和股份制、混合所有制问题；第三，非公有制经济的地位与作用问题。这些重要命题为我国经济社会发展提供了坚实的理论基础。

（四）社会主义收入分配理论

在《哥达纲领批判》中，马克思认为作为共产主义社会第一阶段的社会主义应实行按劳分配原则。中国特色社会主义政治经济学以此为起点，一步一步推进收入分配理论的发展。改革初期，为了打破平均主义“大锅饭”，强调落实按劳分配制度，十三大提出了“实行以按劳分配为主体的多种分配方式”，十四届三中全会明确提出了“按劳分配为主体、多种分配方

---

① 习近平．毫不动摇坚持我国基本经济制度　推动各种所有制经济健康发展．人民日报，2016－3－9.

式并存”的收入分配制度，正式确立了社会主义初级阶段的收入分配制度，实现了收入分配理论和制度的质的飞跃。十五大提出把按劳分配和按生产要素分配结合起来，十六大提出了各种生产要素按贡献参与分配的原则，十八届三中全会提出“健全资本、知识、技术、管理等由要素市场决定的报酬机制”。承认生产要素在社会财富创造中的贡献，并允许它们参与收入分配，是收入分配理论的一个重大突破。

按劳分配为主体、多种分配方式并存的分配制度，与社会主义基本经济制度具有内在的一致性，它遵循了马克思主义政治经济学的一般分配原理，又反映了社会主义市场经济的内在运行规律。

（五）关于政府与市场关系的理论

政府与市场的关系是我国经济体制改革和经济发展实践中的一对核心关系。党的十八大明确指出，“经济体制改革的核心问题是处理好政府和市场的关系”，十八届三中全会《决定》重申了这一理论和实践原则，勾画出了完善社会主义市场经济体制的清晰线索。

中国特色社会主义政治经济学对政府与市场关系的认识随着实践的推进而不断深化。十一届三中全会提出“重视价值规律的作用”。党的十四大报告明确提出“市场在社会主义国家宏观调控下对资源配置起基础性作用”。市场的“基础性作用”是我们党对政府与市场关系认识的一次重大飞跃。以习近平为总书记的党中央在新的历史条件下把我们党对政府与市场的认识又大大向前推进了一步，提出了“市场在资源配置中起决定性作用和更好发挥政府作用”的新论断，这已成为中国特色社会主义政治经济学的一个重要原则。

正确处理政府与市场的关系，需要科学认识市场与政府各自的功能。首先需要充分认识到市场配置资源的有效性。习近平总书记指出：“理论和实践都证明，市场配置资源是最有效率的形式。市场决定资源配置是市场经济的一般规律，市场经济本质上就是市场决定资源配置的经济。健全社会主义市场经济体制必须遵循这条规律。”[①] 因此，政府应该大幅度减少对资源的直接配置，让价值规律、供求规律、竞争规律充分发挥作用。同时也应该看到，市场不是万能的，“市场在资源配置中起决定性作用，并不是起全部作用”，“科学的宏观调控，有效的政府治理，是发挥社会主义市场经济体制优势的内在要求”。2014 年 5 月，习近平同志在主持中共中央政治局第十五次集体学习时明确指出：在市场作用和政府作用的问题上，要讲辩证法、两点论，“看不见的手”和“看得见的手”都要用好，努力形成市场作用和政府作用有机统一、相互补充、相互协调、相互促进的格局，推动经济社会持续健康发展。

（六）以人民为中心，注重公平正义，逐步实现共同富裕

以人民为中心，注重公平正义，逐步实现共同富裕，是中国特色社会主义政治经济学的重要原则。习近平总书记曾多次强调这个问题。在中共中央政治局第二十八次集体学习时，习近平总书记强调：“要坚持以人民为中心的发展思想，这是马克思主义政治经济学的根本立场。”人民性的核心是人民的利益。“如果不能给老百姓带来实实在在的利益，如果不能创造更加公平的社会环境，甚至导致更多不公平，改革就失去意义，也不可能持续”。2015 年 2 月在中央全面深化改革领导小组第十次会议上，习近平总书记提出：把改革方案的含金量充分展示出来，让人民群众有更多获得感。“获得感”一出，立即引起热议和共鸣。党的十八届五中全会通过的“十三五”规划建议进一步对人民的主体地位做了系统的阐释。

（七）“创新、协调、绿色、开放、共享”五大发展理念

党的十八届五中全会提出创新、协调、绿色、开放、共享五大发展新

① 习近平．习近平谈治国理政．北京：外文出版社，2014．

理念，是以习近平同志为总书记的党中央在总结我国近40年改革开放经验，科学分析国内国外经济社会发展规律基础上提出的面向未来的新发展思想，实现了中国特色社会主义经济发展理论的质的飞跃。

五大发展理念是引领经济发展新常态，全面建成小康社会和跨越“中等收入陷阱”的基本遵循。我们要实现经济发展驱动力由要素、投资向创新的转变，把创新作为经济社会发展的基本力量；缩小区域、城乡之间的发展差距，培育新增长极，实现经济的总体发展；走绿色发展之路，奉行“绿水青山就是金山银山”，实现可持续发展；不断提高对外开放水平，更好更深地融入世界经济，获得国际分工所带来的好处；让全体人民共享发展成果，逐步实现共同富裕，激发改革和发展的内在动力。

（八）新型工业化、信息化、城镇化和农业现代化“四化同步”的现代化道路

我国经济发展已迈入新阶段，必须走新型工业化、信息化、城镇化和农业现代化“四化同步”的现代化道路。要大力推进产业升级，实施科教兴国和可持续发展战略，走新型工业化路子；要大力推进城镇化，注重以人为核心；要提高农业效益和竞争力，加强农业基础设施等薄弱环节，实现信息化和工业化深度融合、工业化和城镇化良性互动、城镇化和农业现代化相互协调。

（九）坚持对外开放，利用好国际国内两个市场、两种资源

对外开放是一项基本国策。在当前全球经济联系日益密切的背景下，我们需要采取更加主动的开放策略，坚持走出去与引进来并重，积极参与全球经济治理。同时，坚决维护我国发展利益，积极防范各种风险，确保国家经济安全。2013年4月习近平总书记在出席博鳌亚洲论坛中外企业家代表座谈会时指出，“中国开放的大门不会关上”，“中国将在更大范围、更宽领域、更深层次上提高开放型经济水平”，“积极推动建立均衡、共赢、

关注发展的多边贸易体制”①。2015 年 9 月，习近平在中央全面深化改革领导小组第十六次会议上强调：“提高利用国际国内两个市场、两种资源的能力，要牢牢抓住体制改革这个核心，坚持内外统筹、破立结合，坚决破除一切阻碍对外开放的体制机制障碍。”这些都是中国特色社会主义政治经济学有关对外开放的重要理论论述。

（原载于《中共青岛市委党校青岛行政学院学报》2016 年第 6 期）

① 习近平．在同出席博鳌亚洲论坛2013 年年会的中外企业家代表座谈时的讲话．人民日报，2013－4－9.

中国特色社会主义政治经济学的历史生成

中华人民共和国成立，尤其是改革开放近40年以来，社会主义建设事业蓬勃发展，经济建设取得举世瞩目的巨大成就，2010年超过日本成为世界第二大经济体，这是世界经济史也是世界历史上的一件大事。对其理论解释及对中国发展趋势的研究，从此成为国际学术界的显学。中国经济奇迹的产生，从马克思主义的理论视角来看，一方面是中国特色社会主义理论体系指导中国实践的产物，当然也是中国特色社会主义政治经济学的产物；另一方面，这些实践的深化本身客观上有着对蕴含于其中的政治经济学理论系统化梳理的要求，要想更好地指导实践，必须有系统化、理论化的社会主义政治经济学作为理论指导和思想武器。理论发展自身的逻辑要求和实践逻辑的进一步演绎成为中国特色社会主义政治经济学生成的双重动力。

一、 中国特色社会主义政治经济学提出的时代背景

任何一种理论的产生和形成都是一定历史的产物，都是对时代问题的理论回答，都离不开产生的时代背景。“当代中国正经历着我国历史上最为广泛而深刻的社会变革，也正在进行着人类历史上最为宏大而独特的实践创新。这种前无古人的伟大实践，必将给理论创造、学术繁荣提供强大动

力和广阔空间。"[①] 习近平总书记的这一重要论断对于我们理解中国特色社会主义政治经济学理论的产生具有重要指导意义。中国特色社会主义政治经济学的历史生成，必定有着特定的时代背景。所以，要真正理解中国特色社会主义政治经济学，我们首先要回答的问题是，为什么在当前的形势下提出了建构中国特色社会主义政治经济学的问题，即其提出的时代背景是什么。

中国特色社会主义政治经济学一方面与马克思主义政治经济学一脉相承，另一方面又不是对它的机械照搬，而是以其基本原理和方法为指导，产生于当代中国改革开放实践中的具有中国特色、中国风格、中国气派的中国社会主义政治经济学。

中国共产党的指导思想是马克思列宁主义，在中国共产党领导中国人民革命、建设和改革的实践中，中国共产党把马克思主义政治经济学理论与中国共产党的经济实践相结合，形成了不同历史时期的具有中国特色的马克思主义政治经济学理论。在中国新民主主义革命时期，中国共产党形成了具有中国特色的新民主主义革命经济理论，极大地促进了中国新民主主义革命的胜利。在毛泽东所构想的中国新民主主义社会理论中，新民主主义社会经济理论是其非常重要的组成部分。

社会主义革命时期，中国共产党成功地探索了中国社会主义改造的经济理论，取得了中国社会主义革命的胜利，建立了社会主义经济制度。

在社会主义建设中，中国共产党探索中国特色社会主义经济建设道路，形成了中国特色社会主义政治经济学。无论从理论上看还是着眼于实践，毛泽东所领导的中国社会主义建设都取得了巨大成功，但也有深刻教训。在改革开放的伟大实践中，中国共产党把马克思主义政治经济学与当代中国的改革实践结合起来，制定了中国特色社会主义的路线方针政策，成功地推进了中国特色社会主义的经济实践，形成了中国特色社会主义基本纲

---

① 习近平．在哲学社会科学工作座谈会上的讲话．人民日报，2016－5－19（2）．

领，进而形成了中国特色社会主义政治经济学。

党的十八大以来，中国共产党对中国特色社会主义政治经济学理论的重视被提到一个崭新的高度。习近平总书记不仅提出了“当代中国马克思主义政治经济学”的崭新范畴，开拓了当代中国马克思主义政治经济学新境界的理论任务，而且把推进中国特色、中国风格、中国气派的社会主义政治经济学学科建设的任务提到了中国经济学人的面前。十八届五中全会明确提出了创新、协调、绿色、开放、共享的新发展理念的经济学思想，这是最具中国特色的社会主义政治经济学，是马克思主义政治经济学思想中国化的最新最重要体现。

中国特色社会主义政治经济学的提出是中国社会主义建设历史的必然。

第一，建构中国特色社会主义政治经济学是将中国经济实践经验系统化并提升为理论学说进而推动中国经济理论创新发展的必然要求。从理论与实践的关系角度来看，一种理论的形成和发展，必定基于一定的历史实践过程，这是理论产生、形成的根基和源泉。理论虽然具有自身的逻辑发展历程，但归根到底，其创新发展的动力来源于实践。反过来说，实践发展到一定程度，实践主体必定要求对所从事的实践活动进行理论说明和解释，为自己的实践寻求理论层面的根据，以求得实践进一步发展的理论自觉。任何一种经济理论的形成和发展也不例外，都是一定国度的经济实践的产物。

中国共产党领导的经济发展实践，从新中国成立算起已经近 70 年的时间，改革开放的经济实践也已经有近 40 年的历程，2010 年中国跻身世界第二大经济体，中国经济发展成就令世界瞩目。总结中国的经济实践，使中国经济实践的成功经验上升为系统化的理论学说，准确地说明和解释中国成功的经济实践，形成基于中国实践而内生的中国经济理论成为时代的迫切要求。

国内外学术界对于中国经济实践的解释和理论分析可谓见仁见智，分歧巨大。前几年“中国模式”“北京共识”“中国道路”的热烈讨论，都是这种时代背景的产物。时下发生在“破土工作室”的由潘毅教授和芦荻教授的论战所引发的关于中国社会发展趋势问题的讨论即是一个典型的例子。这里的核心问题或分歧的焦点在于，改革开放以来的经济成就到底是马克思主义政治经济学指导所取得的，还是由西方主流经济学的指导所取得，由此引出了“中国目前的社会性质还是社会主义吗”的讨论。解决这些问题的基本途径就是要尽快建构中国特色社会主义政治经济学，用正确的经济学理论来解决思想上的混乱。这些争论既反映了持不同立场、观点和方法的学者们认识路线上的分歧，也折射了对中国实践进行理论分析和解释的迫切性，在一定意义上意味着意识形态层面上的话语权之争。对这些问题的马克思主义解释呼唤中国理论界尤其是中国的经济学者，站在马克思主义政治经济学的立场上做出回答，发出自己的声音。中国特色社会主义政治经济学就应当承担起这份重任。

第二，建构中国特色社会主义政治经济学是增强对中国化马克思主义理论自觉和坚定“四个自信”的认识论前提。党的十八大提出“三个自信”的论断，习近平将其与增强政治定力联系起来，强调“我们要增强政治定力，增强道路自信、理论自信、制度自信”①。在 2016 年 5 月 17 日哲学社会科学工作座谈会上的讲话中，习近平明确提出了“文化自信”的论断，由十八大的“三个自信”推进到“四个自信”。而且，把“文化自信”看成是其他“三个自信”的基础或者根基。“我们说要坚定中国特色社会主义道路自信、理论自信、制度自信，说到底是要坚定文化自信”②。自信来源于实践的成功，也来源于理论的清醒和对成功实践的理论自觉和文化自觉。

第三，建构中国特色社会主义政治经济学是增强中国经济学主体意识和主体性的需要。中国社会主义经济建设取得了巨大成功，但是对于这种成功的理论说明和理论解释，并没有形成系统的理论学说。当然，这项工

① 习近平．在纪念毛泽东同志诞辰 120 周年座谈会上的讲话．北京：人民出版社，2013.

② 习近平．在哲学社会科学工作座谈会上的讲话．人民日报，2016－5－19（2）.

作有很多经济学者一直在努力去做，但是从整体上系统反映和揭示中国社会主义经济建设事实和规律，具有中国风格和中国气派的经济学学术话语体系尚未建立起来，经济学的研究缺乏主体意识和主体性。在国际经济学学术论坛上，经济理论的学术话语权一直掌握在西方经济学家手中，这种马克思主义政治经济学话语权式微与经济建设的伟大成就相比极不相称的局面没有根本改变。更为严重的后果是，有些人认为，经济学与国际接轨，经济学的国际化就是用西方主流经济学的理论来解释中国的经济事实，从而主动放弃了经济理论创新的马克思主义方向，进而放弃了中国经济学发展的主体意识和主体性。近来很多学者所反映的在我国高等教育系统中，马克思主义政治经济学式微，西方主流经济学占主导地位，青年人得不到系统的马克思主义经济学理论的教育，这种状况就是典型的表现。

第四，建构中国特色社会主义政治经济学是指导中国经济未来发展的迫切需要。中国经济在改革开放至 2011 年长达 33 年的时间里，以年均 9.9% 的国内生产总值增长率，实现了世界经济发展史上的一个奇迹。2012 年以来中国经济增长明显减速，中央做出了中国经济发展进入新常态的科学判断，强调要认识新常态、适应新常态、把握新常态、引领新常态。这就意味着，中国经济发展进入了一个新的历史阶段。在这样的关节点上，更需要科学的经济理论来指导未来的实践。这就需要对过去的经济发展实践进行系统总结，并上升到理论形态。时下对中国经济发展未来趋势的不同判断，认识上的分歧来源于理论上的不成熟，以创新的精神推进政治经济学理论的发展，是解决这些认识问题的当务之急。

二、中国特色社会主义政治经济学提出的实践基础

社会主义事业的成功，离不开正确理论的指导。正确的理论又来源于它所根植的丰富实践。中国特色社会主义政治经济学作为一种理论体系，

它的实践基础就是中国特色社会主义的伟大实践，是中国特色社会主义实践经验的理论结晶。

中国特色社会主义政治经济学理论是对中国经济建设成功经验的总结。习近平指出："中国特色社会主义政治经济学立足于中国改革发展的成功实践。"① 研究中国经济建设的内在规律，发展马克思主义政治经济学理论，就是发展马克思主义。习近平指出："要深入研究世界经济和我国经济面临的新情况新问题，为马克思主义政治经济学创新发展贡献中国智慧。"②

十一届三中全会以后，经过拨乱反正，中国社会经济发展进入了改革开放的新时期。1980 年初，邓小平同志在《目前形势和任务》的报告中说："我们穷，底子薄，教育、科学、文化都落后，这就决定了我们还要有一个艰苦奋斗的过程。"③ 这说明了中国发展问题的艰巨性与长期性。中共十二大正式提出了建设有中国特色社会主义的概念。党的十三大论述了我国处在社会主义初级阶段，提出了"一个中心、两个基本点"的基本路线。

邓小平南方谈话和中共十四大的召开，标志着我国改革开放和现代化建设事业进入了一个新的阶段。中国经济体制改革的目标是在中国建设社会主义市场经济体制，使中国告别了计划经济体制。社会主义市场经济体制极大地动员了各地方、各部门、各行业、各企业和全国人民大众投身社会主义建设的热情和积极性。十五大确立了邓小平理论在全党的指导地位。这都激发了中国人民的创业热情，也增强了国际上对中国发展的信心。中国经济经历又一轮的长时期发展。从 1992 年到 2011 年，城镇居民家庭人均可支配收入从 2027 元增长到 19109 元，农村居民人均纯收入从 784 元提高到 5919 元；中国国内生产总值从 1992 年的不到 2.7 万亿元，跃升到 2011 年的超过 47 万亿元，年均增长 10.5% 左右；国家财政收入从 1992 年的

---

① 习近平与中国特色社会主义政治经济学. http://Chinanews. com/ll/2015/12 - 23/7684987。shtml.

② 立足我国国情和我国发展实践　发展当代中国马克思主义政治经济学. 人民日报，2015 - 11 - 25.

③ 邓小平文选：第 2 卷. 北京：人民出版社，1994.

3483 亿元，增长到 2011 年的 10.37 万亿元。

十八大以来，习近平等对中国经济发展问题进行了系统的探讨和阐述，形成了一系列的成果，丰富了马克思主义政治经济学，这主要是："五位一体"总体布局和"四个全面"战略布局；中国经济新常态的思想。习近平 2014 年 11 月 9 日首次系统阐述了"新常态"。他表示："新常态将给中国带来新的发展机遇。"新常态主要呈现三个方面的特点：首先在发展动力方面，从要素驱动、投资驱动转向创新驱动；其次在结构方面，经济结构不断优化升级；再次在发展速度上，经济从高速增长转为中高速增长；供给侧改革思想等，中国经济稳中求进、稳中向好的大趋势没有变，中国经济发展的根基更加坚实。

改革开放以来的中国经济实践为中国特色社会主义政治经济学的形成奠定了坚实的实践基础。离开了这个基础，中国特色社会主义就成了无源之水、无根之木。

三、 中国特色社会主义政治经济学提出的理论来源

任何一个理论体系的产生既不能离开以人民群众为历史主体的实践活动，也不能离开人类认识成果的历史积累，理论的形成一定是站在前人理论家的肩膀上的时代性超越。中国特色社会主义政治经济学理论的形成必定有着丰富的理论来源。

习近平在哲学社会科学工作座谈会上的讲话指出了我们需要借鉴的三方面资源。具体到中国特色社会主义政治经济学的建构，按照习近平的思路，笔者认为：

第一，马克思主义政治经济学是中国特色社会主义政治经济学的理论源头。

马克思主义政治经济学的产生是 19 世纪中叶生产社会化和资本主义私

有制的矛盾日益尖锐化的理论揭示。作为一种理论体系，它的产生适应了当时的历史条件和革命运动的需要，成为国际共产主义运动兴起和发展的重要理论资源。马克思主义唯物史观是马克思和恩格斯在研究欧洲经济发展的事实以及深研古典政治经济学的过程中产生的，对古典经济学的研究是唯物史观形成的一个重要环节。同时，马克思主义政治经济学理论又是马克思和恩格斯在唯物史观这一科学世界观指导下对资本主义社会结构的研究成果。

列宁对马克思主义政治经济学理论有深刻贡献，他的《帝国主义论》一书成为马克思主义政治经济学的经典之作，他的新经济政策也是中国改革开放政策制定和实施的一个重要历史参照。在《苏维埃政权的当前任务》一书中，他提出了要有成效地进行管理、要提高劳动生产率、要组织竞赛等经济管理与建设思想，在《论粮食税》中进一步阐明苏维埃俄国为什么要改变粮食政策以及粮食税政策的实质，用农民所必需的工业品去交换粮食，粮食税还只是从战时共产主义进到正常的社会主义产品交换的一种过渡形式。列宁曾经深刻阐述市场、分工、商品生产的关系，揭示资本主义生产会促进市场扩大的内在根据，并且在此基础上对帝国主义进行经济学定义，他还论述了国家资本主义的形式、发展合作社的意义及作用、实现合作社的前提条件、支持合作社发展等观点。列宁的理论对我们有深刻启示。斯大林高度重视社会主义政治经济学问题，他的《苏联社会主义经济问题》以及在此指导下由苏联专家编撰的《政治经济学教科书》对中国的社会主义建设产生了广泛而又深刻的影响。在新中国成立初期，中国的经济思想以及经济体制和经济运行机制都滥觞于此。改革开放后中国特色社会主义政治经济学的形成和发展也是在以此为鉴戒的背景下展开的。

总之，马克思主义政治经济学总是在现实批判中得以发展，“马克思主义政治经济学的创立没有脱离世界文明发展的轨迹，而是建立在批判地继承前人一切优秀成果的基础之上，它的主要理论来源是英国古典政治经济学。马克思主义政治经济学具有与时俱进的品质”①。

第二，毛泽东新民主主义政治经济学思想和在探索中国社会主义建设道路过程中的政治经济学思想是中国特色社会主义政治经济学理论的直接来源。

在新民主主义革命时期，毛泽东注重革命过程中的经济建设问题，在这个过程中形成了中国特色新民主主义经济理论和经济纲领。有学者指出：“就作为中国化马克思主义的第一阶段的毛泽东思想来说，由毛泽东创立的新民主主义革命论和新民主主义社会论，就是建立在对半殖民地半封建社会的生产关系和生产力这一基本矛盾分析的基础上。毛泽东正是基于在旧中国居于统治地位的帝国主义、封建主义和官僚资本主义经济对社会生产力的严重束缚，得出无产阶级领导的人民大众反帝反封建的新民主主义革命论和作为新民主主义社会论最基本内容的新民主主义的经济纲领。”②

在探索社会主义建设道路过程中，毛泽东发表了《论十大关系》《关于正确处理人民内部矛盾的问题》等著作，初步总结了中国探索社会主义建设道路过程中的经验和教训，这些思想虽然还不是很系统和很完善，但是它代表着中国共产党摆脱苏联模式的一种实践尝试和理论探索。更应该引起我们重视的是毛泽东在经历了大跃进和人民公社化运动之后于 1959 年底到 1960 年初读苏联《政治经济学教科书（社会主义部分）》的谈话，这些谈话以读书为线索，以苏联实践为参照，以反思和研究中国的建设实践寻求中国道路为根本目的，谈出了很多就当前来看也是非常有价值的观点和认识。

第三，中国传统经济智慧是中国特色社会主义政治经济学思想的文化基质。

---

① 王军，吴海燕．在我国经济实践中发展马克思主义政治经济学．http：//www。qstheorycn/laigao/2015－12/03/c－1117340440。htm.

② 汪海波．对党的经济纲领的历史考察．北京：中国社会科学出版社，2012.

任何一种理论在一个国家的生成都是和这个国度中的文化传统密切相关的。中国特色社会主义政治经济学既是马克思主义政治经济学的时代化，也是马克思主义政治经济学的中国化、本土化，其文化底蕴和文化根基一定包含中国文化基因。甘阳先生在研究全球化时代中国文明主体性时认为，目前在中国可以看到三种传统：一是改革开放以来以“市场”为中心形成和演化出来的一些现代化的观念所形成的新的传统；二是新中国成立以来所形成的毛泽东时代的以追求平等和正义为特征的传统；三是中国数千年形成的中国文化传统。这三种传统似乎常常被置于一种相互排斥的状态，但是这没有看到问题的实质，中国文化的自主性恰恰在于这三种文化的自觉融会。

甘阳强调“今天需要重新认识中国改革成功与毛泽东时代的联系和连续性，重新认识整个传统中国的历史文明对现代中国的奠基性”①。马克思主义中国化的两大理论成果，尤其是其中经济理论和经济学传统，就是中国特色社会主义政治经济学建构的两大思想传统，另外我们还要注意中国传统文化中的经济思想和智慧，这是中国特色社会主义政治经济学建构的重要思想资源。

很多学者包括一些国外学者无法理解为什么一些看起来矛盾的东西恰恰融会在中国特色社会主义理论体系之中。比如社会主义与市场经济这个中国特色社会主义政治经济学理论的核心问题，在西方主流经济学和异端经济学看来都无法理解，他们认为，要么市场经济，要么社会主义，怎么可能把市场经济和社会主义置于一个理论体系之中呢？如果深入中国文化的内部，就不难找到答案。中国文化的源头在《周易》，周易理论体系庞杂，义理深奥，但无非三个字而已：“时”“中”“位”。主张凡事皆有“度”。“度”就是有一个活动的幅度，掌握事物两极之间的张力，任何事物都不是绝对对立的，都是互相对立又互相联系的。社会主义市场经济就是

① 甘阳．通三统．上海：生活·读书·新知三联书店，2007.

主张在社会主义和市场经济之间要掌握一个合理的幅度。甘阳告诉大家的就是要看到中国改革成功中的历史文化原因，“中国传统文明本身就是中国经济改革成功的一个重要因素”①。中国特色社会主义政治经济学理论的发展离不开对中国传统经济理论的发掘，这是确保中国特色社会主义政治经济学的中国风格、中国气派和中国特色的重要基础资源。

第四，中国特色社会主义政治经济学理论离不开对西方经济思想的批判吸收。

发达国家的经济建设经验与理论对我国经济发展有深刻的启迪，中国正是在改革开放中，在向发达国家先进的管理经验和科学技术的学习中，才逐步迈入现代化的。西方主流经济学理论，尤其是盛行于世的新古典主义经济学理论更是在中国经济学界影响深远，其中的有益成分在中国的经济实践中也起到一定的积极作用。但西方主流经济学理论也有其自身难以克服的问题，新自由主义、凯恩斯主义的交相辉映与轮番登场正是西方经济运行内在问题的显现，也是新自由主义、凯恩斯主义理论的内在缺憾的明证。我们在向西方借鉴经济发展经验、经济学思想的同时，要发挥我们自己的主观能动性，科学地扬其所长，避其所短。

西方的经济理论虽然对经济发展也给予了一定的科学解释，但这种解释，正如卢卡奇所指出的那样，是建立在对社会的纯粹科学的理解之上的，难以避免物化的命运。卢卡奇曾经说，国民经济学是最接近自然科学的知识，“古典国民经济学研究经济体系的本质和规律，这种经济体系就其特性、就其对象的结构来说实际上非常接近物理学、自然科学所研究的那种自然界”②，但在这种“纯粹科学”的视野中，“人在其中仅仅作为抽象的数量、作为某种可归结为数量、可归结为数量关系的东西而表现出来，按

① 甘阳．通三统．上海：生活·读书·新知三联书店，2007.

② 卢卡奇．历史与阶级意识．北京：商务印书馆，2004.

恩格斯的话说，规律在其中只能被认识到，但不能加以支配”[①]，这种对人的物化是资本主义政治经济学所不能克服，也是他们所无意克服的致命弊端，但将人从物化处境中解放出来正是社会主义经济建设的使命。所以，资产阶级经济学只能是社会主义经济建设的借鉴，而不能成为根本的指导原则。

第五，苏联、东欧的经验教训也是我们的有益借鉴。一度流行于社会主义国家的计划经济尤其有巨大的优势和合理性，但也有其不容易克服的缺点。苏联利用计划经济可以集中力量办大事，使得经济迅速发展起来，并在二战中抵挡住法西斯国家的进攻，进而在二战后的 20 多年中保持 7% 左右的高速增长。到 1975 年，苏联的工业总产值已达美国工业总产值的 80% 以上，农业总产值达到 85% 。但这种高增长不具有可持续性，20 世纪 60 年代末到 70 年代末，苏联工业总产值增长从 8. 5% 下降到 5. 9% ，农业总产值从 4. 3% 下降到 1. 1% ，劳动生产率年增长从 6. 8% 下降到 3. 2% ，直至 1991 年苏联解体。计划经济优势的发挥是有一定的时效性的，有它发挥作用范围的“度”，超过一定的度的界限，其内在不可克服的缺点将发挥破坏性的作用。苏联计划经济的教训不谓不深刻，这也是我们必须走自己的路，发展有中国特色社会主义政治经济学的信心和决心的根源。

（原载于《临沂大学学报》2017 年 2 月第 39 卷第 1 期）

---

① 卢卡奇．历史与阶级意识．北京：商务印书馆，2004.

中国特色社会主义政治经济学的时代意义

一、引言

中国特色社会主义政治经济学在当下提出，体现了其特殊的时代意义。中国特色社会主义政治经济学的根本使命在于总结中国特色社会主义道路，确立应对经济“新常态”等现实问题的政策原则，把握中国道路的未来走向。中国特色的发展道路是中国独立自主选择发展方向和发展方式的道路。保持道路选择的自主性，要求掌握中国道路的话语权，形成解释中国现象、解决中国问题、指导中国政策的话语体系。从这个意义上讲，之所以在当前条件下提出发展中国特色社会主义政治经济学，其原因就在于当前比历史上任何时期都需要掌握关于中国道路的话语权，建立指导中国发展的话语体系。

话语权的意义在于我们以自己的理论解释中国问题与中国道路———如何解释，关系重大。对过去30年改革和发展道路的解释，既关系到对以往道路的定性，更关乎对“当前是什么主义”的回答；对现实问题的剖析，既关系到当前问题的解决思路，也关乎未来方向的历史抉择。一言蔽之，话语权之争也是主义之争和道路之争。党的十八大以来，以习近平同志为总书记的党中央领导集体提出了一系列治国理政的新思想、新理念和新战略，极大地丰富了中国特色社会主义理论体系，推动了中国特色社会主义政治经济学的系统化，是马克思主义理论中国化、时代化的最新成果[①]。从“政治经济学”到“当代中国马克思主义政治经济学”，再到“中国特色社会主义政治经济学”，其内涵与外延，都一次比一次更加明确和具体，对马克思主义政治经济学中国化、时代化的认识越来越深化，理论自觉和理论自信达到了全新的高度。党中央在这个时候强调政治经济学的指导作用，就是针对当前国内外的现实状况，打造关于中国道路的话语权体系，以期在当前时代背景下理清思路、分析问题和指明方向。这就是中国特色社会主义政治经济学的时代意义。具体而言，总结历史经验、解决现实问题和指明未来方向，都涉及中国道路的学术话语权问题，中国特色社会主义的时代意义也具体表现为这三个方面。

二、总结历史经验：中国成就的话语权之争

中国经济发展在过去30年取得的巨大成就引起了国际社会的普遍关注，也使“中国崩溃论”不攻自破。在此背景下，西方学界的某些学者又试图将中国经济的成功解释为“新自由主义”在中国的成功，从而兴起了一场关于“中国模式”的大讨论，其实质就是中国经济奇迹的话语权之争，而话语权之争归根到底又是主义之争与道路之争。

（一）“中国奇迹”与西方学界的话语转换

改革开放之初，中国的经济建设并不为西方世界所看好。特别是苏联东欧剧变后，欧美在意识形态领域抛出了“欧美式民主制度将一统天下”、“新自由主义将成为全球普遍模式”和“21世纪共产主义将在历史上消亡”三大预言，并在此基础之上衍生出了“中国崩溃论”等新论调，试图唱衰

① 王伟光．马克思主义中国化的当代理论成果：学习习近平总书记系列重要讲话精神．中国社会科学，2015（10）．

中国[①]。1994年，美国学者莱斯特·布朗发表了《谁来养活中国》一文，引发国际社会的广泛关注。诺贝尔经济学奖获得者保罗·克鲁格曼在1994年发表了《亚洲奇迹的神话》一文，质疑亚洲国家的发展成就，并一再抛出"中国崩溃论"。"中国崩溃论"在过去三十多年反复出现，不绝于耳，既表明西方对中国实力上升和自身实力下降的焦虑，也体现了西方的意识形态偏见、意识形态霸权及其对社会主义国家的冷战思维[②]。

然而，中国经济过去三十多年的巨大增长，被世界公认为20世纪的历史性事实，已经成为世纪之交人类经济增长和发展最重大的事件之一。中国经济的崛起推动了世界经济增长中心从欧美转向亚洲。国际社会普遍承认世界经济增长的引擎已经转向了亚洲，21世纪是亚洲的世纪。在亚洲崛起为世界经济引擎的过程中，中国的作用最为重要——与"亚洲四小龙"相比，中国经济体量大且持续时间长。同时，中国奇迹也令那些笃信西方自由主义的学者们备感压力——对于中国未遵循"华盛顿共识"而取得的成功，他们迫切需要做出合理解释。

如何解释中国改革开放三十余年的巨大成功，成为国际社会关注的重要理论和现实问题。面对这一问题，西方世界话锋急转，转而承认"中国奇迹"和"中国模式"并争夺其理论解释权，试图将其解释为新自由主义在中国的成功。唐晓总结了欧美媒体对"中国模式"评价话语的转变[③]：欧美媒体首先对中国的发展速度之快和所取得的成就感到困惑，在其主导的全球治理模式遭遇全球金融危机冲击后又开始高度关注"中国模式"问题。

"中国崩溃论"反映了西方世界的意识形态偏见和意识形态霸权，关于"中国奇迹"和"中国模式"的话语转换也出于同样的意识形态考虑——其意图非常明显：如果中国经济改革失败，那是因为没有遵循普适的新自

① 人民论坛特别策划．西方预言缘何落空．人民论坛，2016（9）．

② 梁玉春．"中国崩溃论"：西方的意识形态武器．红旗文稿，2015（12）．

③ 唐晓．欧美媒体对"中国模式"的评价及其启示．外交评论，2010（1）．

由主义路径；而中国的成功，也正是由于遵循了私有化、自由化和市场化的新自由主义改革。

（二）“中国模式”的话语权之争

中国以自己独有的经济模式，实现了史无前例的高速增长，这是一个不可逆转的历史事实。中国的经济模式既不同于传统的社会主义计划经济，也不同于资本主义国家崇尚的“华盛顿共识”———尤其是中国的经济转型过程与苏联东欧国家遵循的资本主义休克疗法形成了强烈对比。同时，中国的经济开放模式也与拉美的新自由主义模式不同。但是与这些国家相比，中国取得了巨大的成功。这一结果，在理论上引起了激烈争论，即中国成就和中国奇迹是社会主义基本制度自我完善的成功，还是新自由体制在中国实施的成功。与之对应，之前理论界出现了一场关于中国模式的讨论。西方主流学者普遍将中国模式归结为市场经济与政府主导的结合，或自由经济和威权政治的结合，往往将之与某种“资本主义”模式联系起来，如“威权资本主义”、“有中国特色的资本主义”和“国家资本主义”①。但是也有学者提出了不同观点。著名左翼学者大卫·科茨除了指出一个积极主动的政府的重要作用外，还突出强调了渐进式改革和所有制结构在中国模式中的重要地位②。肖恩·布雷斯林主张用“李斯特式发展型国家”的概念理解中国模式，认为李斯特的发展型国家表明了中国模式、以前亚洲的国家发展主义模式与更早的欧洲和美国的国家主导型发展体制之间的连续性，“不是从中国模式的角度来思考，而是讨论中国特色的李斯特式发展型国家，或许是更正确的做法”③。金融危机爆发后，美国乔治·华盛顿大学的政治学教授布鲁斯·迪克森提出了新中国模式的概念，认为金融危机后

① 轩传树．从“外来”到“内化”：对西方“中国模式”之争的一种解读．马克思主义研究，2011（5）．

② 大卫·科茨．中国崛起能持续吗．人民论坛，2014（4）．

③ 肖恩·布雷斯林．“中国模式”与全球危机：从弗里德里希·李斯特到中国治理模式．当代世界与社会主义，2012（1）．

中国在三方面更新了发展模式：创建“国家级冠军”品牌，推动中产阶级的壮大以及提高治理水平和增加公共产品[①]。针对西方世界围绕“中国模式”的激烈争论，布雷斯林总结道：“中国模式”之争无非是话语权之争，“‘中国模式’可以被认为是一种言语行为———以特殊的方式对其进行谈论和定义，使它变得真实，并赋予其真实的力量”。有学者概括[②]，西方主流和非主流学者将中国模式解读为以下五种模式：中国特色资本主义模式、国家资本主义模式、“第三条道路”模式、市场社会主义模式和后社会主义模式。国内学者也参与到这场话语权的争论之中，尝试为中国奇迹提供切合中国国情的解释。杨春学认为中国模式的核心动力是竞争，其特点是各级政府的横向、纵向竞争与无数企业的竞争交织在一起，且地方政府之间的竞争迫使政府与企业采取了合作行为，这成为中国经济增长的核心机制[③]。张宇认为中国模式是对改革开放 30 年以来中国改革与发展的基本制度、基本政策和基本道路的概括与总结，其主要内容是市场化、工业化和全球化，贯穿于其中的核心主题是发展中国特色社会主义；中国模式既有相对稳定的一般性的特点，又是一个处在不断改革与发展过程中的动态概念，既体现了经济社会发展的普遍规律，又体现了特殊的时代特征、民族特色和制度要求[④]。徐崇温认为邓小平早在 20 世纪 80 年代就多次提到中国模式，其着眼点在于社会主义建设和现代化道路的多样性；中国模式体现的不是民族主义，而是无产阶级尊重民族特征、民族差别的一贯要求，可供别国借鉴参考，但不能照抄照搬，更不能强加于人；中国模式要与时俱进地不断完善，但这并不妨碍它作为中国模式的客观存在[⑤]。郑永年从政治和经济两方面讨论了中国模式，认为中国的经济模式正是由中国的政治模

---

① 布鲁斯·J. 迪克森. 更新中国模式. 当代世界与社会主义，2012 (1).

② 陈曙光. 中国模式：确定性与不确定性：兼评西方话语中的“中国模式”观. 教学与研究，2014 (2).

③ 杨春学. 中国模式的独特性：基于政府竞争与企业之间关系的一种考察. 财经问题研究，2012 (10).

④ 张宇. 中国模式的含义与意义. 经济学动态，2008 (11).

⑤ 徐崇温. 关于如何理解中国模式的若干问题. 马克思主义研究，2010 (2).

式促成的。他从经济改革与政治改革的关系、经济发展对最低限度社会政治秩序、有效产权保护、基本社会正义的需求以及民主化所需的一定的社会经济基础结构五个方面探讨了中国的政治模式。他认为从经济上看，中国模式为复合型或混合型经济模式，可以从混合所有权制度、出口导向和内部需求的关系以及政府与市场的关系三个方面概括中国的经济模式①。

围绕中国模式展开的争论，其实质是解释中国经济奇迹的话语权之争。就中国自身而言，无意于甚至排斥形成一个具有普遍意义的中国模式。但是不同的话语权体系正在争夺关于中国成就和中国奇迹的解释权———并在当下发展为国际学术界的热点议题。中国问题和中国现象从未像今天这样引发如此广泛的国际学术讨论。这些话语权之争，就其本质而言，就是国际学术界资本主义与社会主义的意识形态之争。虽然并不同意使用“中国模式”等具体范畴，但中国必须在理论上回答自己的经济道路是社会主义制度自我完善的胜利还是资本主义在中国的成功。这已经是中国经济增长必须面对的理论问题。提出中国特色社会主义政治经济学也说明中国开始直面这一理论问题，要求用自己的理论做出明确的回答。

（三）主义之争就是道路之争

关于过去成绩的主义之争，不仅是解释权之争，也关乎对当前主义的判断。作为指导我国改革的经济理论，中国的马克思主义政治经济学一直以社会主义经济建设中的重大理论和实践问题为主攻方向，坚持以人民为中心的发展理念、社会主义基本经济制度和基本分配制度等重大原则，确保改革始终沿着社会主义方向前进。习近平总书记在新进中央委员会的委员、候补委员学习贯彻党的十八大精神研讨班上的讲话中指出：“我们党始终强调，中国特色社会主义，既坚持了科学社会主义基本原则，又根据时代条件赋予其鲜明的中国特色。这就是说，中国特色社会主义是社会主义，

① 郑永年. 国际发展格局中的中国模式. 中国社会科学，2009（5）.

不是别的什么主义。”[①] 提出中国特色社会主义政治经济学就是要旗帜鲜明地宣扬自己的主义。

关于过去成绩的主义之争，也是关于未来方向的道路之争。是什么铸就了中国奇迹，也就决定了中国未来的发展应该依托什么。习近平总书记多次提到我们要讲好中国故事，讲好中国故事的背后需要中国独立的话语权，而话语权背后是中国道路、中国理论和中国制度三个自信的战略定力。习近平总书记指出：“当今世界，要说哪个政党、哪个国家、哪个民族能够自信的话，那中国共产党、中华人民共和国、中华民族是最有理由自信的。”[②] 可以说，当前面临的理论问题不是中国自己的经济模式要不要上升到理论层次，而是中国经济模式的成功正在国际范围面临不同主义、不同导向的理论解释。如果不形成自己的理论，我们必然会在现有各种理论的解释中失去话语权，甚至有在西方的话语体系中迷失方向的危险。

三、 解决现实问题： 中国问题的解释权之争

什么铸就了我们的成就将决定我们在发展中要依赖什么；什么导致了当下的问题则决定了我们在发展中要变革什么。中国特色社会主义政治经济学的提出，不仅要完成对历史成就的定性，更需要回应对当前问题的破解。换言之，既要解释我们过去的成就是怎么得来的，也要回答我们当下的问题应该怎么解决。这就需要强化政治经济学的问题导向，并弥补其政策研究的不足。

（一）强化政治经济学的问题导向

习近平总书记在哲学社会科学工作座谈会上指出，坚持问题导向是马

---

① 习近平在新进中央委员会的委员、候补委员学习贯彻党的十八大精神研讨班开班式上发表重要讲话．人民日报，2013－01－06.

② 习近平．在庆祝中国共产党成立95周年大会上的讲话．人民日报，2016－07－02（02）.

克思主义的鲜明特点，“只有聆听时代的声音，回应时代的呼唤，认真研究解决重大而紧迫的问题，才能真正把握住历史脉络、找到发展规律，推动理论创新。坚持以马克思主义为指导，必须落到研究我国发展和我们党执政面临的重大理论和实践问题上来，落到提出解决问题的正确思路和有效办法上来”[①]。问题意识和问题导向一直都是习近平经济思想的基本出发点和重要特征。在关于《中共中央关于全面深化改革若干重大问题的决定》的说明中，习近平总书记指出“要有强烈的问题意识，以重大问题为导向，抓住关键问题进一步研究思考，着力推动解决我国发展面临的一系列突出矛盾和问题”。顾海良认为，从我国经济发展的事实出发形成问题意识，再由问题意识到“问题倒逼”，是解决我国发展中面临的现实问题的科学方法和经济改革的路径，也彰显了习近平经济思想的特色[②]。不难发现，习近平重要经济思想的历次提出，往往都与我国经济改革与发展中面临的重大问题相关。金融危机爆发后，国内外经济形势发生了深刻转变，我国开始面临中等收入陷阱等现实问题。以习近平为总书记的党中央适时做出我国已处于经济增长速度换挡期、结构调整阵痛期和前期刺激政策消化期三期叠加的判断，为我们制定正确的经济政策提供了依据。针对我国经济增速放缓、资源和环境压力加重、增长动力机制亟需转换等问题，习近平总书记提出了经济“新常态”的重要判断，指出“认识新常态，适应新常态，引领新常态，是当前和今后一个时期我国经济发展的大逻辑”。近年来，我国经济运行中的结构性问题日益凸显，习近平总书记又强调了供给侧结构性改革的思想，为我们化解过剩产能、拉动消费需求和优化产业结构提供了政策思路。

同时，改革过程中各类问题的积累也要求我们更加注重政治经济学的

---

① 习近平. 在哲学社会科学工作座谈会上的讲话. 人民日报，2016-05-19（2）.

② 顾海良. 中国特色社会主义经济学的新篇章：习近平系列重要讲话中阐发的经济思想. 毛泽东邓小平理论研究，2014（4）.

问题导向。中国的改革以实践为导向，遵循先易后难的渐进式道路。这导致改革的过程是一个矛盾不断积累和逐步爆发的过程。“中国的渐进式改革在获得巨大成功的同时也产生了一系列特殊的矛盾和问题。如双重体制摩擦、腐败加剧、国有经济改革滞后等”①。习近平总书记强调，我国改革已经进入攻坚期和深水区，进一步深化改革，必须坚定信心、凝聚共识、统筹谋划、协同推进。改革越到深水区，面临的深层次矛盾必然会越多。当前阶段，这些深层次矛盾的主要表现就是长期的高速增长面临结构性调整所伴随的增速放缓问题，以及粗放型经济增长模式面临难以持续和升级瓶颈的难题。当前一段时期，我国经济增长速度放缓是一系列深层次矛盾的外在表现。化解相关矛盾，需要继续深化改革，而深化改革需要更深层次的理论创新。因此，改革中的一些深层次理论问题亟须政治经济学做出回答，其中，经济增长方面所面临的理论问题更为紧迫。从 20 世纪 90 年代开始，我国在经济增长和宏观调控领域开始引入凯恩斯主义等西方经济学的政策思路。然而，面临当前的结构性问题和经济增速放缓的深层次矛盾，凯恩斯主义等西方主流经济学已经难以给出有效的理论解答；把握经济增长的新阶段、新常态，越来越需要适合本国国情的中国理论。中国政治经济学发展的历史境遇也表明，对于现实问题的逐渐“失语”，以及政策研究的相对不足，是政治经济学“日渐式微”的关键原因。当然，长期沿用的西方理论已经难以有效地解答中国问题。就当前现实而言，不是中国特色社会主义政治经济学有没有现成的理论解决当前的经济问题，而是求助于西方政策理论的传统思路已经走到尽头。把握现实的经济增长，急需政治经济学做出相应的理论创新。这也是习近平总书记提出学好用好政治经济学的问题指向，也是在经济“新常态”和供给侧结构性改革的背景下强调以政治经济学把握经济规律的原因所在。正如习近平总书记指出的“坚持以马克思主义为指导，必须落到研究我国发展和我们党执政面临的重大理

---

① 张宇. 中国的渐进式改革为什么能获得成功. 中国人民大学学报，1996 (3).

论和实践问题上来，落到提出解决问题的正确思路和有效办法上来”①。党中央在这个时候提出学好用好政治经济学、开拓当代中国马克思主义政治经济学新境界和坚持中国特色社会主义政治经济学的重大原则，就是要我们聆听时代的声音和回应时代的呼唤，认真研究解决重大而紧迫的现实问题。

（二）补足政治经济学的政策研究短板

我们也应看到，要坚持问题导向、回应现实问题，中国特色社会主义政治经济学必须在宏观调控和经济增长领域弥补政策研究的不足。就社会主义经济理论与改革开放的关系而言，改革开放的前20年中，社会主义经济理论在中国制度创新与道路抉择过程中的指导作用非常明显。例如，改革开放后，围绕计划与市场的关系，中国经济学界展开了激烈讨论，逐渐取得了正确认识并形成了“社会主义市场经济论”。张卓元总结了“社会主义市场经济论”的形成过程，突出强调了政治经济学的理论创新对改革实践的推动作用②。社会主义市场经济论的创建大体经历了三个阶段：首先，在经济活动中引入市场机制，尊重价值规律的作用，对中国启动市场化改革起了先导的作用；其次，围绕社会主义经济是不是商品经济展开了激烈争论，最终肯定了我国社会主义经济是公有制基础上的有计划的商品经济；最后，关于“市场取向”还是“计划取向”的争论最终明确了市场取向的改革。然而从20世纪90年代中后期开始，宏观调控和经济增长逐渐成为社会主义经济建设的中心议题，而传统政治经济学的经济增长和宏观调控理论相对较少，导致这一领域的理论创新明显滞后于宏观调控的政策实践，使得政策实践越来越借助于凯恩斯主义等西方经济理论。当前阶段，沿用西方经济理论所遭遇的瓶颈反过来要求中国特色社会主义政治经济学必须

---

① 习近平．在哲学社会科学工作座谈会上的讲话．人民日报，2016－05－19（2）．

② 张卓元．“社会主义市场经济论”形成始末．北京日报，2009－08－10．

补足自己在这一领域的短板。这也是在当前背景下重提中国特色社会主义政治经济学的现实意义。

需要指出的是，虽然具体理论相对较少，但是中国社会主义政治经济学的政策研究也并非一无是处。在这一领域，我们也曾取得突出成就。1996年中国经济宣布成功实现“软着陆”。中国社会科学院经济研究所以刘国光为首的经济政策研究团队对经济“软着陆”的政策实践做出了重要贡献。在此之前，关于社会主义有计划的商品经济、社会主义商品经济以及社会主义市场经济等一系列的理论创新，中国社科院经济所都做出了重要的理论贡献。1993 年 7 月 6 日，刘国光在《经济日报》上发表了《走向市场经济过程中的宏观调控》一文，针对过渡时期我国经济新旧双重体制并存的局面依然存在和从卖方市场向买方市场转化的总态势尚未完成的特点，探讨了过渡时期我国的宏观调控问题。他指出要协调好国家计划、财政和金融这三个宏观调控的支柱，“在对三者关系科学认识的基础上，建立健全有中国特色的宏观经济管理体制，制定正确的宏观经济调控政策，以推进中国社会主义市场经济和现代化建设”。在《论“软着陆”》一文中，刘国光提出了及时削峰、适度从紧、适时微调和抓住主线的政策思路，为具体政策的出台提供了基本参考①。

刘国光的“软着陆”理论得到了理论界的极大肯定。《论“软着陆”》一文被时任国务院总理朱镕基称赞为“迄今为止总结宏观调控经验的一篇最好的文章”。《经济学动态》杂志在纪念刘国光 80 岁寿辰的文章中指出，“他的理论成为正确反映和体现了我国经济体制改革和经济发展决策的重要理论基础之一，他本人也成为一名具有超前改革意识的政府高级顾问和享有盛誉的著名经济学家”②。2013 年 11 月 26 日，在“庆贺刘国光九十华诞暨完善社会主义市场经济体制”研讨会上，近百位专家对刘国光的经济体

---

① 刘国光．论“软着陆”．人民论坛，1997（2）．

② 著名经济学家刘国光教授简介．经济学动态，2003（11）．

制改革和宏观调控理论给予了高度评价，指出“在我国理论界集中讨论1988—1995年中期改革的思路时，针对当时有些同志提出的‘适度通货膨胀，支持高经济增长’的论点，以刘国光为主的中国社会科学院课题组提出了整顿经济秩序、治理通货膨胀、有选择地深化改革的‘稳中求进’的改革思路———这一思路的正确性已多次被我国的经济理论和实践所证实，并成为我国在制定改革和发展规划时长期坚持的总基调”①。

1996年经济软着陆的成功，实际上标志着以中国社科院经济所为代表的社会主义经济理论学者，开始从制度和道路选择的重大问题逐步转向宏观调控和经济增长的经济政策领域。然而此后，中国经济的宏观调控开始全面转向凯恩斯主义等西方经济学的政策理论，社会主义经济理论的政策研究未能继续下来。当前中国经济所面临的问题仍然可以视为是另一场经济“软着陆”问题，中国社会科学院经济研究所与国内政治经济学界重启社会主义经济理论的政策研究既是历史的承袭，也是时代的要求。

四、指明未来方向：铸就战略定力，把握前进方向

如何看待过去成就，如何解决当下问题，最终都归结为一点：如何选择未来前进的方向。当前条件下提出中国特色社会主义政治经济学，形成总结过去成就、解决现实问题的话语体系，其根本目的就在于基于独立自主的话语体系，铸就战略定力，把握发展方向。

（一）坚守中国特色社会主义的前进方向

党的十八大报告指出，道路关乎党的命脉，关乎国家前途、民族命运、人民幸福；我们必须坚定不移高举中国特色社会主义伟大旗帜，既不走封闭僵化的老路、也不走改旗易帜的邪路。2013年1月5日，习近平总书记

① 张福军．庆贺刘国光九十华诞暨完善社会主义市场经济体制研讨会综述．马克思主义研究，2014（2）．

在贯彻党的十八大精神研讨班开班式上指出：道路问题是关系党的事业兴衰成败第一位的问题，道路就是党的生命，而“中国特色社会主义是社会主义而不是其他什么主义，科学社会主义基本原则不能丢，丢了就不是社会主义”[①]。

道路决定命运，“中国特色社会主义不是从天上掉下来的，是党和人民历尽千辛万苦、付出各种代价取得的根本成就”[②]。坚持和发展中国特色社会主义，需要我们坚定不移地走中国特色社会主义道路，增强政治定力，增强道路自信、理论自信、制度自信；需要我们全面深化改革，推动社会主义制度不断自我完善。

中国特色社会主义政治经济学或当代中国马克思主义政治经济学，其侧重点并非仅仅在于政治经济学的基础理论，而是用政治经济学的基本理论、基本方法分析和解决当代中国的重大现实问题。政治经济学的优势就在于其对制度变迁和社会发展的强大解释力，对社会主义本质和社会主义制度的深刻洞察。科学社会主义与中国特色社会主义在经济理论与实践上是源与流的关系，马克思阐述的生产资料公有制、计划调节、按劳分配等未来社会的基本特征也是中国特色社会主义要遵循的[③]。坚持改革，坚持社会主义，必然要求以马克思主义政治经济学为基础铸就战略定力，把握前进方向。

我们过去成就的取得在于坚持了社会主义道路，当前问题的化解在于改革即完善社会主义。但是，如果不掌握中国经济学的学术话语权，任由西方学者评判改革的功过是非，那么坚持和发展社会主义就是一句空话。要走好未来的中国特色社会主义道路，就必须在中国特色社会主义政治经济学的话语体系下把握中国未来的前进方向。

---

① 习近平在新进中央委员会的委员、候补委员学习贯彻党的十八大精神研讨班开班式上发表重要讲话．人民日报，2013－01－06．

② 习近平．在纪念毛泽东同志诞辰120周年座谈会上的讲话．人民日报，2013－12－27（2）．

③ 卫兴华．马克思主义政治经济学时代化的几个重要问题．中共贵州省委党校学报，2015（4）．

（二）破解理论滞后，铸就战略定力

习近平总书记在哲学社会科学工作座谈会上的讲话中强调：“这是一个需要理论而且一定能够产生理论的时代，这是一个需要思想而且一定能够产生思想的时代。我们不能辜负了这个时代。”① 习近平总书记提出这一判断，表明他对现有的思想发展状况并不满意。实际上，在讲话中也能明显听到批评之声，“解读中国实践、构建中国理论上，我们应该最有发言权，但实际上我国哲学社会科学在国际上的声音还比较小，还处于有理说不出、说了传不开的境地”，“目前在学术命题、学术思想、学术观点、学术标准、学术话语上的能力和水平同我国综合国力和国际地位还不太相称”。“说不出”和“不太相称”是对理论话语体系滞后于实践成就的整体判断。

导致这种滞后的主要原因还在于自主理论明显不足，沿用照搬西方话语越来越难以解释自主发展的中国道路。理论上的照抄照搬与道路上的自主发展背道而驰，不仅会造成理论解释的“说不出”和“不太相称”，更会妨碍到未来发展的自主性。换言之，我们已经走出了一条成功的中国道路，但解释这条道路的话语权并没有完全掌握在我们自己手中。话语权的重新确立才能保证我们完全自主地把握中国道路的何去何从。时代要求解决中国的问题必须有中国的理论，形成与中国大国地位相称的有中国气派的话语权体系，其根本意义在于指导中国的未来道路。

需要明确的是，习近平总书记是在国际话语权背景下提出这个问题，这是中国特色社会主义理论体系由国内指导思想走向国际话语体系的基本判断。做出这一判断的基本背景在于对中国问题的研究和解释已经从中国自身的理论问题演变为国际理论界的热点议题。不同视角、不同立场、不同结论的国际解释源源不断地涌向中国，试图影响甚至引导中国的实践。在这个基本背景下，把握中国未来发展的方向、形成引领中国未来的战略

① 习近平．在哲学社会科学工作座谈会上的讲话．人民日报，2016－05－19（2）．

定力，必须形成能够直面国际话语体系的中国理论。因此，解决“说不出”和“不太相称”的问题，不仅需要把中国的故事讲好，更需要在解读中国、引领中国的理论竞争中形成战略定力，把好中国未来的发展方向。我们认为，这就是习近平总书记为中国特色社会主义政治经济学指定的战略任务，也是当前条件下强调中国特色社会主义政治经济学的时代意义之所在。

五、结语

一切理论都基于历史现实，一切理论都归于未来抉择。在理论上判断是什么铸就了我们的成就，将决定我们在发展中要依赖什么；在理论上回答是什么导致了当下的问题，则决定了我们在发展中要变革什么。总结既有成就，化解当前问题必须借助科学的政治经济学理论。但是中国的经济学理论长期滞后于改革发展实践，这就要求我们必须加强政治经济学的理论创新，强化政治经济学理论的问题导向，以马克思主义的科学方法与基本原理解答中国重大现实问题。换言之，中国经济社会发展的成功在于中国独立自主的发展道路。总结中国特有的经济发展经验，破解中国面临的经济问题也需要形成中国独立的经济学话语体系。中国特色社会主义政治经济学的提出，正是以习近平同志为总书记的党中央响应这一时代要求的战略决策，也彰显了中国特色社会主义政治经济学在当前历史节点的时代意义：以中国理论总结历史经验、解决现实问题、把握未来道路。

（原载于《河北经贸大学学报》2016 年 11 月第 37 卷第 6 期）

论中国特色社会主义政治经济学的国家主体性

2016 年 5 月 17 日，习近平《在哲学社会科学工作座谈会上的讲话》[①]中，首次提出了加快建构中国特色哲学社会科学的问题，意味着对中国哲学社会科学主体性的重视。作为中国哲学社会科学的一个重要组成部分，中国特色社会主义政治经济学的主体性问题理应得到高度关注。笔者认为，中国特色社会主义政治经济学的主体性体现为国家主体性、人民主体性、话语表达主体性和文化主体性等方面。本文着重论述其国家主体性问题，其他主体性另文探讨。

一、 一个被掩盖或忽视的重大命题：政治经济学的国家主体性

国家性是政治经济学的主体属性，这一点长期被忽视，甚至被有意掩盖。在国内经济学界，经济学的国家性问题很少有人提及，而且从来没有成为一个充分讨论的学术议程。尤其是认同西方主流经济学的学者，通常把经济学看成与数学、物理学等自然科学类似的没有国家差别的所谓科学，将其视为没有国家差别的中立性价值（或“普世价值”）。即使是国内的马克思主义政治经济学界也很少论及政治经济学的国家性问题。我们翻开国

① 习近平. 在哲学社会科学工作座谈会上的讲话. 人民日报，2016 - 05 - 19 (2).

内流行的高校政治经济学教科书就可以一目了然。例如，已经印行了 10 版的中国人民大学宋涛教授的《政治经济学教程》，在其第一章介绍了政治经济学的阶级性与科学性的统一，但是没有涉及国家性问题———大部分政治经济学教材在这一问题的处理上基本相似。近些年出版的一些以“现代政治经济学”命名的新编教材，在具体内容上与传统教材有了很大变化，甚至采用了一些与现代手段相适应的模型方法，但也没有论及政治经济学的国家主体性问题，比如程恩富、马艳主编的《高级现代政治经济学》，以及作为马克思主义理论研究和建设工程重点教材的《马克思主义政治经济学概论》也没有论及国家主体性问题。被称为中国特色社会主义经济学“迄今为止第一本这类系统论著”的由杨承训主编的《中国特色社会主义经济学》以中国的经济学立意，也没有论及政治经济学的国家主体性问题[①]。2016 年 4 月国内第一本《中国特色社会主义政治经济学》由湖北教育出版社出版，作者张占斌和周跃辉也未涉及政治经济学的国家主体性问题[②]。在笔者掌握的有限材料中，也有部分学者关注政治经济学的国家主体性问题。比较系统地论述政治经济学的国家性问题的是中央民族大学刘永佶教授。他一直致力于研究政治经济学的方法论问题，在发表的文章和出版的著作中提出并系统论证了政治经济学的国度性问题，对经济学的国家主体性有着非常清醒的认识。另外，何新先生一直倡导新国家主义经济学，还用了极大的精力研究反主流经济学。中国人民大学的贾根良教授借重对李斯特经济学的研究，倡导建构演化经济学的中国学派———新李斯特经济学[③]，自然也呼吁中国经济学的国家主义主张。

西欧的民族国家兴起于 16 世纪，发现“政治经济学”一词的最早文献是法国经济学家蒙克莱田于 1615 年出版的《献给国王和王后的政治经济学》一书。

---

① 杨承训．中国特色社会主义经济学．北京：人民出版社，2009：1.

② 张占斌，周岳辉．中国特色社会主义政治经济学．武汉：湖北教育出版社，2016.

③ 贾根良，等．新李斯特经济学在中国．北京：中国人民大学出版社，2015.

书名本身就蕴含着政治经济学的国家主体性，同时也说明政治经济学作为一门学问是伴随着民族国家的兴起而出现的，在本质上是关于国家经济发展和财富积累问题的研究或策略。在西欧，民族国家的兴起，带动了重商主义的流行。西欧各国的国王与传统中国集权体制之中的国王不可同日而语，他们虽然也自称“朕即国家”，但是只拥有绝对的政治权力、皇家财产和征税权力，远远达不到“普天之下，莫非王土；率土之滨，莫非王臣”的中国式控制。这些西方国家在当时就确立了私有产权相对于王权的独立性，国王的收入只能靠皇家庄园的生产、对国内产出的征税以及海外掠夺，不能随意侵犯私人财产。在现代工业尚未出现的背景下，生产力比较落后，靠自身的生产和征税都无济于事，王室的收入主要依靠殖民地和海外掠夺。在当时的金本位制体系下，一个国家能从其他国家获取金银铸币，被视为增加了国家财富，因此重商主义的国家无不重视海外贸易和殖民。可见，重商主义经济学是从本国利益出发的，具有比较强烈的国家主体性。法国重农学派认为重商主义注重海外贸易，必致农业生产的落后和农村经济的严重衰退，因此坚决反对以牺牲农业为代价发展海外贸易。重商主义把累积国家财富和改善人民生活看作是两个相对独立的目标，重农学派并未改变累积国家财富的目标，而是重新确定了国家财富的内容，从而在国家财富增长的同时提高人民生活水平。重农学派把真正的国家财富指向了农业产值，因为当时法国国民多数为农民，农业产值归农民和农场主所有，发展农业可以提高人民的生活水平。重农学派是以重视国家主体性为前提的。亚当·斯密在他的《国民财富的性质和原因的研究》中系统论述了他的政治经济学思想，其政治经济学学说确定无疑地体现了英国的国家主体性。该书立足于英国，以英国资产阶级为主体，论证了资本主义制度的基本构成，特别是这个制度对于英国走向强大的重要意义。尽管作者在书中往往省略英国这个主语，但由于当时的英国是世界上最发达的资本主义国家，在一定意义上，英国的经济制度就是资本主义制度，资本主义制度就是英国经济制度。但是问题在于亚当·斯密从对资本主义社会的美好愿望———“天生丰裕”的世界观出发①，提出了著名的“经济人”假设和“看不见的手”原理，主张广泛的国际分工和国际贸易自由。此后，李嘉图在斯密的交换价值和绝对优势理论的基础上，发展了国际范围内的比较优势论，引导了世界主义经济学的出场———这种世界主义经济学经过不断演化成为今天的新古典政治经济学理论。目前盛行的新自由主义经济学的根源也在这里。这种政治经济学从表面上看隐去了国家性质，成为一种世界通用的经济理论，貌似没有国家主体性，适应了人们关于经济全球化的整体意识。其实，与李嘉图同时代的德国经济学家弗里德里希·李斯特就看穿了英国世界主义经济学背后的“算计”：“世界主义经济产生时所依据的假定是，世界上一切国家所组成的只是一个社会，而且是生存在持久和平局势之下的”②，显而易见的是，这种“持久和平”局势只是一种假设而已。同时，这种世界主义经济学的问题还在于它的两极思维，“一方面是全人类，另一方面只是单独的个人”③。而在现实世界中是不可能的，在民族国家还存在的情况下，“个人与人类之间还有一个中介者，这就是国家”④。这种世界主义在话语体系上隐去了国家的概念，恰恰是它们国家主体性的表现。世界主义经济学的一个基本的思路就是广泛的国际分工和国际贸易自由以及比较优势论，那时的英国是世界上最强大的国家，其他国家都是相对落后的国家，在这种情况下的国际分工和自由贸易无疑是只有英国处于最优势地位，英国实际上就“成为一个把整个世界都纯粹视为其一个省份的大宗主国”⑤。实际上，在这里“国际分工”就是英国的国家主体性。在这之后的两百多年时间里，资本主义政治经济学出现了很多的流派和体

① 康芒斯．制度经济学：上册．北京：商务印书馆，2006：95．
② 李斯特．政治经济学的国民体系．北京：商务印书馆，1961．
③ 李斯特．政治经济学的国民体系．北京：商务印书馆，1961．
④ 李斯特．政治经济学的国民体系．北京：商务印书馆，1961．
⑤ 李斯特．政治经济学的国民体系．北京：商务印书馆，1961．

系，尽管有些派别和体系尤其是其中的心理学派和数理学派，极力否定它们理论的国家主体性，在他们的表达系统中，反复强调人是“经济人”，他们都按照自己的认知判断来从事经济活动，“经济理性”起着决定性作用，按照“利益最大化”的原则行事，有些甚至用“纯粹经济学”来表示自己的经济学性质。但是，从本质上说，每一个派别和体系都有很强的国家主体性。

在西方经济学说史中，李斯特国家主义经济学是与亚当·斯密世界主义经济学相对抗的另一种经济学传统。不同的是，李斯特传统在整个经济学传统中一直没有占据上风。但是，翻开世界经济史，我们就会惊奇地发现很多成功的“后发国家”正是因为奉行了李斯特国家主义经济学，才崛起为世界性强国。有些学者甚至认为，中国与日本的大分流就是因为日本及时奉行了李斯特经济学，而中国却从一开始就接受了亚当·斯密。“对于19世纪的两个后发工业化国家———美国和德国———在1900年成功地超过英国成为世界第一和第二工业化大国来说，李斯特经济学起到了关键性的作用，这是在学术界基本已经得到普遍承认的历史事实。但是，一个鲜为人知的秘密和事实却是：日本的明治维新（1868—1912年）能够取得成功，最重要的原因就在于其国家精英集体接受了李斯特经济学，并将其奉为治国的圭臬；而从洋务运动一直到辛亥革命，不仅洋务运动领导集体和中国近代启蒙思想家们（严复除外）无一人知晓李斯特经济学，而且戊戌变法的领导人和著名启蒙思想家严复还接受了亚当·斯密的世界主义经济学说，正是这一因素及由此产生的不同的经济体制导致了近代中日两国在迎接西方列强的挑战上出现了‘大分流’：日本加入到帝国主义列强的队伍，而中国却沦为其半殖民地”[①]。然而历史的吊诡令人称奇：这些国家在发达以后，都无一例外地抛弃了李斯特的国家主义经济学，转而奉行亚当·斯密的世界主义经济学。其中也包括李斯特的祖国———德国。原因也

---

① 贾根良，等. 新李斯特经济学在中国. 北京：中国人民大学出版社，2015.

很明朗，正如李斯特早就揭示过的：“一个人当他已攀上了高峰以后，就会把他逐步攀高时所使用的那个梯子一脚踢开，免得别人跟着他上来。亚当·斯密的世界主义经济学说的秘密就在这里。”[①] 虽然世界主义经济学的这个秘密两百多年前已经由李斯特揭开，但是在中国，这个谜底并不为所有人都知晓或理解。否则，在改革开放的历史进程中，就不会有那么多人还痴迷西方主流经济学，甚至让西方新古典经济学主导了中国经济学教育[②]，使马克思主义政治经济学“边缘化”，在学科中“失语”、教材中“失踪”、论坛上“失声”[③]。英籍韩裔学者张夏准的研究结论是：“与人们通常相信的事实相反，发展中国家的表现在起初的国家主导型发展阶段要优于后来的市场导向型改革阶段。的确发生过因国家干预而造成重大失败的案例，但是，与市场导向型改革阶段相比，大部分国家在‘过去悲惨的日子’里的经济增长更快，人均收入分配也更公平，金融危机也更少。然而，几乎所有的富国都是通过奉行自由市场政策发家致富的说法也不准确，在某种程度上反着说可能更准确，因为所有今天的富国几乎毫不例外地———其中也包括美国和英国，这两个国家是所谓的自由贸易和自由市场的大本营———都是通过保护主义、政府补贴和其他今天他们告诫发展中国家不要采取的政策等手段发家致富的。因此，到目前为止自由市场政策很少能够使国家富裕起来，相信未来也将如此。”[④]

与资本主义政治经济学相比，社会主义政治经济学的国家主体性问题在接受马克思主义政治经济学的初期好像很少有人关注。尽管恩格斯也说过马克思经济学说是德国的政治经济学这种话语，但大家都是将马克思主义政治经济学当作放之四海而皆准的普遍原理来掌握的。这也是笔者在文章开头所列现象的根本原因。苏联十月社会主义革命胜利后的工业化进程

---

① 孙德常，彭金荣．李斯特经济学理论与近代德国的崛起．历史教学，1988（9）．

② 科恩．西方新古典经济学如何主导了中国经济学教育．中国社会科学（内部文稿），2016（1）．

③ 习近平．在哲学社会科学工作座谈会上的讲话．人民日报，2016－05－19（2）．

④ 张夏准，孙建中．经济学的谎言：为什么不能迷信自由市场主义．北京：新华出版社，2015：64－65．

和取得的反法西斯战争的辉煌胜利，为社会主义政治经济学的建构提供了经验基础，斯大林的《苏联社会主义经济问题》一书，是当时社会主义阵营的第一部社会主义政治经济学著作。与此相对应，苏联科学院编写的《政治经济学教科书（社会主义部分）》是国际共产主义运动史上第一部社会主义政治经济学教材。这两部文献都是作为社会主义国家经济发展的一般规律来总结的，虽然实践经验来源于苏联，但是，在当时的理论界，苏联的经济制度就是社会主义经济制度，社会主义经济制度就是苏联经济体制。当时的社会主义政治经济学不可能强调国家主体性。每个社会主义国家的经济建设都是国际共产主义运动实践的重要组成部分，强调的是社会主义运动的一般性。1956 年苏共 20 大召开，赫鲁晓夫“秘密报告”在揭批斯大林的同时也暴露了苏联经济中的一些问题，引发了中国共产党和毛泽东对苏联经济建设道路和中国道路问题的反思，提出了探索适应中国情况的社会主义道路问题。1956 年 4 月发表的《论十大关系》就是立足于中国实际探索中国发展道路的一个标志性理论成果。在实践中推行的“大跃进”和人民公社化运动，虽然不成功，但从经济学思想的层面来看也是摆脱苏联模式的一种探索。

在总结中国经济建设经验教训的过程中，毛泽东非常重视从政治经济学理论的高度来思考问题，1958—1960 年，他组织学习小组专门研读斯大林《苏联社会主义经济问题》和苏联《政治经济学教科书（社会主义部分）》，对中国经济建设问题和中国政治经济学的建构问题留下了大量的批语和谈话，明确提出了要写出我们自己的政治经济学教科书的任务。很明显的一个事实是，毛泽东意识到：各个社会主义国家的经济建设，虽然都是国际共产主义运动的一个重要组成部分，是在实践马克思主义的共产主义理想，具有国际性，但是又都是在各个国家自己的国情的基础上进行建设的，都有自己的历史特点。所以，毛泽东所要写出的社会主义政治经济学是具有国家主体性的一部中国的社会主义政治经济学。“任何国家的共产党，任何国家的思想界，都要创造新的理论，写出新的著作，产生自己的理论家，来为当前的政治服务，单靠老祖宗是不行的”①。

值得注意的问题是，一百多年来，自从中国人睁开眼睛看世界，向西方学习先进技术和学习他们的现代化思想开始，尤其是在学习西方的经济思想的时候，我们很少注意蕴含在这些思想中的国家主体性问题，忽视了这些经济学的国家立场。历史事实证明，不论是英国和美国的经济学家还是苏联的经济学教科书，掩饰他们推出的经济学理论的国家主体性，正是他们国家立场和国家利益的一种需要，是他们国家立场和国家利益的一种在意识形态领域的反映。作为发展中国家的中国学者，在引进学习这些理论，学习他们的先进思想的同时忽视掉其中包含的国家立场却是不应该的。

二、 国家主体性：中国特色社会主义政治经济学的基本属性

中国特色社会主义政治经济学来源于马克思主义政治经济学，根基于中国特色社会主义的历史实践，借鉴于其他国家的社会主义实践经验和西方经济理论，奠基于中国几千年的历史文化传统②。就概念本身语义而言，中国特色社会主义政治经济学有三个层面的含义：一是它属于政治经济学，它是政治经济学范畴中的一种；二是它是社会主义政治经济学，区别于资本主义政治经济学，根本方向是社会主义；三是它是中国特色社会主义政治经济学，这个社会主义政治经济学区别于其他国家的社会主义政治经济学，是中国特色的，强调的是中国。这里说的“特色”是相对于其他社会主义国家来说的，其实讲的就是中国的国家性。所以，中国特色社会主义政治经济学这个概念本身就鲜明地体现了它的国家主体性。上述分析表明，就其一般属性来讲，中国特色社会主义政治经济学坚持了社会主义的根本

① 毛泽东文集：第 8 卷．北京：人民出版社，1999.

② 王立胜，郭冠清．论中国特色社会主义政治经济学的理论来源．经济学动态，2016（5）.

方向，具有一切社会主义国家的同一性，具有所有社会主义国家和它们的政治经济学所共有的共同属性；同时，它又是对中国社会主义经济实践的理论总结和理论解释，具有深厚的中国文化基因，这就决定了这个理论在具有国际性的同时具有强烈的中国性，彰显了中国特色社会主义政治经济学的国家主体性。

从国家的存在性来看，虽然经济全球化的进程越来越广泛和深刻，但国家在全球化过程中的主体性地位不仅没有被削弱，而且在某种意义和层面上越来越凸显，民族国家仍旧是当今人类最重要的存在方式之一。在国际格局中，全球性和国家主体性之间的交互渗透和互相建构还是一个长期的历史过程。经济全球化“体现为国家之间的经济交流、合作与竞争，体现为各地域国家发生的制度调整与演变，也体现为人们对这一过程背后的动力机制、它所包含的权力关系以及它的未来走向的主观判断———其中既包括各强势集团对其进行的正当化和合法化，也包括那些弱势或者被边缘化的群体对其进行的抵制与批判，而观念的过程与实际的物质过程之间又体现为一种相互建构的关系”①。国家的长期存在决定了社会主义初级阶段中国的存在和发展必然处于一定的国际格局之中，中国社会主义初级阶段的经济发展必然要在国际经济格局之中来定位自己，国际关系始终是影响中国特色社会主义经济运行规律的一个外部决定性因素———这就决定了中国经济发展必定以中国的国家利益为中心。研究对象的中国主体性决定了反映这个对象的政治经济学理论的国家主体性。按照马克思主义的观点，国家是一种独立的专门的政治组织或者政治实体（官衙、警察、监狱、军队等等）：“国家是一个阶级压迫另一个阶级的机器，是使一切被支配的阶级受一个阶级控制的机器。”② 这种历史逻辑昭示我们的是：国家的存在与阶级的产生是共时性的，只要阶级不消亡，国家就必然存在。进一步的

① 唐士其．全球化与地域性：经济全球化进程中的国家与社会的关系．北京：北京大学出版社，2008：2.
② 列宁选集：第4卷．人民出版社，北京：1972：48.

结论是：国家产生于阶级社会，是阶级镇压的机器，而阶级必将消灭，所以，国家必将消亡；反言之，只要阶级存在，国家就存在。列宁对此做出了进一步的解释："只有共产主义才能够完全不需要国家，因为那时已经没有人需要加以镇压——这里所谓'没有人'是指阶级而言，是指对某一部分居民进行有系统的斗争而言。……虽然我们不知道消亡的速度和进度怎样，但是，我们知道这种行为一定会消亡。而这种行为一消亡，国家也就随之消亡。"[①] 列宁把阶级的消灭和国家的消亡界定为共产主义的实现。近年来国内有学者对国家是不是会消亡产生了根本怀疑并断言"永恒性与绝对性乃是国家的存在本性。因此，国家不可能消亡，而只能随着社会发展和阶级生灭而不断转型：已由原始社会无阶级的部落国家，转型为阶级社会的阶级国家；已由公元前一千年多达一百万个国家，转型为当今世界的一百多个国家；势必将由这一百多个阶级国家，转型为一个具有统一主权和唯一政府的世界大同的无阶级的共产主义的全球国家"[②]。无论马克思主义经典作家的经典结论与当代研究者的最新成果有何种不同，有一点我们可以肯定：无论国家是绝对的永恒还是一直存在到共产主义时代，对于我们今天的中国来说，在中国特色社会主义初级阶段，世界格局中多种多样的国家是绝对存在的。国家存在的根本是国家主权的设定，国家主权是国家与国家之间的根本界限，维护国家主权就是维护最根本的国家利益。国家利益是一切国际关系的出发点，也必定是一国政治经济学思考的根本点——只要有多个国家存在，这种国家之间的竞争和合作关系就必定存在，一个国家的政治经济学就要研究这种竞争与合作关系，一个国家的政治经济学就一定具有国家的主体性。胡鞍钢提出的国际竞争合作的国家发展生命周期"四阶段说"[③]，有助于我们理解这一问题。这个理论认为，由

① 列宁选集：第3卷．北京：人民出版社，1972：249.

② 王海明．国家学：上卷．北京：中国社会科学出版社，2012：49.

③ 胡鞍钢．国家生命周期与中国崛起．教学与研究，2006（1）.

于世界不是由一个国家组成（或不是由一个国家主导或统治）而是由多个国家组成，特别是在多个大国组成的竞争格局条件下，国家之间竞争和合作导致了国家生命周期的四个阶段。以 A、B 两国为例，四个阶段是：第一阶段，A 国的准备成长期，最先进入现代经济增长，而 B 国仍然停滞，对 A 国不构成威胁；第二阶段，A 国经济迅速成长，对 B 国构成威胁，迫使 B 国发动工业化；第三阶段，A 国进入强盛期，成为世界性大国，B 国借助经济全球化获得 A 国的知识、技术、资本、人才等各种资源，进入加速成长期，对 A 国形成竞争甚至挑战；第四阶段，A 国国力衰退，B 国迅速崛起，A 国不可避免地衰落。如果是多个国家参与其中，情形更加复杂[①]。这个用以说明国际竞争与合作的生命周期模型具有重大启示：不仅国家的国际存在要求我们对一国的经济理论要有在文化自觉基础上的高度国家意识，更要求我们要清醒地看到中国的国际存在永远是一种动态格局，在共时性地把握中国的国际关系的同时，还要在不断变化的国际格局中历时性地适应中国的国际处境。在实践中对中国国际格局共时性与历时性一体化把握的战略思维和实际操作，淋漓尽致地表现为国家主体性的全方位展现。

从研究对象的层次性的角度来分析，中国特色社会主义政治经济学是对中国社会主义初级阶段经济矛盾和经济规律的理论把握，它所揭示的是在社会主义初级阶段的中国这个时间段内的经济矛盾和经济规律，而不是一般的普遍意义上的经济矛盾和规律，也不是特殊意义上的社会主义的经济矛盾和规律，而是中国这个个别意义上的在特定时段中的经济矛盾和经济规律。这里的逻辑是：普遍———政治经济学，特殊———社会主义政治经济学，个别———中国特色社会主义政治经济学。普遍存在于特殊之中，特殊体现着普遍，特殊存在于个别之中，个别体现着特殊。作为个别范畴的中国特色社会主义政治经济学当然要遵循社会主义经济学的特殊原则，更要遵循政治经济学的普遍原则，但它同时体现着社会主义政治经济

① 胡联合，胡鞍钢，廖立勇．为什么要保卫人民国家．北京：中国长安出版社，2012：35.

学的特殊原则，也体现着政治经济学的普遍原则。重视共性与个性、一般与个别的关系是毛泽东哲学思想的一个显著特点。毛泽东曾经说过："研究个别社会，就要找出个别社会的特殊规律。把个别社会的特殊规律研究清楚了，那么整个社会的普遍规律就容易认识了。"[①] 在战争年代，毛泽东十分重视对中国革命战争特殊规律的研究，要求中国共产党人，不仅要研究一般战争规律，还要研究革命战争规律，更要研究中国革命战争的特殊规律。"中国革命战争的规律——这是任何指导中国革命战争的人不能不研究和不能不解决的问题"[②]。那么，怎么把握中国革命战争的规律呢？"我们研究在各个不同历史阶段、各个不同性质、不同地域和民族的战争的指导规律，应该着眼其特点和着眼其发展，反对战争问题上的机械论"[③]。这就是说，指导战争必须要以一般战争的规律为指导，着重研究特殊的战争规律，更要研究个别情况下的特殊历史时段和历史空间的战争的个别规律。毛泽东把他的这一思想用于对中国革命战争规律的研究，准确地揭示了中国革命战争的规律，形成了反映中国革命战争规律的真理性的革命战争理论，指导中国革命取得了最后胜利，建立了新中国，解放了中国人民。指导经济建设虽然与指导战争有着本质的区别，但是，毛泽东研究战争规律的方法论却是完全可以用于研究中国的经济发展。我们当然要研究经济发展的一般规律，不管是资本主义国家还是社会主义国家在经济发展上，总要有一般性的经济规律可以遵循，同样是社会主义国家，当然也可以找到所有社会主义国家都可以遵循的共同规律，正如毛泽东所指出："我们始终强调按照十月革命的道路办事，要讲'任何国家'无产阶级革命的'基本内容'都是一样的。这就和修正主义者对立起来了。"[④] 但我们是在中国指导经济发展，探索中国经济发展规律是根本问题。当毛泽东看到苏联《政

① 毛泽东文集：第8卷．北京：人民出版社，1999.

② 毛泽东著作选读：上册．北京：人民出版社，1986：89，91.

③ 毛泽东著作选读：上册．北京：人民出版社，1986：89，91.

④ 毛泽东．毛泽东读社会主义政治经济学批注和谈话．北京：中华人民共和国国史学会，1998：80，82.

治经济学教科书（社会主义部分）》谈到要注意国家的特殊性时，他高兴地说："'每一个'国家都'具有自己特别的具体的社会主义建设的形式和方法'，这个提法好。莫斯科宣言中，就讲到了普遍规律和具体特点相结合的问题。"[①] 中国特色社会主义政治经济学的着眼点就在中国特色上，它所探索的是中国经济发展中经济矛盾的解决路径和中国经济发展的规律性。列宁根据辩证法的一般规律预言，在社会主义条件下，对抗将会消失，但矛盾仍将存在。在苏联社会主义建设过程中，以斯大林为代表的苏联理论界否定了列宁的思想，不承认苏联社会主义社会存在矛盾。毛泽东根据中国的实际情况批判了斯大林的形而上学观点："对立统一规律是宇宙的根本规律。这个规律不论在自然界、人类社会和人们的思想中，都是普遍存在的。矛盾着的对立面又统一，又斗争，由此推动事物的运动和变化。矛盾是普遍存在的，不过按事物的性质不同，矛盾的性质也就不同。"[②] 可以说，毛泽东对中国社会主义经济建设道路的探索是从分析中国社会主义社会的矛盾运动开始的，他的《论十大关系》其实就是论中国社会主义经济建设过程中的十大矛盾，这些矛盾在实践过程之中的展开和解决就是经济发展的规律性。所以，毛泽东认为，规律是客观的，是一种历史必然性。必须认真研究客观经济规律，必须学会熟练运用客观经济规律。但是，"规律自身不能说明自身。规律存在于历史发展的过程中。应当从历史发展过程的分析中来发现和证明规律。不从历史发展过程的分析下手，规律是说不清楚的"[③]。在毛泽东的设想中，中国的社会主义政治经济学就是研究中国的社会主义经济建设过程中的各种经济矛盾和经济规律的学问。

邓小平对政治经济学的重视也是着眼于解决中国经济现实中的经济矛盾和经济规律。1984 年 10 月中共十二届三中全会通过了《中共中央关于经

① 毛泽东. 毛泽东读社会主义政治经济学批注和谈话. 北京：中华人民共和国国史学会，1998：80，82.

② 毛泽东文集：第 7 卷. 北京：人民出版社，1999：213.

③ 毛泽东文集：第 8 卷. 北京：人民出版社，1999.

济体制改革的决定》，邓小平将这个《决定》提高到政治经济学的高度来认识，认为“是写出了一个政治经济学的初稿，是马克思主义基本原理和中国社会主义实践相结合的政治经济学”[①]。邓小平之所以这样认识这个《决定》，是因为这个《决定》总结了改革开放几年来中国经济发展的经验，揭示了中国经济矛盾，反映了中国经济发展的规律。邓小平开创的中国特色社会主义道路是特指中国的社会主义现代化道路，他在改革开放过程中的所有论著都是针对中国的问题而阐发的深刻道理。社会主义初级阶段的理论是对中国国情的准确判断，关于社会主义本质的论述是指中国社会主义初级阶段的社会主义本质，社会主义市场经济论反映的是初级阶段的中国社会主义的本质特征，在著名的南方谈话中，邓小平把自己的论述概括为“十一届三中全会确立的这条中国的发展路线”[②]，中国特色社会主义政治经济学所反映的就是蕴含在这条发展路线中的经济的矛盾运动规律。

以江泽民同志为核心的党的第三代中央领导集体和以胡锦涛同志为总书记的党中央沿着“这条中国的发展路线”继续探索，其实质就是继续深化和拓展这条发展路线，对中国社会主义初级阶段的经济矛盾和经济规律都有新的发现和新的阐发。党的十八大以后，在以习近平为总书记的党中央领导下，科学判断国际国内新形势，在新的历史起点上以继续坚持和发展中国特色社会主义为主题，在经济发展进入新常态的宏观背景下，提出了一系列新理念新思想新战略，其中包含着对中国特色社会主义经济矛盾和经济规律的科学研究和探索，把马克思主义政治经济学的中国化推进到了一个崭新的阶段，开拓了当代中国马克思主义政治经济学的新境界。正是在这种历史背景下，习近平反复强调要分析经济矛盾，研究经济规律，建构中国特色社会主义政治经济学。习近平从三个角度阐发了对于认识规律和利用规律的重视。一是从总结党的历史经验的角度指出：“在革命、建

① 邓小平文选：第3卷．北京：人民出版社，1993：83，381，373.

② 邓小平文选：第3卷．北京：人民出版社，1993：83，381，373.

设、改革各个历史时期，我们党运用历史唯物主义，系统、具体、历史地分析中国社会运动及其发展规律，在认识世界和改造世界过程中不断把握规律、积极运用规律，推动党和人民事业取得了一个又一个胜利。”① 我们党之所以能够成功领导和推动中国经济建设和改革开放，一个重要原因就在于对社会主义发展和市场经济运行规律的认识不断深化、运用更加自觉。构建中国特色社会主义政治经济学，就是从一个学科的高度更加系统地总结中国共产党领导中国经济建设的规律，把实践经验进行规范的理论提升，更加自觉地指导未来的经济实践。二是对中国经济发展的基本规律进行了初步的系统总结，创新性地提出了中国特色社会主义建设所应遵循的自然规律、经济规律和社会规律。2014 年 7 月 8 日，习近平同志在经济形势专家座谈会上提出：“发展必须是遵循经济规律的科学发展，必须是遵循自然规律的可持续发展。各级党委和政府要学好用好政治经济学，自觉认识和更好遵循经济发展规律，不断提高推进改革开放、领导经济社会发展、提高经济社会发展质量和效益的能力和水平。”② 7 月 29 日中央政治局会议上在“必须是遵循”的后面又加上了“必须是遵循社会规律的包容性发展”③。这样就形成了要遵循“三个规律”的思想。三是从学科建设的高度反复强调建构反映中国经济规律的中国特色社会主义政治经济学。2015 年 11 月 23 日，习近平同志在主持中共中央政治局第二十八次集体学习时强调，要立足中国国情和中国发展实践，揭示新特点新规律，提炼和总结中国经济发展实践的规律性成果，把实践经验上升为系统化的经济学说，不断开拓当代中国马克思主义政治经济学新境界④。2015 年 12 月 18—21 日召

---

① 习近平. 推动全党学习和掌握历史唯物主义　更好认识规律更加能动地推进工作. 人民日报，2013－12－04（1）.

② 新华社. 更好认识和遵循经济发展规律　推动我国经济持续健康发展. 人民日报，2014－07－09（1）.

③ 新华社. 中共中央政治局召开会议决定召开十八届四中全会　讨论研究当前经济形势和下半年经济工作. 人民日报，2014－07－30（1）.

④ 新华社. 立足我国国情和我国发展实践　发展当代中国马克思主义政治经济学. 人民日报，2015－11－25（1）.

开的中央经济工作会议强调，要坚持中国特色社会主义政治经济学的重大原则①。2016 年 7 月 8 日主持召开经济形势专家座谈会时，习近平同志又强调了坚持和发展中国特色社会主义政治经济学的问题，并号召广大经济学理论工作者“要加强研究和探索，加强对规律性认识的总结”②。

三、 国家主体性：自主性与开放性的辩证法

中国特色社会主义政治经济学主张国家主体性，首先是强调这门学科要坚持国家利益第一的基本原则，国家的自主性是国家主体性的首要含义。当然，自主性不排斥开放性。中国特色社会主义政治经济学作为一个理论体系，是一个开放的系统，就像中国的经济建设是中国人民的自主事业但不排除实践过程中的对外开放一样，中国特色社会主义政治经济学的理论建构必定会吸取一切有益的国外经济学成果和智慧。正如习近平所指出的：“坚持和发展中国特色社会主义政治经济学，要以马克思主义政治经济学为指导，总结和提炼中国改革开放和社会主义现代化建设的伟大实践经验，同时借鉴西方经济学的有益成分。”③ 这段话至少包含三层含义：一是中国特色社会主义政治经济学在本质上是马克思主义政治经济学，是当代中国马克思主义政治经济学，因为其指导思想是马克思主义政治经济学，其思想来源的主体成分是马克思主义政治经济学。二是中国特色社会主义政治经济学不是对马克思主义政治经济学的机械照搬，而是运用马克思主义世界观和方法论对中国改革开放和社会主义现代化建设实践经验的理论总结，是对中国现代化建设实践的规律性认识。三是中国特色社会主义政治经济学所反映的作为过程的中国现代化实践也得益于对国外包括西方一些国家

---

① 新华社. 中央经济工作会议在北京举行. 人民日报，2015－12－22（1）.

② 新华社. 坚定信心增强定力 坚定不移推进供给侧结构性改革. 人民日报，2016－07－09（1）.

③ 习近平. 在哲学社会科学工作座谈会上的讲话. 人民日报，2016－05－19（2）.

成功经验的学习和借鉴，中国特色社会主义政治经济学自然也会借鉴西方经济学的有益成分。这三点从总体上说明了中国特色社会主义政治经济学是自主性和开放性的统一。

那么，怎样借鉴西方经济学的有益成分呢？一句话就是："既要立足本国实际，又要开门搞研究。"① 一方面必须认真学习，不能采取全盘否定和排斥的态度，要坚持理论创新的开放性胸怀；另一方面要立足中国国情，站稳中国立场，破除崇洋媚外思想，坚持自主性态度。

"开门搞研究"意味着中国理论的开放性：

一是世界所有国家经济建设积累的经验和经济学取得的积极成果都要吸收。2016 年 5 月 17 日，习近平在哲学社会科学工作座谈会上的讲话中谈到如何建构中国特色哲学社会科学时明确指出："国外哲学社会科学的资源，包括世界所有国家哲学社会科学取得的积极成果，这可以成为中国特色哲学社会科学的有益滋养。"② 中国特色社会主义政治经济学是中国特色哲学社会科学的重要组成部分，习近平的这个论断适用于中国特色社会主义政治经济学理论体系的建构。改革开放以前的中国经济建设，一直遵循毛泽东确立的独立自主的方针，把自力更生为主、争取外援为辅作为一项基本原则。以美国为首的资本主义国家对中国的经济建设采取了封锁禁运的措施，迫使我们的经济建设不可能采取对外开放的政策，只能采取向苏联"一边倒"的外交方针，争取苏联的经济支持成为我们的唯一选择。苏联的社会主义建设经验成为我们的唯一模板，苏联的政治经济学教科书成为我们唯一选择的经济学教材。即便是在这种情况下，毛泽东在《论十大关系》等著作中还是论述了要向外国一切先进经验学习的思想。改革开放以后，中国的社会主义现代化建设具备了对外开放的基本条件，我们不仅学习了外国的先进技术和先进管理经验，还引进了国外的一些经济学著作，

① 习近平．在哲学社会科学工作座谈会上的讲话．人民日报，2016－05－19（2）．

② 习近平．在哲学社会科学工作座谈会上的讲话．人民日报，2016－05－19（2）．

学习了资本主义国家搞市场经济的成功经验。诚如邓小平所说："社会主义要赢得与资本主义相比较的优势，就必须大胆吸收和借鉴人类社会创造的一切文明成果，吸收和借鉴当今世界各国包括资本主义发达国家的一切反映现代社会化生产规律的先进经营方式、管理方法。"[①] 中国社会主义现代化建设之所以在几十年时间里走过了西方国家几百年的历史过程，取得了辉煌的历史成就，与我们奉行对外开放的政策是分不开的。中国是一个善于学习的国度，中华民族是一个善于学习其他民族长处的具有开放性品格的民族。在这几十年时间里，几乎所有国家的成功经验都成为我们学习的对象。

二是世界经济思想史上各种学说的有益成分都要借鉴和吸收。世界经济思想上经济学派派别林立，从重商主义到重农主义，再到古典政治经济学和新古典政治经济学，资本主义世界经济大危机之后的凯恩斯主义经济学，以及凯恩斯主义失势后兴起的新自由主义的货币主义和理性预期学派经济学。可谓眼花缭乱，你方唱罢我登场。不仅派别之间观点对立，而且学派内部也观点纷呈。有些学者把不同时期的这些学派进行了简单化的处理，认为这些流派虽然复杂，经济学家不计其数，但是可以简单地划分为四大阵营：新古典主义经济学、凯恩斯主义经济学、马克思主义经济学和非主流西方经济学。在习近平看来，中国特色社会主义政治经济学的建构，不管哪个经济学派，只要是有益的成分都要学习和借鉴。他在 5 月 17 日的讲话中提到的经济思想史上的经济学家涵盖了几乎所有的经济学流派。马克思主义经济学家自不待言，不管是马克思、恩格斯、列宁、斯大林还是毛泽东、邓小平，都是我们建构中国特色社会主义政治经济学的主体思想资源。习近平特别提到了其他三个流派的著名经济学家："亚当·斯密的《国民财富的性质和原因的研究》、马尔萨斯的《人口原理》、凯恩斯的《就业、利息和货币通论》、约瑟夫·熊彼特的《经济发展理论》、萨缪尔森的

① 邓小平文选：第 3 卷．北京：人民出版社，1993：83，381，373.

《经济学》、弗里德曼的《资本主义与自由》、西蒙·库兹涅茨的《各国的经济增长》等著作，过去我都翻阅过，一个重要感受就是这些著作都是时代的产物，都是思考和研究当时当地社会突出矛盾和问题的结果。”① 问题是时代的声音，解决了问题，回应了时代的呼唤，就会有理论创新。这些经济学家的理论创新都是对时代的探索，都是时代的产物，都有其时代价值。所以，都要结合自己的实践去阅读，去思考，不管哪个学派的理论，只要对我们的实践有益，我们就要学习和借鉴。

三是对各个国家各个历史时期的经济学思想要学习一切有益的知识体系和研究方法。不管哪个国家哪个历史阶段的经济学家所建构的知识体系和研究方法，都或多或少地反映了市场经济和资源配置的一般规律，反映这些规律的知识体系对于中国的社会主义市场经济建设都是有益的参照。一些经济学家所使用的研究方法，如收入分析方法、统计计量方法以及数学模型方法，我们都可以合理地运用。“对一切有益的知识体系和研究方法，我们都要研究借鉴，不能采取不加分析、一概排斥的态度。马克思、恩格斯在建立自己理论体系的过程中就大量吸收借鉴了前人创造的成果。对现代社会科学积累的有益知识体系，运用的模型推演、数量分析等有效手段，我们也可以用，而且应该好好用。……马克思写的《资本论》、列宁写的《帝国主义论》、毛泽东同志写的系列农村调查报告等著作，都运用了大量统计数字和田野调查材料”②。

“立足本国实际”意味着中国理论的自主性：

一是要旗帜鲜明地坚持马克思主义政治经济学立场，我们建构的是中国的马克思主义政治经济学，而不是什么其他主义的政治经济学。中国特色社会主义政治经济学的主体来源是马克思主义政治经济学，是马克思主义政治经济学在中国社会主义现代化建设实践中的继承和发展。“世界上没

① 习近平. 在哲学社会科学工作座谈会上的讲话. 人民日报，2016-05-19（2）.

② 习近平. 在哲学社会科学工作座谈会上的讲话. 人民日报，2016-05-19（2）.

有纯而又纯的哲学社会科学。世界上伟大的哲学社会科学成果都是在回答和解决人与社会面临的重大问题中创造出来的。研究者生活在现实社会中，研究什么，主张什么，都会打下社会烙印”[①]。世界上也不会有什么纯而又纯的政治经济学，任何一种政治经济学理论都是研究者的世界观和价值观的思想表现，所谓的“普世价值”是不可能存在的。就连西方一些经济学家也公开承认他们一些学说的意识形态性质。诺贝尔经济学奖获得者、美国著名经济学家索洛的一段话就很清楚地说明了这个问题：“社会科学家和其他人一样，也具有阶级利益、意识形态的倾向以及一切种类的价值判断。但是，所有的社会科学的研究和材料力学或化学分子结构的研究不同，都与上述的（阶级）利益、意识形态和价值判断有关。不论社会科学家的意愿如何，不论他是否觉察到这一切，甚至他力图避免它们，他对研究主题的选择，他提出的问题，他没有提出的问题，他的分析框架，他使用的语言，很可能在某种程度上反映了他的（阶级）利益、意识形态和价值判断”[②]。所以，我们在学习借鉴外国经济学的时候首先需要防范这些学说中意识形态和价值立场的侵袭和渗透。要始终保持马克思主义的批判的立场和眼光。坚持马克思主义的立场、观点和方法，一个最基本的立场就是牢记人民的主体地位，坚持以人民为中心的研究导向，做人民的经济学家。

二是对国外经济学说的借鉴要坚持中国人的世界观和方法论。一些经济学的理论观点和学术成果可以用来说明一些国家和民族的发展历程，在一定地域和历史文化中具有合理性，在这个意义上它具有真理的意义。但是当我们引进这些理论的时候，却不能硬套到中国的经济实践上。“对国外的理论、概念、话语、方法，要有分析、有鉴别，适用的就拿来用，不适用的就不要生搬硬套。哲学社会科学要有批判精神，这是马克思主义最可

---

① 习近平．在哲学社会科学工作座谈会上的讲话．人民日报，2016－05－19（2）．

②张宇．关于构建中国经济学体系和学术话语体系的若干思考∥张雄，鲁品越．中国经济哲学评论·2015政治经济学批判专辑．北京：社会科学文献出版社，2016：406．

贵的精神品质”[①]。同时，如果不加分析地把国外的一切经济学思想和学术方法奉为圭臬，一切以外国的学术标准为准绳，就谈不上经济学理论的创新了。

三是从中国的实际出发，坚持实践的观点、历史的观点、辩证的观点和发展的观点，才能建构出中国特色社会主义政治经济学。在哲学社会科学座谈会上的讲话中，习近平引用了毛泽东的一段名言以说明怎么样才能构建中国特色哲学社会科学。毛泽东指出：“我们的态度是批判地接受我们自己的历史遗产和外国的思想。我们既反对盲目接受任何思想也反对盲目抵制任何思想。我们中国人必须用我们自己的头脑进行思考，并决定什么东西能在我们自己的土壤里生长起来。”[②] 毛泽东的论述集中地体现了上述实践的、历史的、辩证的和发展的观点。他在这里尤其强调了中国的理论要从“我们自己的土壤里生长起来”。中国特色社会主义政治经济学，不可能从外国照搬而来，它只能产生于中国的社会主义现代化建设实践，它只能从中国经济建设的自己的土壤里生长出来。新中国成立以来尤其是改革开放以来的中国经济实践已经培植了这种土壤而且已经孕育了中国特色社会主义政治经济学的婴儿，我们的任务是让其扎根中国这个土壤日益长大、成熟。这是中国新一代经济学家的光荣使命。

在经济学的中国理论研究中，这种自主性和开放性的辩证统一，就是中国特色社会主义政治经济学的主体性。

如何把这种自主性和开放性辩证统一起来，习近平在哲学社会科学工作座谈会上提出了一个总体性的思路：“要按照立足中国、借鉴国外，挖掘历史、把握当代，关怀人类、面向未来的思路，着力构建中国特色哲学社会科学，在指导思想、学科体系、学术体系、话语体系等方面充分体现中

① 习近平．在哲学社会科学工作座谈会上的讲话．人民日报，2016－05－19（2）．

② 毛泽东文集：第3卷．北京：人民出版社，1996：192．

国特色、中国风格、中国气派。”[①] 在这里，“立足中国”是前提，是基础，是贯穿整个科学研究过程的总基调，通过综合创新形成的新的理论就具有了“中国特色、中国风格、中国气派”，体现了理论的中国性，也就是国家主体性。习近平是就建构中国特色哲学社会科学的研究思路讲的这段话，它同样适用于中国特色社会主义政治经济学的研究。这个思路的本质是要求中国的哲学社会科学研究要“以中国为中心”，要“以中国为立场”。如果把目光拉回到延安时期的毛泽东，我们发现习近平的这一理论创新的综合思路和方法是对毛泽东“古今中外法”的继承和超越。1942 年 3 月 30 日毛泽东针对当时我们党在认识论上的教条主义取向，以研究中共党史为例提出了研究问题的科学思路和方法。他说：“根本的方法马、恩、列、斯已经讲过了，就是全面的历史的方法。我们研究中国共产党的历史当然也要遵照这个方法。我今天提出的只是这个方法的一个方面。通俗地讲，我想把它叫作‘古今中外法’，就是弄清楚所研究的问题发生的一定的时间和一定的空间，把问题当作一定历史条件下的历史过程去研究。所谓‘古今’就是历史的发展，所谓‘中外’就是中国和外国，就是己方和彼方。”[②] “应该以中国做中心，把屁股坐在中国身上。世界的资本主义、社会主义我们也必须研究，但是要和研究中共党史的关系弄清楚，就是要看你的屁股坐在哪一边。如果是完全坐在外国那边去，就不是研究中共党史了。我们研究中国就要拿中国做中心，要坐在中国的身上研究世界的东西。我们有些同志有一个毛病就是，作留声机机械地生吞活剥地把外国的东西搬到中国来，不研究中国的特点。不研究中国的特点，而去搬外国的东西，就不能解决中国的问题。”[③] “我们要把马、恩、列、斯的方法用到中国来，在中国创造出一些新的东西。只有一般的理论，不用于中国的实际，打不得敌

① 习近平. 在哲学社会科学工作座谈会上的讲话. 人民日报，2016－05－19（2）.
② 毛泽东文集：第 2 卷. 北京：人民出版社，1993.
③ 毛泽东文集：第 2 卷. 北京：人民出版社，1993.

人。但如果把理论用到实际上去，用马克思主义的立场、方法来解决中国问题，创造些新的东西，这样就用得了。”[①] 70 多年过去了，毛泽东的这些论述依然具有深刻的指导意义。如果那些主张生吞活剥西方新古典经济学的学者把屁股坐在中国身上，以中国为立场，来思考中国问题以及中国与世界的关系问题的话，他们就不会提出所谓私有化等不符合中国实际的主张，也不会看不到西方新古典经济学的意识形态本质和这些学说所固有的价值观基础。从毛泽东到习近平，中国共产党的理论创新主张，从来不是故步自封的，不是不能学习外国，不是不能借鉴外国，而是这种学习和借鉴不能生搬硬套，需要以中国为中心、以中国为立场，把古今中外辩证统一起来，创造具有国家主体性的中国理论。

（原载于《学习与探索》2016 年第 8 期）

① 毛泽东文集：第 2 卷．北京：人民出版社，1993.

建构中国特色社会主义政治经济学的意义和方法

——关于学习习近平“5.17讲话”精神的对话

王立胜　刘岳　姚宇

一、“5.17讲话”精神的学习不断引向深入

张磊：三位老师，晚上好！习近平总书记2016年5月17日在哲学社会科学工作座谈会上发表重要讲话后，广大哲学社会科学工作者认真学习和贯彻讲话精神，结合各自的学科思考中国特色哲学社会科学学术体系、学科体系、话语体系建构问题。政治经济学领域也不例外，除了去年我刊第8期在“国际视野中的中国学术话语”专栏为您刊发的“国家主体性”文章外，我们从其他报刊上也读到王书记的很多这方面的文章。在“5·17讲话”发表一周年之际，我和宏琳到北京来，就是想与王书记、姚宇研究员和刘岳教授交流一下，希望诸位结合中国特色社会主义政治经济学理论体系的建构问题谈谈学习讲话的体会。

王立胜：欢迎张主编、房主编到北京来，很高兴能够与两位主编聊聊中国特色社会主义政治经济学的理论建构问题。正如张主编所说，2016年5月17日习近平就建构中国特色哲学社会科学体系发表重要讲话后，全国哲学社会科学界都迅速行动起来，各种与此有关的会议、论坛纷纷召开，报

纸杂志不断发表文章，大家普遍感觉到哲学社会科学界迎来了一个发展的春天，习近平总书记的讲话在中国哲学社会科学史上具有里程碑意义。我们中国社会科学院经济研究所在中国社会科学院党组的正确领导下，不仅非常重视对会议精神的学习贯彻落实，就中国特色社会主义政治经济学理论体系建构问题进行各种形式的研讨，而且还采取切实有力的措施推动这种研究，组建了“中国社会科学院当代中国马克思主义政治经济学智库”，成立了“中国社会科学院全国中国特色社会主义政治经济学研究中心”，增设了“《资本论》研究室”，为中国特色社会主义政治经济学的研究提供了组织保障。一年来，不仅发表了大量的理论文章，而且承担了一些重要课题。比如，由我担任首席专家的国家社科规划办 2016 年重大招标课题——《中国特色社会主义政治经济学探索》于 2017 年 4 月 16 日举行了开题会议。5 月 16 日经济所还要召开纪念“5・17 讲话”一周年专题会议，6 月份所里还要就“5・17 讲话”精神对全所职工进行专题培训。相信在未来的时间里会取得更多更好的学术成果。

房宏琳：感谢王书记给我们介绍了中国社会科学院经济研究所中国特色社会主义政治经济学研究方面的情况，我们想请您结合政治经济学的研究进一步谈谈您对习近平讲话精神的理解。

王立胜：“5・17 讲话”首先是明确提出了中国哲学社会科学要达到的总体目标，那就是要建构中国特色哲学社会科学。具体到政治经济学这个学科，就是要建构一个充分体现中国特色、中国风格、中国气派的政治经济学学科体系。习近平总书记特别重视政治经济学这个学科。早在 1998 年他就在《经济学动态》第 7 期发表了《社会主义市场经济和马克思主义经济学的发展与完善》的论文，2001 年在《东南学术》第 4 期又发表了《对发展社会主义市场经济的再认识》一文。这些文章结合中国经济发展的实际从学理上论证了社会主义与市场经济必须而且能够实现有机结合的问题，对在中国发展和完善马克思主义政治经济学的学科具有重要的启示作用。

党的十八大之后，从 2014 年 7 月 8 日提出各级党委政府要学好用好政治经济学，到 2016 年 7 月 8 日号召“要加强研究和探索，加强对规律性认识的总结，不断完善中国特色社会主义政治经济学理论体系，推进充分体现中国特色、中国风格、中国气派的经济学科建设”，两年时间习近平总书记多次谈及政治经济学建设问题。有人统计说共讲了 6 次，除了前述两次外，还有 2015 年 11 月主持政治局第二十八次集体学习时强调，要立足中国国情和发展实际，发展当代中国马克思主义政治经济学。2015 年 12 月在中央经济工作会议上提出坚持中国特色社会主义政治经济学重大原则。2016 年 1 月在省部级领导干部学习贯彻党的十八届五中全会精神专题研讨班上的讲话中，明确讲到中国提出的供给侧结构性改革不是西方供给学派的翻版，是从政治经济学角度提出的。再一次就是在“5・17 讲话”中通过讲《资本论》谈出了政治经济学的作用。

二、为什么重提政治经济学

王立胜：我们要思考的问题是，为什么习近平如此重视政治经济学？为什么在当前形势下重提政治经济学呢？我觉得起码可以有这样几个方面的原因。

第一，从现实需要看，这是中国成就和中国奇迹话语权建构的主体性问题。这个问题我在 2016 年《河北经贸大学学报》第 6 期发表的《中国特色社会主义政治经济学的时代意义》一文中有比较详细的论述，这里简单讲一下基本看法。从意识形态的建构角度来讲，话语权之争实际上就是主义之争和道路之争。我们知道，中国道路是不是能够走得通，西方主流经济学的看法历来是给予否定的答案。他们认为，中国是否能够实现现代化关键是能否走西方的资本主义道路，既搞市场经济又坚持社会主义是不可能的。但是，当中国成为第二大经济体的事实使他们无法再否认中国道路的成功时，他们的意识形态建构很快就完成了话语转换，不再讨论是否成功问题，而是转而讨论成功的原因，“如何解释中国改革开放三十余年的巨大成功，成为国际社会关注的重要理论和现实问题。面对这一问题，西方世界话语急转，转而承认‘中国奇迹’和‘中国模式’并争夺其理论解释权，试图将其解释为新自由主义在中国的成功”①。他们的逻辑就是中国经济发展的成功，是因为新自由主义思想的指导，中国目前还存在的问题，就是因为中国贯彻新自由主义思想还不彻底，言下之意就是中国要发展，必须全面按照新自由主义的主张进行彻底改革。这是他们争夺中国奇迹解释权的根本目的。我们知道，我们的国家在中国共产党的领导下，始终坚持马克思列宁主义、毛泽东思想和中国特色社会主义理论体系的指导，经过新中国成立后近70年时间尤其是改革开放近40年时间的艰辛探索，坚持和发展了中国特色社会主义，形成了中国独具特色的现代化道路，我们的道路自信、理论自信、制度自信和文化自信，都是在这样一个实践基础上形成的。正因为这样，中国的经济才能在世界经济普遍下滑的情况下呈现出逆势上扬的趋势。这确实是创造了一个中国奇迹。这个中国奇迹出现的原因是什么？中国的理论工作者，包括政治经济学学者必须要科学地解释这个问题，对中国奇迹做出马克思主义的政治经济学的回答。也就是总书记提出的要用中国理论，要用中国话语体系来解释中国问题，要用中国理论来讲中国的故事。在这里我觉得形成这样一种相辅相成的认识非常重要：正是因为社会主义才使得中国的市场经济与众不同。西方也是市场经济，我们也是市场经济，但是我们的市场经济正是因为社会主义体现出了与西方不一样的特质。这个不一样本身就是中国特色。这个中国特色来源于哪里呢？就来源于中国走的是社会主义市场经济的道路，是社会主义这个因素，使中国的市场经济与西方不同。反过来说，市场经济使中国的社会主义与其他国家的社会主义不同，正是因为我们的社会主义走的是市场经济

① 王立胜．中国特色社会主义政治经济学的时代意义．河北经贸大学学报，2016（6）．

道路，所以与朝鲜、古巴这些目前还走社会主义道路的国家不同。正是因为我们的改革始终坚持社会主义的根本分析，把社会主义作为市场经济的根基，实现了社会主义与市场经济的有机结合，所以我们改革的结果与苏联及东欧国家也截然不同。当然了，能够实现这种在西方人看来不可思议的有机结合，中国文化有可能发挥着非常重要的作用，其发挥作用的机制可以进行研究，我体会也就是总书记讲的中国智慧的作用。这些问题都需要中国的政治经济学做出科学回答。

第二，从学理建构看，这是形成中国特色、中国风格、中国气派经济学科体系的关键问题。“5・17 讲话”提出要建构中国特色哲学社会科学，那么，中国特色经济学的建构在整个哲学社会科学体系的建构中处于什么样的地位呢？中国特色政治经济学的建构在整个经济学体系的建构中又处于什么地位呢？把这两个问题搞清楚了，我们的问题就有了答案。就学科分类来看，所有的学科大概分为四大类：哲学、自然科学、社会科学和人文学科。毛泽东曾经说过，哲学是自然科学和社会科学的概括和总结。按照这个思路，哲学应该是贯彻于所有其他学科的世界观和方法论，处于指导地位，而其他的各个学科都以哲学为指导并成为哲学这个学科存在和发展的基础。当然，也有些学者把哲学归类为人文学科。自然科学各学科都是从不同角度探讨自然界各种规律的学科。社会科学各学科都是用科学的方法探讨各种社会问题的学科。很明显，政治经济学在大的分类上应该是属于社会科学的范围，是社会科学中以经济问题为研究对象的学问。那么，政治经济学在社会科学中处于什么样的地位呢？马克思说：“物质生活的生产方式制约着整个社会生活、政治生活和精神生活的过程。”马克思的这句名言，从社会有机体理论的角度清楚地指出了物质生活的生产方式在整个运动着的社会有机体中的基础地位和作用。从列宁到毛泽东都曾经多次指出，在经济与政治的关系中，经济是政治的基础，政治是经济的集中表现。马克思主义政治经济学是以物质生产方式为研究对象的学问，它所研究的是经济社会发展的一般规律。这种研究对象的特殊地位就决定了政治经济学在社会科学中的基础地位。正如恩格斯所说，无产阶级政党的“全部理论内容是从研究政治经济学产生的”[①]；“一切社会变迁和政治变革的终极原因”，“不应当在有关的时代的哲学中去寻找，而应当在有关的时代的经济学中去寻找”[②]。正因为如此，著名经济学家孙冶方先生曾经明确说过：“政治经济学也是各门社会科学的基础理论。如同数理化是自然科学的基础理论一样，政治经济学就是社会科学的基础理论。”[③] 既然政治经济学是各门社会科学的基础性学科，那么，在我们确定实现构建中国特色哲学社会科学目标时，一个便捷的途径便是首先建构中国特色的政治经济学，于是中国特色社会主义政治经济学这个崭新的命题也就提出来了。按照这种逻辑，如果我们要建构中国特色哲学社会科学体系的话，或者说要把其他各门社会科学建设成反映中国特色社会主义的理论体系的话，当然要首先考虑政治经济学这个基础学科，中国特色社会主义政治经济学建构起来了，其他学科的建构也就有了基础。

那么，政治经济学在经济科学领域又处于什么地位呢？总体上看，经济科学领域不仅各类分支学科林立而且边缘学科崛起，学科的不断分化和不断综合两种倾向同时并存。一般说来，我们把经济学分为理论经济学和应用经济学两大类。理论经济学是指论述经济学的基本原理以及经济运行和发展的一般规律的经济学科。它包括政治经济学、经济思想史、经济史、西方经济学、世界经济以及人口资源与环境经济学6个二级学科。应用经济学主要是指应用理论经济学的基本原理，研究国民经济各个部门、各个专业领域的经济活动和经济关系的规律性，或对非经济活动领域进行经济效益、社会效益的分析而建立的各个经济学科。它又包括若干分支：一类是

---

① 马克思恩格斯选集：第2卷. 北京：人民出版社，2012：116.

② 马克思恩格斯选集：第3卷. 北京：人民出版社，2012：307.

③ 孙冶方. 社会主义经济论稿. 北京：中国大百科全书出版社，2009：451.

部门经济学，如农业经济学、工业经济学、建筑经济学、运输经济学、商业经济学，等等。二类是专业经济活动经济学，如计划经济学、劳动经济学、财政学、货币学、银行学，等等。三类是地区性活动经济学，如城市经济学、农村经济学、区域经济学，等等。四类是国际经济学及其分支，如国际贸易学、国际金融学、国际投资学，等等。五类是与非经济学科交叉联结的边缘经济学科，如人口经济学、教育经济学、卫生经济学、生态经济学、社会经济学、经济地理学、资源经济学、技术经济学，等等。这种把经济科学二元化为理论经济学和应用经济学的分类方法，存在一个很大的问题，就是降低了政治经济学的理论地位。我们知道，在古典政治经济学的视野里，政治经济学与经济学是同等程度的概念，经济学就是政治经济学。但是，在中国的学术语境中，政治经济学就是指马克思主义政治经济学，况且在目前的经济学教育体系中，政治经济学的含义也是如此。如果是这样的话，把政治经济学一般性地放在了与经济思想史、西方经济学同等地位的理论经济学里面，恐怕就值得思考了。习近平在哲学社会科学工作座谈会上的讲话中指出："坚持以马克思主义为指导，是当代中国哲学社会科学区别于其他哲学社会科学的根本标志，必须旗帜鲜明加以坚持。"这就告诉我们，马克思主义政治经济学不是一般性的理论经济学，而是整个经济科学的指导思想。在经济学的层级结构上应该是政治经济学、理论经济学和应用经济学这种三元结构。其实，在这个问题上，孙冶方先生也有非常明确的论述："政治经济学是密切联系生产力研究生产关系的一般发展规律，而部门经济学是研究某一经济领域生产关系发展的特殊规律，或者是经济领域同其他领域之间的边缘科学。""政治经济学是部门经济学的理论基础，研究部门经济学必须以政治经济学为理论基础。政治经济学应吸取和概括部门经济学的成果。正像哲学研究要同具体科学的研究相结合一样，政治经济学的研究要同部门经济学的研究相结合，才能深入。"①

① 孙冶方．社会主义经济论稿．北京：中国大百科全书出版社，2009：451．

就政治经济学与经济科学其他学科的关系来看，要建构中国特色经济科学也必须从政治经济学入手，中国特色社会主义政治经济学是马克思主义政治经济学中国化的产物，是21世纪的中国马克思主义政治经济学，承担着指导中国特色、中国风格、中国气派的经济学学科体系建构的光荣使命。

政治经济学要解决什么问题呢？严格说来，它要解决的不是纯经济学问题，在政治经济学的视域中，它是通过对经济问题的研究探讨社会的政治问题，它要解决的是政治和经济之间的关系问题，是研究经济运行背后的政治意蕴。比如，马克思研究资本主义社会，写出了巨著《资本论》。在这部著作中，马克思通过对资本与雇佣劳动矛盾的分析和研究，得出了资本主义的内在矛盾是资本主义本身无法克服的矛盾这样一个结论，这必然导致无产阶级专政。无产阶级要团结起来进行革命斗争，从而推翻资本主义统治，建立社会主义社会和共产主义社会。马克思通过对资本主义的经济分析，最后得出了要实现科学社会主义的政治结论。实际上，在古典政治经济学的研究范式中，经济研究和政治分析也是无法分开的。就拿亚当·斯密来说，新自由主义政治经济学对亚当·斯密的理解也是有偏颇的，他们往往都把亚当·斯密的经济学说归结为“经济人”假说，忽视了亚当·斯密政治经济学的十分丰富的内容。亚当·斯密写作《国富论》自然是探讨财富增长规律，但其目的是为了“富国裕民”这双重目标，这个双重目标是强调国家的富强和人民的富裕。经济学家们给了亚当·斯密三个相互联系的形象定位：他是“自我调节”的市场的理论家和鼓吹者，是作为“无休止”经济扩张发动机的资本主义的理论家和鼓吹者，是《国富论》第一章描述的那种针厂分工的理论家和鼓吹者。果真是这样吗？这是不是那些新自由主义经济学的“六经注我”式的对亚当·斯密的任意解读呢？最近我认真阅读了著名西方经济学家乔万尼·阿里吉的一本书——《亚当·斯密在北京》，他的结论令人深思。阿里吉说亚当·斯密并不是被描述的上述三种形象，这是因为亚当·斯密在《国富论》《道德情操论》和未发表的《法理学讲演录》中，非但没有建立一个自我调节的市场理论，反而预先设定有一个强大的国家，这个国家创造并不断催生市场存在的条件，利用市场作为政府的有效工具，调节市场运行，还积极干预以便校正或克服市场在社会上或政治上产生的不良后果。他同意这样一个观点：斯密政治经济学的目的既是要向国家提供用于公共服务的充足的财政收入，也是要向人民提供丰富的生活资料。阿里吉重新解释了亚当·斯密，这种解释揭示了亚当·斯密经济学说的政治前提。

有些经济学家所倡导的所谓经济学就是反映经济发展规律的学问，经济学与自然科学一样，是一种纯粹的经济科学，既然是科学，就是在任何国家都适用的，是价值中立的，与政治无关，与历史无关，与国家无关。这种思维否定了政治经济学的存在价值，这种主张忽视了经济科学体系的层次性，其实，经济学科是一个具有多个层次的整体结构。应当说，上述看法在经济学的“术”和“技”这个层面上还是有道理的。中央民族大学刘永佶教授把经济科学分成四个层次：第一个层次是“道”，第二个层次是“法”，第三个层次是“术”，第四个层次是“技”。政治经济学是研究前两个层次的，也就是“道”和“法”的层面。“道”反映的就是你的立场，你是为谁做经济学？这个经济学是站在谁的立场上？是站在资本的立场上还是站在劳动人民的立场上？习近平反复强调要为人民做学问，要写出以人民为中心的政治经济学，就是在这个层面提出的要求。“法”就是指根本方法，是研究经济学的方法论，比如马克思主义政治经济学的根本方法是唯物辩证法。“术”和“技”就是经济学的一些具体的学科要研究的东西。这个体系是层层递进的关系，从上到下，由抽象到具体。政治经济学研究“道”“法”层面的问题，为具体的经济学科提供世界观和方法论的指导，“术”和“技”作为具体的经济学科不仅接受“道”和“法”层面的指导，还要为丰富和发展政治经济学提供经验和素材。

第三，从未来发展看，这是关系到中国前途命运的基础理论问题。理论不仅具有说明过去实践的解释功能，更应该具有指导未来的预见功能。对中国来说，辉煌的过去有目共睹，我们创造了中国奇迹，中国的政治经济学要做出合理的解释。中国的未来如何谋划，政治经济学也有自己的回答。我们虽然取得了很大的成绩，尤其是经济发展方面，可以说用几十年的时间走完了西方几百年的路程，但是，现在世界形势发生了重大变化，比如说逆全球化的潮流出现，贸易保护主义抬头，国际形势、国际格局变化多端。中国自身在经历了几十年高速增长之后进入了新常态，经济发展进入了中低速增长时期。经济社会各种矛盾日益凸显，改革过程中只剩下难啃的硬骨头，我们还会遇到很多的困难和问题。在这种形势下，我们不能只靠摸着石头过河，还必须对未来的发展进行顶层设计。凡事预则立不预则废，在复杂形势下尤其要头脑清醒。而这一切首先必须进行理论探索，要有科学的理论预见。正是在这样的实践过程中，习近平反复从政治经济学的角度谈中国问题，要求“要立足我国国情和我国发展实践，揭示新特点新规律，提炼和总结我国经济发展实践的规律性成果，把实践经验上升为系统化的经济学说，不断开拓当代中国马克思主义政治经济学新境界”。这段话鲜明地表达了两层意思，一方面要求政治经济学要总结过去的经验，揭示我国经济发展的规律性，上升到政治经济学理论的层面，不断促进中国特色社会主义政治经济学的发展；另一方面，也告诉大家要从政治经济学的高度掌握分析经济问题的科学方法，深入认识经济运行过程和趋势，从而更好地分析和解决我国经济发展的理论和实践问题。理论的解释功能和实践的预见功能都体现在其中。就政治经济学本身的发展来讲，我们都承认过去一段时间马克思主义政治经济学有被边缘化的问题，但是，对于这种边缘化的原因却有不同看法，有些学者分析了很多社会原因，有的将其归结为西方经济学的凶猛引进和西方经济学家的有意渗透。当然，这些因素我们都不能忽视，但我觉得更重要的是要看到政治经济学自身建设的问题，也就是政治经济学要在中国改革开放实践中的重大经济理论和现实问题上真正有所作为。我们都知道改革开放前十年这个时期直到 20 世纪 90 年代初，中国的重大经济理论和现实问题的讨论和研究都是在政治经济学的框架里进行的。政治经济学发挥了十分重要的作用。比如对改革开放的必要性、对价值规律作用、对社会主义市场经济体制的建立，等等。但是随着西方经济学的不断引进，尤其是科斯的产权理论、弗里德曼的经济理论引进中国以后，我们对很多经济问题的讨论就溢出了政治经济学的框架，而政治经济学也没有适时地以发展的形态对现实中一些问题做出自己的回答。这是政治经济学被边缘化的一个重要原因。

政治经济学要跟上时代的步伐，这是我们党历来都重视的问题。20 世纪 50 年代中期，中国的社会主义建设刚刚开始时，毛泽东就非常重视政治经济学问题，他经过认真系统的调查研究写出了《论十大关系》《关于正确处理人民内部矛盾的问题》等政治经济学著作。斯大林的《苏联社会主义经济问题》以及以此为指导由苏联科学院经济研究所编著的《政治经济学教科书》（第三版“社会主义部分”）在中国出版后，毛泽东不仅结合中国实际认真阅读，而且还号召党的领导干部要认真学习，并组织学习小组于 1959 年底到 1960 年初在杭州逐字逐句学习研讨。在阅读过程中，他谈了很多在今天看来仍具有重要意义的想法。比如，他明确提出“我们要写出自己的政治经济学”，这个思想意味着他立足中国建设的现实思考中国的经济问题，觉得苏联的政治经济学虽然可以作为参考，但不是中国的政治经济学理论。他指出了苏联《政治经济学教科书》的一个很重要的缺陷，就是这些作者不懂哲学，没有哲学头脑，因为这部书不承认社会主义社会还有矛盾，所以在毛泽东看来，苏联的政治经济学社会主义部分，在方法论上是形而上学的，不懂辩证法。由此他得出结论说，“没有哲学头脑的作家是写不出一本好的政治经济学的”。再比如，毛泽东还谈到了政治经济学写作的一些具体问题，尤其是对社会主义政治经济学的研究对象有自己的独到见解。按照斯大林的观点，社会主义政治经济学的研究对象就是生产关系。

毛泽东讲，概括为生产关系是不够的，如果概括为生产关系的话，离开了生产力没法研究生产关系，离开了上层建筑也没法研究经济基础。所以他说社会主义政治经济学的研究对象应该确定为主要是生产关系，但是要联系生产力和上层建筑来研究生产关系。毛泽东还强调说，在这种研究中生产力的研究和上层建筑的研究都不能太过了，否则对生产力的研究就变成工艺学了，对上层建筑的研究就变成国家学了。言下之意那就不是政治经济学了。再比如，毛泽东还认为政治经济学的研究要有个“纲”，这个“纲”就是社会主义社会的基本矛盾，即生产力和生产关系的矛盾，经济基础和上层建筑的矛盾。要围绕着这个“纲”来展开政治经济学理论的研究。毛泽东的这些谈话记录和对斯大林《苏联社会主义经济问题》的多次批示，是我们研究中国特色社会主义政治经济学的宝贵资料。说其宝贵不仅仅因为毛泽东读《政治经济学教科书》的方法值得借鉴，更应该重视的是他在谈话和批示中对政治经济学的理论思考，奠定了中国特色社会主义政治经济学的基础。注重从政治经济学的角度考虑未来的发展，这是我们党治国理政思路传统的一个体现，但是我们要关注的是习近平对政治经济学的重视有新的时代特点。这表现在：一是反复强调问题的核心是要解决为什么人的问题，认为“为什么人的问题，是哲学社会科学研究的根本性、方向性、原则性问题”。我们要建构的政治经济学是以人民为中心的政治经济学。二是强调要树立问题意识，以问题为导向，立足中国实际，进行理论创新。“只有以我国实际为研究起点，提出具有主体性、原创性的理论观点，构建具有自身特质的学科体系、学术体系、话语体系，我国哲学社会科学才能形成自己的特色和优势”。“理论创新只能从问题开始。从某种意义上说，理论创新的过程就是发现问题、筛选问题、研究问题、解决问题的过程”。三是强调要建构充分体现中国特色、中国风格、中国气派的经济学学科体系。这些思想贯穿于他的一系列讲话尤其是“5·17 讲话”中。

另外，在构建中国特色哲学社会科学体系过程中，习近平明确指出了三个理论资源。首先是马克思主义的资源，其次是中华优秀传统文化资源，再次是国外哲学社会科学资源。由此可见，习近平并不反对外国优秀哲学社会科学思想的辩证借鉴，问题在于我们如何对待外国的经济思想，是全盘接收还是辩证扬弃？事实上，在一些经济学家的思维和做法上确实存在照抄照搬的现象，没有使西方的一些经济学思想与中国的实际结合起来，洋教条盛行的问题确实存在。在过去的实际工作中，我不仅接触了经济学的著作，也读了很多社会学著作，深切感觉到社会学的中国化似乎比经济学要做得好一些。刘岳教授是搞社会学的，你可以谈一谈社会学领域的情况。

三、 研究政治经济学的方法值得反思

刘岳：社会学研究虽然也有比较严重的食洋不化的问题，但是首先，它关注的毕竟是社会现实，从社会结构、运行到文化结构和人的心理状态，哪怕是在经验观察中也都必须承认，中国和西方存在重大差别，这客观上决定了社会学的反思性特征要比经济学强烈一些，能够认识到文化和社会结构的移植要比经济制度的移植困难，认识到“试图把新的最好的东西和旧的最好的东西结合起来的努力由于奇异的依存性不可避免招致失败”，认识到不太可能存在超时空的所谓普世制度，所以说社会学这个学科对于本土化问题可能关注会更多一些，会更加关注具有“中国特色”的那一方面，在研究中“问题意识”会更强，因此它会形成一种比较独特的方法论，这种方法论也许在研究中国的问题上具有独特的技术优势。其次，社会学方法论上整体性和系统性特征更加明显一些，倾向于将社会作为彼此关联的体系加以看待，西方社会学界将马克思视为最重要的社会学家，是认识到了马克思的研究本就不是单纯的经济学著作，而是力图解释人类社会运转发展的奥秘，从矛盾、冲突的角度解决社会结构的形成机制以及结构变迁

的动力机制问题。这种整体性的方法论原则大概有助于政治经济学学科对中国问题的深入研究。最后是因为，一方面社会学学科不是经济学这样的“显学”，掌握资源比较少，社会影响力也会比较弱，因此与利益的直接关联不那么明显，受利益驱使进行理论扭曲的情形大概会少一些，研究的纯正性会比较强；与之相联系的另一方面，正因为社会学不是显学，所以不容易形成垄断性的、具有强大压迫能力的、甚至被神化成为不证自明的概念和理论，比如经济学中的“产权”“交易成本”等等，不容易建立学术霸权，从而为学术争论和创新留下了比较宽裕的空间。而经济学中的很多概念已经被意识形态化，成为“政治上正确”的话语，在研究中会无视中国问题的独特性，这一点在我所从事的农村研究和基层政治研究中体现得非常明显。从我的角度去看，许多西方经济学家在中国的影响力，几乎是等同于“造神”。这显然是不合理的。

我再补充王书记说的一点，就是他一开始讲的政治经济学为什么会被边缘化？我觉得起码存在这样两个方面的问题。一个学科会被边缘化，一定是自己的解释能力出现了问题，否则另外一种学术思想的攻击是无法让它边缘化的。这种边缘化不是来自于别人的攻击，而是来自于自我的弱化，就是说它已经不能够很好地解释现有的现实世界，所以采取了一种甚至在我这个局外人看来，一种类似于躲避的方式，相当于“我不与你们交流了”的态度，所以越来越自说自话，成为类似于自我封闭的一个圈子。所以说，政治经济学的研究学者也罢，成果也罢，越来越只和自己人在进行沟通，他几乎没有办法和引进的西方经济学理论进行直接的沟通和对话，从而近乎自动地放弃了解释和言说的权利，失去了对中国实践进行说明和指导的能力。同时，政治经济学中现有的学科体系理论，如果能够比较好地解释前 30 年的问题，就不太容易很好地解释后 30 年，反过来也是一样。习总书记反复强调两个不否定，既不能用后 30 年否定前 30 年，也不能用前 30 年否定后 30 年。但是在政治经济学这个学科领域当中，这个问题以前存在得比较严重，这就造成一种相当尴尬的局面，由于解释力的缺乏，它只好回避真正需要政治经济学去直面和解决的重大现实问题。我理解，总书记强调政治经济学的重要性，就是提醒我们，要全面回顾和分析新中国成立以来的历程，将这一历程作为前后相续的整体，作为前后联系、内在一致的逻辑体加以看待，不是片面强调“变”，不是片面强化“分”，而是要从政治经济学的意义上彻底弄清楚新中国成立的“变与不变”“同与不同”，在各个历史时期表面上看来差别很大的具体政治经济道路、提法、政策中找出共通的关键问题、基本逻辑、指导方针和发展方向，找出表面差异下的内在勾连，统一地、一揽子地解释和说明新中国的实践，而不是像目前这样在理论上割裂地分析解释“改革前后”，避免在理论和思想上人为地强化这种“割裂”状态。这是中国特色社会主义政治经济学的学术使命。

王立胜：刚才谈到了研究方法的局限性问题，每一个学科有一个严格的学科界限，是哪一个学科的就必须在这个学科的界限内说话，这当然是必要的，这是科学发展日益专业化的必然结果，但是，我们要注意的问题是学科界限本身就是局限，就是片面的深刻性，所以，在强调学科界限的同时，一定要注意方法论层面上的相互借鉴，正所谓他山之石可以攻玉。政治经济学的研究也不可避免地会有这个问题。刚才刘岳教授讲到政治经济学可能是自己封闭在自己这个圈子里面出不去了，自觉或者不自觉地切断了与重大现实问题的联系，或者解释不了现实问题就干脆不去解释，也无力解释。无力做解释而又不吸收别的方法，这样就放弃了学科本身的开放性，就越来越不敢面对现实也无力面对现实。所以现在总书记反复强调：我们要有问题意识，要面对现实，要以现实为出发点。政治经济学研究还是要回到马克思所说的要“从当前的国民经济事实出发”，实际上就是聚焦到发现和解决问题上来，以问题意识为中心来思考。问题意识本身就是对学科意识的突破，要解决问题就要突破学科的界限，冲决学科的藩篱，就是说，只要是有利于解决问题的，不管哪个学科的方法都可以用，各个学科的方法就像一个工具箱一样，我可以随手拿来用。

张磊：就像人才政策一样，只要是人才，有用就行。为了解决问题，我不拘泥于哪种方法，不局限于哪种学科，目的就是解决问题。

王立胜：对。以解决实际问题为出发点和落脚点的问题意识是不以学科划界的。比如说，马克思的《资本论》要解决的基本问题是什么？那就是探讨资本主义剥削的秘密，为了解决这个问题，他几乎用了社会科学的所有方法，能说《资本论》的写作就是用了哪一个学科的方法吗？《资本论》既是哲学著作，又是经济学著作，又是其他很多学科的著作。我们当然首先把《资本论》当作经济学著作来读，但是马克思写作《资本论》的一个重要支撑，就是隐含在这个文本中的一个庞大的哲学体系。所以列宁说如果你不懂黑格尔的逻辑学，你就读不懂《资本论》。《资本论》是一部重要的哲学著作。马克思的《资本论》通篇都在分析资本主义的矛盾运动，揭示资本主义的经济规律，研究的确实是经济学，但他最后得出的结论却是资本主义必然灭亡和社会主义必然胜利这样一个政治学的结论。马克思从来就没有打算创立一个什么学科，他是以解放全人类这样一个综合性问题为目标的，所以说他的著作既不是在讲哲学，也不是在讲经济学，更不是在讲科学社会主义，而是在讲如何动员全世界无产者联合起来，彻底推翻人剥削人的制度这样一个现实问题。后来之所以把它概括成马克思主义的三个组成部分———哲学、政治经济学和科学社会主义，这是从学科的角度看马克思的思想，而不是马克思有意识创立的学科。从思想史的角度看，马克思对人类思想的发展做出了重大贡献：一是他创立了唯物史观，二是他创立了剩余价值学说。正因为如此，他使社会主义从空想变成了科学。也可以说，自从有了《资本论》，科学社会主义就从假说变成了科学，自从有了《资本论》，马克思的唯物史观就由假说变成了科学，所以，我们没法用某一个学科来解读马克思。

刘岳：这让我想起当年毛主席批评新闻界，说是书生办报，死人办报，不是政治家办报。这个话似乎可以拿来评论当前一些社会科学研究，当然也包括政治经济学研究。用政治家办报那样的胸怀去对待他关注的对象，真正地去关心现实、解决问题，要有这种视野才能真正履行政治经济学的学术使命。如果这种视野本身很狭窄，层次本身已经降到了王书记刚才讲的“术”和“技”这个层次上，自然就没有办法履行“道”和“法”这个层次的使命。总书记强调政治经济学研究，是道路自信、制度自信、理论自信、文化自信的鲜明表现。20 世纪 80 年代改革开放刚刚开始，邓小平到日本访问乘坐新干线火车，当时有记者问他有什么感受？邓小平说感觉就是快，有催着人跑的意思。这一方面是说我们有这种决心，有这个信心能跑得很快，能赶上去；另外一方面表明内心有这种紧迫感，对这种巨大的差距的承认溢于言表。国门一开，确实觉得我们事事不如人，在物质生产方面、生活水平方面、科学技术方面与发达国家差距巨大。但经过这几十年的发展，中国的基础设施、产业体系、尖端技术、生产能力各个方面已经达到世界一流水平，这迫切要求我们解释：为什么是这样？以前摸着石头过河，这个话不是形容词，而是对现实的真实描述，摸着石头过河就是心里没底，而现在心里越来越有底了，已经越来越清晰、深刻地认识到中国经济运行的规律、国家治理和社会治理的规律，这些规律成为中国能够在世界上崛起成为世界第二大经济体，能够实现中国奇迹的奥秘所在。现在迫切需要在理论上把这个奥秘整理清楚，各方面的基础已经奠定了，也就是说我们现在已经有资格来建立我们自己的理论体系，有资格能够根据中国的现实来建立我们自己的理论体系。这是对中国特色社会主义政治经济学提出的时代要求。这是我对王书记刚才说的一点补充。

张磊：不仅仅是有基础了，而且是到时候了，已经到了建立完整的理论体系的时候了。

四、 建构中国特色社会主义政治经济学要把握三个维度

王立胜：建构中国特色社会主义政治经济学，从方法论的角度考虑，起码要有三个维度：一是唯物的维度，二是历史的维度，三是辩证的维度。这和毛泽东讲的建构中国政治经济学的方法论是一致的，也和习近平“5·17讲话”建构中国特色哲学社会科学体系的方法论相一致。首先说唯物的维度。马克思说“从当前的国民经济事实出发”，毛泽东说要从实际出发，邓小平强调要实事求是，习近平强调“以我国实际为研究起点”，这些表达都是坚持了唯物主义的思想路线，强调理论要反映客观现实。我们首先是唯物主义者，唯物主义者就承认客观事实，承认规律的客观性，承认规律存在于客观的历史实践之中，理论的任务就是通过分析和综合等思维手段，揭示经济发展的客观规律，而不是主观地臆造规律。我们得出的理论概念和范畴、基本原则和结论都应该来源于客观历史实际，我们既不能从国外直接移植一种政治经济学理论，也不能直接从《资本论》的理论框架中直接推导出中国特色社会主义政治经济学，这个理论体系只能是对中国经济发展的历史和现实的一种真理性反映，只有这样的理论才能够指导中国未来的经济发展，才能不断解决我们遇到的困难和问题。

刘岳：马克思在写《资本论》的时候，他主要是针对英国的现实，是针对当时马克思认为的标准的资本主义，当时事实上确实也是最完善、最标准的资本主义社会，对这种经济制度和社会制度的一种研究。如果我们全盘把这个东西拿过来，僵化地套用，简单化地、教条式地对号入座来研究今天的中国现实，从时间、空间上都会有不匹配的问题。

王立胜：说得很对。我再谈第二个维度，也就是历史的维度。恩格斯讲过，政治经济学是一门历史科学，也就是说，经济学其实也是对历史规律的揭示，政治经济学是基于人类社会经济发展规律基础上的一门基础性

学科。它虽然不是直接去讲历史，但它的每一个原理和结论都来源于历史事实，都蕴含着历史感和实践感，都是历史在理论系统中的思想反映。现代西方经济学，也就是新自由主义经济学，一个很重要的问题就是无视历史，隐含着历史虚无主义的理论前提。中国特色社会主义政治经济学不去追求所谓的普世规律和普世价值，它是从中国社会主义现代化建设的历史事实和时代现实中得出的反映客观实际的理论结论。它在时间上是中国社会主义初级阶段的经济运行和发展规律，在空间上就是全球化下的中国。它是中国特色社会主义的政治经济学，而不是中国特色的社会主义政治经济学。中国的社会主义很快就走过70年的历程，改革开放也有近40年的历史，总结中国社会主义和改革开放的历史，把规律性的东西上升为系统化的学说，已经具备历史基础。当然了，我们在总结自己的历史经验时也不会忘记国际共产主义运动的经验和教训，也会借鉴西方发达国家一些好的经验。历史性原则是我们必须坚持的一个重要方法。什么叫历史性的原则?历史性的原则就是我们思考今天的现实问题时，一定要有历史的视野，要以历史的眼光来看今天的问题。毛泽东讲“今天的中国是历史的中国的一个发展”，所以他说从孔夫子到孙中山都要进行研究和总结。中国特色社会主义不是凭空产生的，它一定是历史的中国的一个发展，所以中国特色社会主义政治经济学的建构问题，不能离开历史的回顾和研究，理论的逻辑存在于历史的逻辑之中，中国特色社会主义政治经济学的理论逻辑要反映它的历史逻辑。中国古代经济史和古代经济思想史的研究，尤其是中国现代经济史和现代经济思想史的研究，都应该成为中国特色社会主义政治经济学理论研究的历史凭借。要建构理论体系必须搞清这个理论建构所使用的重要范畴，这样，中国特色社会主义政治经济学范畴史的研究，就成为一项十分重要的工作。这个理论的核心范畴、标志性范畴，以及它是怎么演变过来的，我们只有通过历史的梳理才能说清楚。比如，“经济发展”这个范畴，就有一个逐步演化发展的过程。财富增长是经济学研究的永恒课题，但是，使用何种概念和范畴，以一种什么样的范式去研究这个问题，就造成了经济学流派的区分。在毛泽东时代，虽然也有了“发展经济保障供给”之类的说法，但严格说来，这只是一种动员经济发展的口号或者政策层面的称谓，而不是一个具有严格规范的经济学范畴。就此而言，在计划经济的经济学中，“经济发展”这个概念在范畴的意义上也是不存在的，“经济增长”的范畴也没有出现，那个时期规范的说法应该是“经济建设”。改革开放以后，党的工作重心彻底转移到社会主义现代化建设上来，经济学的话语表达一开始也是用的经济建设和现代化建设，直到国外的宏观经济学引进来之后，“经济增长”的概念才被广泛使用，由此，GDP 就成为地方政府考核体系的主要指标。注重经济指标增长的考核体系的负面性逐渐凸显以后，尤其是随着科学发展观和构建和谐社会目标的提出，“经济增长”的概念才逐渐淡出人们的视野，代之以“包容性增长”或者“经济发展”。很多范畴和概念都有这样一个历史演变的过程。

接着谈第三个维度，也就是辩证的维度。唯物辩证法是贯彻马克思《资本论》的哲学方法。习近平指出，坚持马克思主义，最重要的是坚持马克思主义基本原理和贯穿其中的立场、观点、方法。这是马克思主义的精髓和活的灵魂。构建中国特色社会主义政治经济学就是要坚持马克思的立场观点和方法，尤其是唯物辩证法。这个理论体系的建构涉及历史和现实、国外和国内诸多关系，这些关系怎么处理？毛泽东在延安时期提出了“古今中外法”，新中国成立以后又提出了“古为今用，洋为中用”。习近平在“5・17 讲话”中有了新的概括：“要按照立足中国、借鉴国外，挖掘历史、把握当代，关怀人类、面向未来的思路，着力构建中国特色哲学社会科学”，“要坚持古为今用、洋为中用，融通各种资源，不断推进知识创新、理论创新、方法创新”。还针对中国文明的发展问题，提出了“创造性转化、创新性发展”的“两创”方针。习近平的这些论述虽然是针对整个哲学社会科学的发展来讲的，但是完全适用于中国特色社会主义政治经济学的建构。这些论述充满着辩证法的思想。

唯物、历史、辩证三个维度的综合，是研究中国特色社会主义政治经济学的方法论。

五、政治经济学研究要跟上时代，立足现实，独立创新

刘岳：1957 年毛主席提出向自然界开战，这句话是出自哪儿的？是出自《关于正确处理人民内部矛盾的问题》，为什么在当时要将正确处理人民内部矛盾作为重要问题来提出？是因为我们要向自然界开战，实际上就是要搞经济建设，要发展生产力，要创造更多的社会财富，主要是要在尽短时间内建立完备的工业体系。为了达到这个目的，我们必须要正确处理人民内部矛盾。所以要在社会基础（王书记以前的博士论文是关于社会基础问题的）方面进行全面改造，使得社会基础一方面与我们的工业化的战略目标相契合；同时又使社会基础能够成为战略目标的坚实基础和支撑要件，使两者之间形成高度的匹配关系。在毛泽东同志以“经济建设”指导经济运转的年代，社会联结体系（社会基础）与经济运行目标之间的契合方式是怎样的？改革开放以来，我们在社会基础方面进行了哪些改造，使得中国基本的社会关系变成了一种什么样的关联，使得这种联结方式能够支撑当时提出的经济增长的这个战略？2000 年以后，我们在社会基础方面又进行了什么样的改造，使得它能够支撑我们提出的经济发展战略？到了今天，我们的新的战略目标需要用一种什么样的社会基础与之进行匹配才可以实现？这不是通常所说经济结构“嵌入”社会结构之中的这种含义，完全应当成为政治经济学研究的核心命题，我们通常所见的西方经济学似乎并不关注这个层次、领域和方向的问题，而这个恰恰可能是新中国建立以来取得建设、增长和发展巨大成功的奥秘所在，也是改革前后一以贯之的基本逻辑。

王立胜：这就是说政治经济学的研究方法要拓展，要引入和借鉴社会学的方法、政治学的方法、文化学的方法，否则很多问题就难以说清楚。刘岳提到我写作《中国农村现代化社会基础研究》的情况，那本书是研究农村发展问题，但引入了社会学的方法，很多问题就很容易解决了。比如，现代化应该主要是谈工业化、城市化，谈经济发展，但我引入了社会学的方法，就是研究了适应经济现代化所需要的社会基础建构问题，把经济学和社会学联系起来去分析和研究问题。前些年，上海和南京的哲学界倡议建立哲学与经济学的联盟来解决现实中的一些单靠某一个学科难以解决的问题，取得了很多优秀成果。经济哲学这个学科也蓬勃兴起。上海财大的鲁品越教授和张雄教授、南京市委党校的陆剑杰教授都是这方面的代表。鲁品越有《走向深层的思想———从生存论哲学到资本逻辑与精神现象》《鲜活的资本论———从深层本质到表层现象》，张雄有《历史转折论》《经济哲学：从历史哲学向经济哲学的跨越》。为了推进经济哲学的研究，他们创办了《中国经济哲学评论》，陆续推出了《货币哲学专辑》《资本哲学专辑》《财富哲学专辑》和《政治经济学批判专辑》。这些成果把经济学的研究与哲学的研究结合起来，不仅解决了经济学和哲学本身不好解决的问题，而且形成了经济哲学本身的一些核心范畴，比如“经济权力”等概念。经济哲学的发展历程给我们很多启示。

姚宇：下面，我从行为经济学的视角谈一谈我对当前政治经济学重新被关注现象的理解。有不少人说，2016 年的“黑天鹅”事件比较多，这样的观点是没有道理的。如果非要说这是“黑天鹅”事件，那是因为天鹅本来就有黑的，过去的不少理论本身就不完善，而不是客观世界的事情被搞错了。事情本身没有对错，是我们的理解有问题。或者说，过去把天鹅描述成白的，这就是有问题的。

刚才王书记说，当代西方的经济学把历史的维度抽掉了。在我看来，现在中国大学里教的所谓西方经济学，不仅把历史的维度抽掉了，把现实也抽掉了，它实际描述的大部分事情根本不存在于现实之中。整个新古典主义经济学，是站在理性人假设这个基石之上垒起了整个理论大厦。遗憾的是，理性人在现实中是不存在的，是假设出来的一个概念；同时，它所有的模型也是基于这个假设，然后根据各种各样的均衡来推导。而在现实世界中，大部分的均衡关系是很难被观察到的。新古典主义的很多公式，大多是基于这样那样的假设，再出于数学求解的需要，经过推理而得到一个计算结果。这些计算求解的过程，与现实世界常常没有直接的联系，甚至很多假设也是被想象出来的，这些高度抽象的理论所垒起来的理论体系在形式上非常完美，可惜的是，它描述的事情，历史上没有，现实中可能也看不到。

其实，经济学从一开始，天然的就是政治经济学。早期的古典经济学的代表人物，在他们做经济学研究之前都有一个研究前提，为他们各自的经济学理论做准备，无论是亚当·斯密、李嘉图、马尔萨斯，还是边沁等人，这些古典经济学家，其实都是政治经济学家。他们在开始研究经济学之前，都做过关于人的研究，他们主要是从心理学方面来做的，他们把心理学研究成果作为经济学研究工作之前的一个准备工作。甚至一些经济学家在心理学领域的成果，后来也成为心理学领域的经典。但是，后来因为心理学一度发展缓慢，尤其到了19世纪末期没有太大进步，这个时候马歇尔非常聪明，他把经济学的假设前提进行了更高度的抽象，然后跟数学进行结合。渐渐地，经济学与心理学的合作淡了下来。当然了，我们也看到，这一百年的经济学与数学的结合，创造了很多精彩的经济学理论，出现了许多精巧的模型，并且能够在理性人假设的基础之上做一些严密的推理。在马歇尔为经济学开创了新的发展方向之后，经济学取得了很大的成就。但是，到了20世纪70年代之后，微电子技术推动了心理学的革命，认知心理学、认知神经科学的发展，让人们对于人大脑内部的运行机制的理解达到了一个新的水平。人们可以通过实验，使用电子仪器测量对人的心理活动、意识活动进行深入的研究。过去经济学中经常举的例子，是说人们吃了食物之后的效用如何变化，现在可以不再依靠数学的方法去推导证明，而是可以采用电子仪器来对人身体上的生理指标进行测量。

新古典经济学可能会告诉我们，人都是理性人，无差异的。认知心理学也揭示，身体的各种激素的分泌，不会因为我们是受过良好教育的人，就在面对各种物质刺激的时候没了兴趣，那是不可能的，也不符合正常的人性。但是，行为经济学却开始借助认知心理学的方法论，研究人的各种社会行为和决策过程中所需要耗费的能量，以及大脑抵御各种诱惑所需要耗费的能量，并把研究成果直接应用到了市场利益、决策科学领域。例如，我们去超市，常常看到超市的出口结账台边上放着各种糖，或者含糖的饮料，或者电池等等，大家仔细看看，总是摆这几样，其实这都是计算好了的，人走了 40 分钟，需要耗费能量，这时候大脑血氧含量水平肯定下降了，抵抗诱惑的能力也下降了，此时人看到含糖分的饮品或糖果，就会联想食用后的感受（要是不这么想的话，就不符合人的大脑的功能机制），就会勾起购买的欲望。实验证明，如果这时候给一部分人喝点糖水的话，喝过糖水的人购买那些结账柜台小食品的行为概率会大幅度下降。我举这些例子是想说明，这些年心理学已经有了很大的发展，它研究的人，都是现实中活生生的具体的人。

心理学的进步引起了经济学家在20 世纪70 年代之后重新回归与心理学的结合，一部分人又开始把经济学的“理性人”回归到了现实中真实的人，不再把人抽象为“理性人”，行为经济学放弃了对理性人的假设，转为研究真实世界中的人的活动行为。比如说，行为经济学有一个很大的应用领域，那就是政治选举，因为研究选票的投向与研究货币的投向，本质上并无太大区别。

现在美国社会政治竞选活动中，甚至有团队连演讲词都是在实验室里做的产品。这些实验室，甚至可以定量计算出听完这个演讲需要耗费多少能量。当然，这类研究成果不太适合公开发表。在有的人看来，是用“朝三暮四”变为“朝四暮三”的手段来忽悠人，所以他们的成果一般也不发表，主要致力于在现实中的应用，因此这个学科在社会公众中的影响力不是很广。但是，行为经济学这门学科，一直在宣称它在挖新古典主义经济学的墙角。

除了行为经济学，其他的自然科学技术也在不断地被引入经济学研究之中。据美国的朋友说，他们是真心支持特朗普的，但他们在大选之前，要么不愿意说出来，要么媒体也不听他们的意见。还有一部分人看到主流媒体在宣传希拉里，如果自己公开表现出和主流媒体不一样的偏好，就会感觉在社会上和别人不一样，于是大多数人就隐藏了自己的真实想法。但到了真正投票的时候，谁看得见他究竟把票投给了谁呢？这说明，对人的行为的研究，需要换一种思路了，传统的一些方式已经不灵了。我们现在使用人工智能的手段可以做其他方面的测量，比如说通过表情分析做情绪分析，等等。这不是我们今天讨论的主题，我只是想说明，现在对市场中的主体开展研究的手段已经不像过去了，也不是把人假设为理性人之后再做研究了，越来越多的研究已经回到真实的人上了。

今天的西方经济学在革命，已经不是过去 20 年引进的教科书上的经济学了。一些国家的著名大学里，经济学专业必修课也不是过去的宏观、微观、计量三门课了，实验经济学、行为经济学越来越受到重视。西方的经济学在发生革命，不但把微观基础做得越来越接近真实世界，而且宏观方面也和以往不太一样了。比如特朗普竞选时所做的事，他把穷人拉拢过来，把农民绑上他的战车。他做的事情也没有用政治经济学这个词，但他已经在实践的层面上做了。西方国家的学者其实一直是在把理论与社会实践相结合的。最近这些年，因为科学技术方面的革命，西方的经济学似乎又开始回归到 100 多年前的一些理念上，回到原来属于政治经济学的范畴上去了，但并不是简单的低层次的回归，这时候使用了现代科学技术支撑的脑认知神经科学，来支撑新的心理学的微观基础；更重要的是，他们的科研成果已经服务于宏观政策实践了，非常成功地应用到了一个个具体的国家治理项目上去了。所以习总书记前几年开始旗帜鲜明地提出认真研究政治经济学的任务，这也是国际大趋势，是因为现代国家治理的需要，是社会发展的客观需要。

王立胜：姚宇的意思是说，我们重提政治经济学还有一个国际政治经济背景。不仅我们要讲政治经济学，而且奥巴马、安倍晋三这些资本主义国家的政要们也在讲政治经济学。也就是说，西方的经济学也在发展中，而我们的有些经济学家却把人家几十年前的东西，原封不动地、食洋不化地照搬过来奉为圭臬并灌输给我们的下一代，而把我们自己的一些好的东西弃之如敝屣。这种做法实际上是严重脱离中国现实的。

姚宇：因为脱离现实的问题，所以总书记的“5·17讲话”是给做经济学研究的人敲响了警钟，我们中的一部分人现在做的一些工作是在重复西方学者几十年前的事情，有必要吗？他在告诫大家别浪费时间了，赶紧回到社会现实问题上去。

刘岳：也许也是因为形成了学术利益圈子，各自掌握一部分学术资源，而学术资源又可以很方便地转化为经济资源和政治资源，因此，项目、课题、评奖在很多时候成为利益的交换场域，不再是针对当前真正的中国问题，不再回应紧迫的时代要求，项目就是为了项目，课题就是为了课题，这样一种学风和文风使得包括经济学在内的社会科学距离真实问题、距离人民要求渐行渐远。政治经济学回应的是宏大主题，是要针对中国问题、根据中国现实构建起宏大的体系，这种宏大要求在日益细碎化的项目和课题制度中是无法实现的，这样的理论创新在学术利益圈子里也是很难突破的。中国的经济学发展还没有进入实质性创新的阶段，而引进又缺乏理论自觉，也没有文化自觉，所以就成为一种惯性发展。在实践中导致严重问题，比如说我们看到各个经济社会政策的配套性很差，这里当然有制定政策时部门利益的因素，但是更为深层的原因在于每一项具体政策都有隐含的理论前提，而指导各项政策制定和生成的理论又是彼此冲突的、相互矛盾的、支离破碎的、就事论事的，从无法达成内在逻辑一致性的彼此矛盾的理论中，没有办法推演出具有高度配套性、无内在冲突的政策体系来，这已经不是在技术层面和机构设置层面上可以解决的严重问题，解决这一问题的前提，就是要有统一的指导思想，结束混乱状态，形成具有内在一致性的自洽的理论体系，根据一致的理论前提指导各种经济社会政策的制定。我个人理解，这是构建中国特色社会主义政治经济学理论体系的重大实际意义。

王立胜：中国经济学的发展还没有进入实质性的独立创新阶段，还处于引进国外经济学的状态，而对这个引进又没有什么理论自觉，更没有文化自觉，没有改造成本土化的符合中国实际的理论，更不是从中国实际出发，对中国的"国民经济事实"进行理论抽象。

姚宇：我是这么理解的：为什么我们把西方经济学理解成今天这个样子？很重要的一个原因，是因为现在占据高校经济学重要岗位的人，大多是海归，这些海归学者在国外求学的时候，他们参加导师的课题总是做着局部的一点工作，帮导师算点东西而已，但人家为什么要做这个计算？因为留学生不是在当地社会出生、在当地社会成长起来的，没有当地社会文化背景，所以掌握不了整个研究项目的思想。这也不能完全怪外国老师，因为很多事情，尤其是思想层面的事情，不是相同文化背景下成长的人，沟通起来需要花费很大的精力，人家也没工夫跟学生多谈。这些留学生不知道老师为什么做这个项目，常常只能承担导师课题中局部的小块技术任务。等他回国后，又来一遍遍地重复这个技术工作。可以说，他们中的大多数人没有在国外经受过经济学的战略层面和社会现实关系层面的思维训练和学术训练，只能说，他们仅仅在"术"和"技"的层面上受到了严格的训练。

今天一些处于中国高校经济学领导地位的学者，他们在海外求学时，因为文化差异，不可能申请到什么正式的课题、练习过如何解决现实问题，这给他们回国后的科研思路造成了不小的影响。

六、马克思社会有机体学说是建构中国特色社会主义政治经济学的哲学基础

王立胜：我们已经谈了很久，现在已是深夜，最后我再说几句。我觉得今天我们的讨论很成功，基本上聚焦到构建中国特色社会主义政治经济学的原则和方法问题上了，特别是姚宇介绍的西方经济学的情况给我们提供了一个很好的参照。大家取得了基本的共识，即建构中国特色社会主义政治经济学必须要进行哲学前提的思考。这个前提是马克思主义的唯物辩证法，这是没问题的。但我们要思考的是，哲学意义上的唯物辩证法和经济学意义上的唯物辩证法是一样的吗？我想应该是不一样的，经济学意义上的唯物辩证法应该是哲学意义上的唯物辩证法的一种转化形式。如果这个命题能够成立的话，那么这种转化形式又是什么？这段时间我在重读《资本论》时每每有新的发现。《资本论》第一卷德文版第一版出版于 1867 年，到今年整整 150 周年，后来又出版了第二版、第三版、第四版，中间还出版了法文版和英文版，在这些版本中马克思和恩格斯写了序言和跋。正是在读这些序言和跋的过程中，我发现马克思在研究经济学时尤其是在写作《资本论》时所使用的一个重要方法，就是他一直把英国当作资本主义的一个成熟的社会有机体来予以解剖，社会有机体成为他研究资本主义社会的一个重要的前提。我认为，马克思的社会有机体理论和方法就是他的哲学意义上的唯物辩证法转化为经济学意义上的唯物辩证法的特殊形式。社会有机体理论是唯物、辩证和历史三个维度的综合表现。在政治经济学界，早在 20 世纪 80 年代就有学者注意到了这个问题，武汉大学颜鹏飞教授就曾经发表过《社会有机体刍议》一文，后来他一直关注社会有机体方法在经济学研究中的应用。顾海良教授则将社会有机体的理论和方法转化为

“总体性”的术语来表达经济学意义上的唯物辩证法。但是，总体上来说，政治经济学界对社会有机体的关注是不够的。相比之下，哲学界却高度重视，不仅有大量的学术论文发表，还有专著出版，孙承叔和王东在1988年就出版了《对〈资本论〉历史观的沉思》，该书认为社会有机体学说是贯穿马克思历史观的思想主线。不仅如此，在1994年社会有机体学说还进入了当时最有影响的两本马克思主义哲学原理教材：一本是由中国人民大学出版社出版的肖前主编的《马克思主义哲学原理》，另一本是由复旦大学出版社出版的辛敬良主编的《马克思主义哲学导论》。这两本教材都辟专章讲社会有机体理论。这样，社会有机体的理论和方法在哲学界就影响比较大。也可能与此有关，近些年哲学界对《资本论》的研究一直是个热点，取得的成果也很多，相对来说，经济学界的《资本论》研究成果反而少了些。马克思的《资本论》是唯物辩证法思想的真正教材，读《资本论》是掌握马克思唯物辩证法思想的一个重要途径。但是，马克思在《资本论》中并不是直接讲辩证法问题，而是把他的唯物辩证法思想转化为社会有机体的思想，用社会有机体的理论来研究英国这个资本主义的典型国家。我们都知道，有机体是一个生物学领域的概念，由社会学家孔德和斯宾塞引入社会学研究，提出了社会有机体的概念。当然，在孔德和斯宾塞那里还存在将生物有机体机械地移植到社会分析的缺陷，马克思吸取了他们的有益成分，但又把社会有机体和生物有机体的区别讲得非常清楚。他是把一个社会当作一个活的运动着的有机体来看待，从而对这个社会进行研究。社会有机体首先承认研究对象的整体性，在《资本论》中他首先把英国作为一个整体来看待，所以《资本论》的辩证法首先体现为整体方法论。虽然在写作过程中很少提到整体问题，但整体方法论在《资本论》中是作为不言而喻的前提存在的。很显然，由于革命的实践对《资本论》中矛盾方法的现实需要，在《资本论》的传播过程中，大家很容易注意其中的矛盾方法。西方马克思主义者卢卡奇最早探讨了马克思整体论的方法问题，中国学术界对马克思整体论方法逐渐引发的这种重视也是先从哲学界开始的，在经济学界直到21世纪初，随着顾海良教授对马克思恩格斯经济思想史的研究，才逐渐引起大家的重视和认同。可以说，过去的政治经济学界普遍应用的方法论是矛盾方法，当然这也是《资本论》的重要方法。《资本论》从商品的二重性开始，经过对劳动二重性的研究，才发现了剩余价值学说，从而揭示了资本主义社会生产的社会化和资本主义私人所有之间的资本主义自身无法克服的矛盾。这个不可克服的矛盾根源于资本和雇佣劳动之间的矛盾，因为正是这个矛盾导致了资本的积累和无产阶级贫困的积累，结果只能是通过无产阶级革命推翻资本主义统治，建立社会主义社会和共产主义社会。《资本论》传入中国的实践背景是中国革命，这种实践逻辑很容易接受矛盾思维。所以，毛泽东的哲学突出的思路也是矛盾论的。不仅革命时期是这样，就是建设时期，毛泽东的政治经济学著作《论十大关系》等也都是矛盾论的思路。虽然在毛泽东那里中国社会这个有机体或者说社会这个整体始终作为前提存在着，但在人们接受、传播和应用这个理论的时候，却很容易出现偏颇和走形。本来整体是矛盾存在的前提，矛盾是整体中的矛盾，整体又是矛盾的整体，但是，往往会出现把两者分割甚至对立起来的情况，讲矛盾时忘记了整体，讲整体时又忽视了矛盾。

当我们拯救出整体论的方法论之后，有些偏颇可能会随之出现，那就是将整体看成一个既定的存在，这很容易陷入静止的方法。所以，我觉得用社会有机体来作为经济学意义上的唯物辩证法就比较容易克服以上问题。因为作为有机体，它必定有一个孕育、产生、发展、衰亡的过程，它应该首先是个整体，这个整体又是运动的，而运动的动力根源于内部矛盾。社会有机体作为方法论，它内含着整体论的方法、矛盾论的方法和过程论的方法。这应该成为我们建构中国特色社会政治经济学的哲学基础。

（原载于《学习与探索》2017 年第 6 期）

中国特色社会主义政治经济学的探索路径

王立胜　周绍东

一、引言

在1960年初读完苏联《政治经济学教科书》后，毛泽东同志指出："写出一本社会主义、共产主义政治经济学教科书，现在说来，还是一件困难的事情。有英国这样一个资本主义发展成熟的典型，马克思才能写出《资本论》。社会主义社会的历史，至今还不过四十多年，社会主义社会的发展还不成熟，离共产主义的高级阶段还很远。现在就要写出一本成熟的社会主义、共产主义政治经济学教科书，还受到社会实践的一些限制。"① 如今，五十多年过去了，全世界范围内的社会主义事业发展取得了巨大成就，同时也遭受了重大挫折。中国社会主义事业在曲折中奋勇前进，不仅取得了举世瞩目的经济建设成果，而且在实践基础上开启了探索"中国特色社会主义政治经济学"的伟大征程。中国特色社会主义政治经济学的探索，发轫于毛泽东，继承于邓小平，在新的历史时期，以习近平总书记为核心的党中央大刀阔斧地推动改革创新，在理论上提炼和总结了大量实践经验，开辟了中国特色社会主义政治经济学的崭新路径。2016年7月8日，习近平总书记在主持召开经济形势专家座谈会时强调："要加强研究和探索，加强对规律性认识的总结，不断完善中国特色社会主义政治经济学理

---

① 毛泽东文集：第8卷. 北京：人民出版社，1999：137.

论体系，推进充分体现中国特色、中国风格、中国气派的经济学科建设。”①本文从现有社会主义经济学教科书和研究专著出发，梳理中国特色社会主义政治经济学探索的主要路径，并提出以“社会有机体”为统摄进行理论体系构建的思路。

二、以经典马克思主义政治经济学为蓝本的探索路径

从全世界范围来看，苏联是第一个进行系统性社会主义实践探索的国家。1951 年，苏联出版了斯大林的《苏联社会主义经济问题》，首次对社会主义制度条件下的经济问题进行了理论分析。在此基础上，1954 年，苏联科学院经济研究所出版了《社会主义政治经济学教科书》，对社会主义政治经济学的基本原则进行了探讨。可以说，中国的社会主义政治经济学探索，在早期深受苏联教科书的影响，其理论主张和实践做法都大量复制苏联经验。当然，以毛泽东为代表的中国共产党第一代领导集体，在极其困难的国内外环境中，仍然坚持马克思主义基本原理与中国实际相结合，在中国的社会主义经济建设和政治经济学理论发展方面进行了不懈探索，毛泽东于 1956 年发表的《论十大关系》就是其中一个光辉代表。

改革开放以来，学界以经典的马克思主义政治经济学为蓝本，对中国社会主义经济建设实践进行了理论总结。这类理论成果总体上可以分为两类，第一类成果沿用“苏联范式”的“二分法”结构，将社会主义政治经济学看作政治经济学的社会主义部分，与政治经济学资本主义部分形成并列关系。这一类研究成果的代表作包括宋涛主编的《政治经济学教程》，刘诗白主编的《政治经济学》，逄锦聚、洪银兴、林岗、刘伟编写的《政治经济学》，以及中共中央马克思主义理论研究和建设工程办公室组织专家编写的《马克思主义政治经济学概论》等。这类研究成果大都以资本主义制度

① 习近平．坚定信心增强定力　坚定不移推进供给侧结构性改革．人民日报，2016－07－09（1）．

必然灭亡的科学预言为基础，在逻辑上和史实中论证了建立社会主义制度的科学性和必然性。在社会主义部分，专门研究中国的社会主义经济建设，涉及社会主义发展阶段、改革开放、市场经济、宏观调控等问题，较为全面地介绍了中国特色社会主义建设的各个方面。第二类成果将社会主义政治经济学独立成书，不再强调与资本主义部分的前后联系，而是突出社会主义经济制度和经济发展的特殊性和国别性。在结构上，这类成果对社会主义经济的不同范畴分列篇章，层次分明，结构完整。在内容上，充分吸收包括西方经济学在内的最新理论成果，用以分析社会主义经济中的具体问题。代表作包括钱连源编写的《社会主义政治经济学》，林木西、柳欣主编的《政治经济学（社会主义部分)》，叶祥松主编的《政治经济学（社会主义部分)》等。

从叙述起点和分析主线上来看，这一类型的中国特色社会主义政治经济学探索，普遍以“社会主义基本经济制度”为起点，以“经济制度变迁和经济体制改革”为主线，按照“经济制度—经济运行—经济发展”的整体框架进行理论体系建构。这些探索围绕着中国经济改革发展这一主题，全面系统地分析了社会主义本质、社会主义初级阶段、基本经济制度、市场经济体制，内容涵盖企业、市场、政府、宏观管理体制、经济发展战略、工业化与信息化、新型城镇化、农村与农业、对外开放等各个方面。

三、 以社会主义市场经济的建立和完善为主线的探索路径

中国特色社会主义政治经济学最显著的特征是致力于推动市场经济与公有制的有机结合，由此建立起社会主义市场经济，与一般意义上的市场经济存在着本质上的差异。因此，研究和分析如何建立和完善社会主义市场经济，便成为中国特色社会主义政治经济学探索的第二条路径。这条路径以社会主义市场经济运行为主线，重构社会主义政治经济学理论体系，

打破了传统社会主义政治经济学论著的编写思路和框架，系统地阐释了社会主义市场经济的内涵、外延和运动规律，建立了较为完整的中国特色社会主义市场经济理论框架，不仅丰富和发展了马克思主义政治经济学理论本身，同时也有力推动了政治经济学教学改革创新。从内容上来看，这类成果密切结合中国市场经济体制改革的进程，在框架上兼具系统性和开放性，积极反映新的国家政策、理论成果和实践经验，体现了中国特色社会主义道路的开创性，对探索社会主义市场经济的内在规律做出了积极努力。在这条探索路径上，比较有代表性的成果包括：伍柏麟编写的《社会主义市场经济学教程》，刘诗白主编的《社会主义市场经济理论》，杨干忠编写的《社会主义市场经济概论》，李丰才编写的《社会主义市场经济理论》，王军旗、白永秀主编的《社会主义市场经济理论与实践》，邹东涛编写的《社会主义市场经济学》，李兴山编写的《社会主义市场经济理论与实践》等。

从叙述起点上来看，这一类探索路径普遍选取“市场经济一般”作为叙述起点。这种处理方法体现了“从一般到特殊”“从抽象到具体”的过程，突出了社会主义经济制度和市场经济体制结合的可能性和可行性。就一般性来说，市场经济并不是一种经济制度，而是一种经济形式或经济体制，属于资源配置方式的范畴，因此，市场经济可以在不同的社会经济制度下被采用。就特殊性来说，市场经济与特定的社会经济制度相结合，就会在价值取向、利益关系、市场调控等方面体现出“特殊性”。因此，从“市场经济一般”的逻辑推理出发，有利于为研究社会主义市场经济提供一个坚实的理论基础，也有利于全面系统地总结我国建立和完善社会主义市场经济体制的实践经验。

从分析主线上来看，第二条探索路径大都选取“社会主义市场经济运行规律”作为主线。首先从市场经济一般出发，探讨市场经济与社会主义的结合问题，阐述社会主义市场体系及市场主体，分析市场经济运行及宏观调控方式，最后介绍市场经济的全球化发展。在内容上，主要是对社会主义市场经济理论和实践的阐释，涵盖了所有制结构、企业制度、市场体系、收入分配、对外经济关系、宏观调控、经济增长与发展等方面。

特别需要指出的是，由于中国的改革开放本身就是从传统计划经济体制向市场经济体制的转型过程，因此，也有不少研究专门围绕转型过程进行理论探索，这类研究成果以计划经济向市场经济转型的过程和规律为研究对象，分析了社会主义市场经济的发展过程和基本特征，结合经济现实探讨了市场发展、政府管控、企业改革等内容，深化了对经济转型和中国经济改革的规律性认识。比较具有代表性的作品包括：张宇主编的《转型政治经济学———中国经济改革模式的理论阐释》，谷书堂主编的《社会主义经济学通论———中国转型期经济问题研究》，洪银兴主编的《转型经济学》，景维民、孙景宇编著的《转型经济学》，吴光炳主编的《转型经济学》等。

四、 以经济增长和经济发展为主线的探索路径

我国面临的最大问题仍然是发展问题，一是从生产力来看，我国正从中等收入迈向中高收入国家行列，二是从生产关系来看，我国正从社会主义初级阶段迈向社会主义中高级阶段①。在“两个迈向”的时代背景下，大量研究以经济增长和经济发展为主线展开了中国特色社会主义政治经济学探索。这条探索路径主要包括两个方面内容：第一，推动发展经济学的马克思主义化。西方发展经济学从兴起到衰落再到复兴，其理论内核始终是新古典经济学，而经典的马克思主义政治经济学侧重于研究成熟资本主义生产方式，对落后经济体的分析呈现出内容上的碎片化、方法上的单一化和范式上的非标准化。因此，必须坚持唯物史观，合理运用马克思主义政

① 洪银兴. 以创新的理论构建中国特色社会主义政治经济学的理论体系. 经济研究，2016 (4)：4－17.

治经济学分析方法，系统、全面、深入地研究落后国家和中等收入国家的发展问题，构建马克思主义经济发展理论和马克思主义发展经济学。第二，推动发展经济学的中国特色化。西方发展经济学以落后国家经济追赶作为研究对象，但中国已步入中等收入国家行列，很多经济发展问题已经不再符合西方发展经济学的分析前提和假设条件。在工业化方面，西方发展经济学认为，在工业化进程中，国民经济中的首要产业依次为第一产业、第二产业、第三产业。然而，我国工业尚未真正强大起来，但第三产业中的房地产和金融业迅猛发展，虚拟经济和经济泡沫化风险不断加大。在城镇化方面，我国城镇化率远未达到发达经济体水平，同时却出现了大量进城务工人员向农村回流的现象，由此引发了有关中国是否达到“刘易斯拐点”的激烈争论。在农业现代化方面，小农生产方式、农业企业化经营和集体合作化等多种生产方式并存，西方发展经济学鼓吹的现代工业化农业模式在我国农村并未占据优势地位。

以经济增长和经济发展为主线进行理论探索，对于中国突破中等收入陷阱，进一步提高生产力水平具有重大意义，但是，这条路径也存在着忽视基本经济制度和生产关系分析的问题，有可能陷入唯生产力论的误区①。同时，从现有的研究来看，发展经济学的马克思主义中国化，尚未形成能够与西方发展经济学和二元结构理论进行对话和交流的理论框架，这条路径上的理论探索仍然任重道远。

五、中国特色社会主义政治经济学的最新探索：以“社会有机体”为统摄

1. 经典政治经济学所面临的中国特色问题和理论困境

① 周绍东，钱书法，王昌盛. 分工与创新：发展经济学的马克思主义复兴. 经济科学出版社，2015.

在经典作家对社会主义和共产主义社会的预言中，未来社会的基本特征包括公有制、计划调节和按需分配，然而在实践中，人类建立起来的社会主义国家与经典作家的预言存在着较大差异。对于中国而言，中国特色社会主义至少在两个方面体现出“中国特色”：第一，即使中国有望突破中等收入陷阱，也并不意味中国的生产力水平达到了经典作家所提出的共产主义或社会主义标准；第二，在生产关系层面，与理论上的标准相比，我国现阶段的所有制和分配方式仍然属于不成熟的社会主义范畴。因此，既有的中国特色社会主义政治经济学研究总体上都可以被分为两类：第一类将“社会形态”作为主要研究对象，集中探讨“生产力—生产关系—上层建筑—社会意识”这个四层结构；第二类进一步压缩研究范围，集中探讨生产资料与劳动者的结合方式，也即“生产方式”，并在此基础上探讨我国社会特有的“经济的社会形态”。

然而，随着市场经济的深入发展，一些原本不属于经典政治经济学研究范畴的问题迫切需要政治经济学做出回答。譬如，伴随着新一轮科技革命，工业智能化和机器人技术的飞速发展，使得工业生产过程的系统化、自动化、智能化水平得到很大幅度提高，工人已经不再被局限在某一个特定生产工序和劳动部门，而是作为“整体工人”控制生产过程，这实际上已经呈现出经典作家预言中人类发展第三个历史阶段的某些特点。相对于第一个阶段“人的相互依赖”和第二个阶段“物的相互依赖”，第三个历史发展阶段的社会物质生产条件达到了这样的程度：“这里已经不再是工人把改变了形态的自然物作为中间环节放在自己和对象之间，而是工人把由他改变为工业过程的自然过程作为中放在自己和被他支配的无机自然界之间。工人不再是生产过程的主要作用者，而是站在生产过程的旁边。”① 这就是表明，在第三个历史发展阶段，工人将不仅仅是运用生产工具来作用于生

① 中共中央马克思恩格斯列宁斯大林著作编译局．马克思恩格斯全集：第31卷．北京：人民出版社，1998：100.

产对象，而是对整个生产过程进行控制，将自然过程改变为工业过程。与此同时，由于个人能力得到极大提高，工人能够在不同工作岗位和部门之间自由流动，强加在工人身上的分工枷锁开始松动。工业智能化和机器人技术属于生产力范畴，从传统认识上来看，政治经济学并不研究生产力本身，但是，从现代生产力发展来看，政治经济学必须研究生产力各要素之间的关系，才能准确把握现代生产过程的特点，进而对由这种技术进步引发的生产关系变革、上层建筑演进甚至社会意识形态变化做出判断分析。

除了生产力本身，关于人的行为决策、社会道德品质等问题原本也不属于政治经济学的研究范畴，但现实中，大量道德问题并不能直接从人的“本性”中推导出答案，而是必须结合生产力发展和生产关系变革进行剖析。譬如，亚当·斯密承认“人性生来自私”，并指出市场经济是一只“看不见的手”，人们在利益驱使下提供各类商品和服务，极大地满足了全体人的需要，同时也提高了社会福利。然而，在现代市场经济中，某些食品厂商明知其提供的产品不符合卫生标准，但为追逐利润仍然铤而走险。尽管我们可以从道德上对这些行为进行批判，鞭笞人性的自私，但如果深入思考就会发现：食品安全问题远非道德沦丧这样简单的命题，也不是颁布和执行法律就能够达到监管效果，食品安全问题甚至已经摧毁了“人性自私”这一前提假设。事实上，违法厂商都知道，如果大家都这样无视食品安全，那最终他们自己消费的食品也是不安全的，人性中保护自身健康安全这一最基本的“自私”概念在利润的冲击下都已经荡然无存了。因此，要更为准确地理解市场经济中的道德问题，就不能不溯源而上，在生产关系、生产力、经济基础和上层建筑这些范畴中寻找答案。

2. 社会形态、经济的社会形态与社会有机体

政治经济学在理论发展和学科建设过程中的“失声”和边缘化，与经典政治经济学在研究指导思想上的偏误不无关系，长期以来，我们始终囿于“生产力—生产关系—上层建筑—社会意识”这一四层结构，甚至局限

在“生产方式及其与之相适应的生产关系”这一范畴中进行理论上的自我封闭。殊不知，中国特色社会主义政治经济学在探索过程中遭到重重阻碍，其中一个很重要的原因就在于：政治经济学学者始终不能包容地对待经济学发展洪流中的科学成分，对于西方社会科学和中华传统文化，他们始终不能站在历史唯物主义的高度将其整合到政治经济学框架中来，即使有很多学者在这方面做了一些工作，但质疑的声音总是不绝于耳。

从根本上扭转政治经济学研究指导思想上的偏误，一个重要的方法论前提就是厘清社会形态、经济的社会形态和社会有机体三者之间的区别和联系。这三个概念是经典作家针对不同历史时期提出的概念，在《德意志意识形态》中，马克思已经制定了“社会形态”这一概念，在强调划分社会形态的标准时，突出的是以所有制关系，即以“部落所有制”、“古代公社所有制和国家所有制”、“封建的或等级的所有制”和“现代私有制”来划分社会形态。在《〈政治经济学批判〉序言》中，马克思又制定了“经济的社会形态”这一概念，并以此为标准划分不同时代。马克思指出：“大体说来，亚细亚的、古代的、封建的和现代资产阶级的生产方式可以看作是经济的社会形态演进的几个时代”[①]。“无论哪一个社会形态，在它们所能容纳的全部生产力发挥出来以前，是决不会灭亡的。”[②] 从区别上来看，社会形态是一个较广的概念，至少包括生产力、生产关系、上层建筑和社会意识形态四个方面内容，而经济的社会形态主要是指社会形态中的生产方式。马克思认为：不论生产的社会形式如何，劳动者和生产资料始终是生产的因素。但是，二者在彼此分离的情况下只在可能性上是生产因素。凡要进行生产，就必须使它们结合起来。实行这种结合的特殊方式和方法，使社会结构区分为各个不同的经济时期。因而，经济的社会形态是作为劳动者与生产资料的结合方式，即劳动者与生产资料在生产、交换、分配领域内

① 中共中央马克思恩格斯列宁斯大林著作编译局．马克思恩格斯选集：第 2 卷．人民出版社，2012.

② 中共中央马克思恩格斯列宁斯大林著作编译局．马克思恩格斯选集：第 2 卷．人民出版社，2012.

的特殊结合方式。

然而，经典作家对于政治经济学研究对象的探索，并不是到此就终结了，在《资本论》序言中，马克思指出："现在的社会不是坚实的结晶体，而是一个能够变化并且经常处于变化过程中的机体"[①]。"有机体"一词本是生物学术语，是指具有生命的个体的统称，后来用以泛指类似生命体那样能够自我生存、自我发展的事物。这些事物的各组成部分存在着内在的、不可分割的联系，它们互为手段与目的，每一部分都不能独立存在，从而形成一个内部高度分化而又服从于一个根本原则的统一体。马克思借用这一术语旨在表明：社会是由人和全部社会生活条件要素构成并相互依存、相互作用和发展着的有机整体。社会有机体范畴的提出，为理解马克思主义的整体结构提供了根本的方法论。它蕴涵了以往一切研究成果，充分展现这些成果的总体性，是我们把握马克思主义理论丰富性、系统性、辩证性的思想基石。

马克思视野下的社会有机体是指由人和全部社会生活条件要素构成并相互依存与相互作用的活动和发展着的社会有机整体，这个社会有机体具有整体性、开放性、自组织性和再生性的特点。在"社会有机体"这一概念的统摄下，抽象的历史唯物主义原理，譬如社会存在决定社会意识、生产力决定生产关系、经济基础决定上层建筑等等，就获得一个从原理到现实的理论中介[②]。本来，这些历史唯物主义原理已经从宏观上揭示了社会和人本身发展的规律，但是在微观上，在既定的生产力、经济基础和社会存在的背景下，社会关系中的个人如何进行行为决策、如何建构生产关系、如何形成上层建筑、如何汇聚社会意识，这些都是不甚明晰的。譬如，历史唯物主义将资本家看作是资本的人格化，执行资本的经济职能，具有无限制追逐利润的行为动机，但是，不同资本家作为个体，其管理能力、行

---

① 中共中央马克思恩格斯列宁斯大林著作编译局. 马克思恩格斯选集：第 2 卷. 人民出版社，2012.

② 陈志良，杨耕. 论马克思的社会有机体理论. 哲学研究，1990 (1)：35 -43.

为特点、思想意识都具有极大的差异性，如果不能从“社会有机体”的视角来认识资本家群体，就无法对资本家的企业管理劳动以及创新活动形成准确的理解，更会机械地将资本家理解为企业机器上的零部件，充其量也只是重要的零部件。因此，“社会有机体”正是扮演了历史唯物主义原理渗透到现实社会中的中介和桥梁角色，这就实现了马克思主义整体方法在宏观和微观上的统一。这一方面不同于西方人文社会科学的个体还原论，另一方面也不同于机械唯物主义的单纯生产力决定论，而是一个基于“实践”的有机唯物主义。

3. 以“社会有机体”为统摄构建中国特色社会主义政治经济学

以“社会有机体”为统摄构建中国特色社会主义政治经济学，需要着力处理好这样几个问题。

第一，需要明确中国特色社会主义政治经济学的叙述起点和分析主线。可以考虑将生产力的现代发展作为叙述起点，着重探讨科学技术进步引发生产力提升的各种效应，特别是要对生产关系产生重大影响的生产力变迁进行研究，如人工智能、3D 打印、机器人、“互联网 +”和新能源等。需要注意的是，这里对生产力的分析，不是对生产力本身的研究，而是要从社会层面上研究生产力各要素之间的关系。在分析主线上，应突破“生产力—生产关系—上层建筑”这一分析框架，考虑以“社会结构—人的发展—人的活动—社会再生产”为线索，逻辑性地探讨社会主义基本经济制度和经济体制，工业化、城镇化、国际化、农业现代化进程中的劳动者行为特征，社会主义“人的再生产”，社会主义收入分配等内容。

第二，需要厘清中国特色社会主义政治经济学的理论来源。“社会有机体”理论并不是经典作家的独创，而是马克思、恩格斯根据圣西门、孔德等的“社会有机论”进一步探索得到的。与此相类似的是，中国特色社会主义政治经济学的理论来源也应该是多样化的，至少包括这样五个方面内容：马克思主义经典作家的著作、苏联东欧社会主义建设的理论遗产、中国传统文化的“基因”、非马克思主义经济学的文明成果和中国特色社会主义建设的理论成果①。

第三，需要拓展中国特色社会主义政治经济学的学科框架。以“社会有机体”为统摄构建中国特色社会主义政治经济学，需要拓展其学科框架。中国特色社会主义政治经济学在学科体系上至少应包括以下几个方面，一是从社会学、哲学、历史学的视角重新审视“生产力—生产关系”、“经济基础—上层建筑”、“社会存在—社会意识”的政治经济学框架。二是与生产力发展紧密相关的经济学科，如技术经济学、工程经济学、管理经济学，这些学科的特点是科学技术与经济学的交叉融合。三是以研究人类行为决策的学科，如行为经济学、演化经济学、实验经济学、神经经济学等，这些学科的特点是心理学、生物学与经济学的交叉融合。

六、 结语和展望

与既有研究的认识有所不同，本文提出：中国特色社会主义政治经济学体系不是单一的学科体系，而是适应当代学科精细化要求的“中心基础理论+应用分支学科”多学科体系。在这个多学科体系中，可以使用“社会有机体”作为理论硬核，并在这个理论硬核的引领下，将中国特色社会主义政治经济学的理论来源从马恩经典著作、新古典经济学和苏联东欧社会主义政治经济学的“三方来源”，拓展至包括西方马克思主义、不发达政治经济学和演化经济学等流派的“多方来源”。同时，将经济史、经济伦理和经济哲学的研究文献纳入考察范围，全面拓展中国特色社会主义政治经济学探索过程中的文献视角，最大限度地充实文献资源。

以“社会有机体”作为统摄进行中国特色社会主义政治经济学探索，不是要直接完成中国特色社会主义政治经济学体系构建的巨大工程，而是

① 王立胜，郭冠清. 论中国特色社会主义政治经济学理论来源. 经济学动态，2016 (5)：21-30.

探索体系构建的哲学、历史、文明和实践基础；不是直接拿出一个完整的理论体系，而是勾勒出这个体系的大体轮廓，细化体系构建需要克服的方法论难题，为后续的具体问题研究探明路径。总之，鉴于中国特色社会主义政治经济学体系构建工作的长期性、复杂性和艰巨性，可以借鉴经典作家构建马克思主义政治经济学的理论批判方法，为如何构建这个体系探索科学可行的“路线规范”，并在这个规范的指引下，依托我国经济实践，不断开创马克思主义政治经济学新境界。

（原载于《南京财经大学学报》2017 年第 1 期）

中国特色社会主义政治经济学的历史逻辑

“对社会生活形式的思索，从而对它的科学分析，遵循着一条同实际运动完全相反的道路。这种思索是从事后开始的，是从已经完全确定的材料、发展的结果开始的。”① 这种“从后思索法”不仅是马克思写作《资本论》的方法，而且是马克思一贯主张的一种思维方法，可以说是马克思历史认识论的重要方法。对中国特色社会主义政治经济学做历史逻辑分析，运用的就是这种方法。本文站在中国特色社会主义的现实高度，回溯中国特色社会主义政治经济学形成和发展的历史过程，以启迪中国特色社会主义政治经济学的建构和发展。

一、 中国特色社会主义政治经济学的奠基

1956 年中国完成了生产资料私有制的社会主义改造，标志着社会主义制度的建立，党的中心工作转向发展社会生产力。一贯注重理论思考和理论建设的毛泽东，把大量的精力用于思考经济发展问题，形成了很多经济著作，包括《论十大关系》《关于正确处理人民内部矛盾的问题》《农村人民公社六十条》《国营企业工作条例》《关于理论问题的重要指示》等。特别值得强调的是，1958 年毛泽东三次研读并批注斯大林的《苏联社会主义

① 马克思：《资本论》（法文版中译本）. 北京：中国社会科学出版社，1983：65.

经济问题》，同年11月9日至10日就该书进行谈话，1959年1月10日至1960年2月9日又研读了苏联科学院的《政治经济学教科书（社会主义部分）》。谈这两本书的记录，已由邓力群整理、编辑成《毛泽东读社会主义政治经济学批注和谈话》，中华人民共和国国史学会1998年1月出版了清样本。仔细品读毛泽东的这些批注和谈话，可以体会到他当时探索中国社会主义经济发展道路的急迫心情。这些谈话和批注是毛泽东对中国经济建设规律的一次宝贵探索，是毛泽东思想的重要组成部分。邓力群回顾说，毛泽东的这些批注和谈话"饱含着毛主席独创性的理论成果，主要是政治经济学，同时也涉及哲学、科学社会主义以及历史科学等诸多学科，是毛泽东思想的重要组成部分。1959年至1960年毛主席先后读斯大林的《苏联社会主义经济问题》和苏联科学院的《政治经济学教科书（社会主义部分）》的谈话和批注，是继《论十大关系》《关于正确处理人民内部矛盾的问题》之后，对社会主义革命和建设规律的又一次重要探索。结合苏联四十二年的历史和现实，新中国十年的历史和现实，提出了许多重要的问题，发表了一系列超越前人、启迪后人的卓越见解"[①]。吴易风教授对毛泽东批注和谈话中的政治经济学思想进行了系统研究，他说："毛泽东在20世纪50年代后期认真研究和深入思考了苏联社会主义经济问题和中国社会主义经济问题，对中国社会主义政治经济学进行了重要的探索，提出了一系列独特见解……这些批注和谈话，为研究适合中国国情的社会主义政治经济学留下了十分丰富而又珍贵的思想财富和理论遗产。"[②]

说毛泽东为中国特色社会主义政治经济学奠基人，不仅基于毛泽东上述探索的基本事实，更重要的是以下理由。

第一，毛泽东提出了撰写中国自己的政治经济学教科书的任务。在谈到斯大林《苏联社会主义经济问题》一书时，毛泽东指出："为了我们的事

① 邓力群．邓力群自述（1915—1974）．北京：人民出版社，2015：312.

② 吴易风．毛泽东论中国社会主义政治经济学．政治经济学评论，2004（1）.

业，结合当前的实际问题，学习经济理论著作，比脱离实际专门读书，要好得多，容易懂。目前研究政治经济学问题，有很大的理论意义和现实意义。”[①] 在读苏联《政治经济学教科书（社会主义部分）》的谈话中，毛泽东明确提到了“我们写社会主义政治经济学”、“社会主义政治经济学教科书，究竟怎样写才好?”的问题。[②] 可见，毛泽东在读斯大林的著作和苏联政治经济学教科书时，已经在思考结合中国实际撰写中国自己的政治经济学教科书的问题。

第二，毛泽东探讨了社会主义政治经济学的研究对象。任何一门学科都有自己的独特的研究对象。“科学研究的区分，就是根据科学对象所具有的特殊的矛盾性。因此，对于某一现象的领域所特有的某一种矛盾的研究，就构成某一门科学的对象”[③]。在读苏联政治经济学教科书时毛泽东多次谈到政治经济学的研究对象，指出，“政治经济学研究的对象主要是生产关系，但是要研究清楚生产关系，就必须一方面联系研究生产力，另一方面联系研究上层建筑对生产关系的积极作用和消极作用”[④]，这就突破了斯大林的局限性。斯大林在《苏联社会主义经济问题》中将政治经济学的研究对象界定为生产关系，苏联政治经济学教科书当然沿袭斯大林的说法，我国的政治经济学教科书也大多沿用这种提法。毛泽东认为，这样规定将政治经济学的研究范围狭窄化了，提出了“主要是生产关系”和两个“联系研究”的思路。当然，毛泽东也注意了研究对象泛化的问题：“政治经济学的研究中，生产力和上层建筑这两方面的研究不能太发展了。生产力的研究太发展了，就成为自然科学、技术科学了；上层建筑的研究太发展了，就成为阶级斗争论、国家论了。”[⑤] 毛泽东对政治经济学研究对象的规定，

① 毛泽东．毛泽东读社会主义政治经济学批注和谈话．北京：中华人民共和国国史学会，1998：25.
② 毛泽东文集：第8卷．北京：人民出版社，1999：137.
③ 毛泽东．矛盾论．毛泽东选集：第1卷．北京：人民出版社，1991.
④ 毛泽东．毛泽东读社会主义政治经济学批注和谈话．北京：中华人民共和国国史学会，1998：422.
⑤ 毛泽东．毛泽东读社会主义政治经济学批注和谈话．北京：中华人民共和国国史学会，1998：422.

既避免了静止地、孤立地研究生产关系的问题，又拓展了研究的视野和范围，为我们考虑中国特色社会主义政治经济学的研究对象提供了基础性的思路。

第三，毛泽东提出了社会主义政治经济学研究的“纲”的问题。实际上，毛泽东在思考政治经济学研究对象时，就给出了社会主义政治经济学的一条主线。毛泽东认为：“生产力和生产关系之间、生产关系和上层建筑之间的矛盾和不平衡是绝对的。上层建筑适应生产关系，生产关系适应生产力，或者说他们之间达到平衡，总是相对的。平衡和不平衡这个矛盾的两个侧面，不平衡是绝对的，平衡是相对的。如果只有平衡，没有不平衡，生产力、生产关系、上层建筑就不能发展了，就固定了。”正是基于这种认识，毛泽东提出了政治经济学研究的“纲”：“我们要以生产力和生产关系的平衡和不平衡、生产关系和上层建筑的平衡和不平衡，作为纲，来研究社会的经济问题”[①]。

第四，毛泽东论述了社会主义政治经济学的研究方法。毛泽东特别强调哲学头脑对经济学研究的极端重要性，他以马克思和列宁的政治经济学贡献来说明这个道理：“没有哲学家头脑的作家，要写出好的经济学来是不可能的。马克思能够写出《资本论》，列宁能够写出《帝国主义论》，因为他们同时是哲学家，有哲学家的头脑，有辩证法这个武器。”[②] 他在肯定苏联“搞出了一本社会主义政治经济学，总是一大功劳”[③] 的同时，又针对性地指出，这本书的问题主要是缺少辩证法，没有哲学头脑，没有形成一套完整的世界观和方法论来分析事物，指出“世界上没有不能分析的事物……许多基本范畴，特别是对立统一的法则，对各种事物都是适用的。这样来研究问题、看问题，就有了一贯的、完整的世界观和方法论。这本教

---

① 毛泽东．毛泽东读社会主义政治经济学批注和谈话．北京：中华人民共和国国史学会，1998：421－422.

② 毛泽东．毛泽东读社会主义政治经济学批注和谈话．北京：中华人民共和国国史学会，1998：803.

③ 毛泽东．毛泽东读社会主义政治经济学批注和谈话．北京：中华人民共和国国史学会，1998：170.

科书就没有运用这样的一贯的、完整的世界观和方法论来分析事物”[①]。毛泽东还指出苏联教科书老是先下定义、不讲道理的毛病，在他看来这是一种倒因为果的行为：“定义是分析的结果，不是分析的出发点。研究问题应该从历史的分析开始。”[②] 这就明确提出了政治经济学研究的一个重要方法论原则———历史分析的原则。这既可以成为我们今天建构中国特色社会主义政治经济学的一个基本原则，也是我们批判西方主流经济学的一个锐利思想武器。毛泽东还指出了“从经济事实出发”的重要性，强调政治经济学必须与社会主义建设实践相结合：“教科书的写法，不是高屋建瓴，势如破竹，没有说服力，没有吸引力，读起来没有兴趣，一看就可以知道是一些只写文章、没有实际经验的书生写的。这本书说的是书生的话，不是革命家的话。他们做实际工作的人没有概括能力，不善于运用概念、逻辑一套东西；而做理论工作的人又没有实际经验，不懂得经济实践。两种人，两方面———理论和实践没有结合起来。”[③]

第五，毛泽东提出了中国社会主义政治经济学的一系列重要观点。习近平在中央政治局第二十八次集体学习时高度评价了以毛泽东为核心的第一代中央领导集体在政治经济学上的理论贡献，指出“在探索社会主义建设道路过程中对发展我国经济提出了独创性的观点，如提出社会主义社会的基本矛盾理论，提出统筹兼顾、注意综合平衡，以农业为基础、工业为主导、农轻重协调发展等重要观点。这些都是我们党对马克思主义政治经济学的创造性发展”[④]。毛泽东关于中国社会主义政治经济学的重要论述包括：社会主义经济规律的客观性、可知性和历史性的论断，社会主义经济是为人民服务的论断，社会主义经济波浪式发展的论断，社会主义发展阶

① 毛泽东．毛泽东读社会主义政治经济学批注和谈话．北京：中华人民共和国国史学会，1998：422－423.

② 毛泽东．毛泽东读社会主义政治经济学批注和谈话．北京：中华人民共和国国史学会，1998：170.

③ 毛泽东．毛泽东读社会主义政治经济学批注和谈话．北京：中华人民共和国国史学会，1998：803.

④ 习近平．立足我国国情和我国发展实践　发展当代中国马克思主义政治经济学．人民日报，2015－11－25.

段的论断，既反对平均主义又反对过分悬殊的论断，中央和地方合理分权的论断，依靠群众管理经济的论断，科学技术革命的论断，物质利益激励与精神激励相结合的论断，等等。在中国特色社会主义理论体系的探索过程中，最重要的是要解决社会主义和市场经济之间的相容性问题，毛泽东已经感觉到了这个问题的重要性，并提出了极为重要的思想：在社会主义阶段，虽然实行计划经济，但“在我国，还存在商品生产，价值规律还起作用”，要利用商品生产、商品交换和价值法则，作为有用的工具，为社会主义服务。价值规律是“一个伟大的学校，只有利用它，才有可能教会我们几千万干部和几万万人民，才有可能建设我们的社会主义和共产主义”①。他反对将商品经济与资本主义混为一谈，明确指出：“不能孤立地看商品生产，要看它与什么经济相联系。商品生产和资本主义相联系，是资本主义商品生产；商品生产和社会主义相联系，是社会主义商品生产。商品生产从古就有。”② 我们不难发现，邓小平后来的有关论述与这些论述是一脉相承的。

二、 中国特色社会主义政治经济学的破题

毛泽东为中国社会主义政治经济学形成和发展做出了奠基性的贡献，但当时中国社会主义建设时间不长，自身规律还没有充分展开，再加上其他一些客观和主观条件的限制，毛泽东在社会主义政治经济学上的探索必然带有那个时代的局限性。毛泽东也意识到在那个时代写出一本社会主义政治经济学是十分困难的事情。“写出一本社会主义、共产主义政治经济学教科书，现在说来，还是一件困难的事情。有英国这样一个资本主义发展成熟的典型，马克思才能写出《资本论》。社会主义社会的历史，至今还不过四十多年，社会主义社会的发展还不成熟，离共产主义的高级阶段还很

---

① 毛泽东．毛泽东读社会主义政治经济学批注和谈话．北京：中华人民共和国国史学会，1998：61.

② 毛泽东．毛泽东读社会主义政治经济学批注和谈话．北京：中华人民共和国国史学会，1998：50.

远。现在就要写出一本成熟的社会主义、共产主义政治经济学教科书，还受到社会实践的一定限制”①。毛泽东虽然认为社会主义可以存在和利用商品经济，但在当时的情况下，他不可能突破计划经济与市场经济的界限。而这个突破，正是中国特色社会主义政治经济学创立的核心，真正的破题是由中国改革开放的总设计师邓小平完成的。

作为中国特色社会主义政治经济学的破题者，邓小平对中国特色社会主义政治经济学的贡献表现在三个重大突破上。

第一，突破性地提出了社会主义市场经济论。改革开放是这一突破的实践基础。实践前进一步，思想的突破就迈进一步。1981 年中共十一届六中全会通过了《关于建国以来党的若干历史问题的决议》，提出“在公有制基础上实行计划经济，同时发挥市场调节的辅助作用”的方针，1982 年中共十二大进一步提出“正确贯彻计划经济为主、市场调节为辅的原则，是经济体制改革中的一个根本性问题”。这些思想认识虽然仍局限于计划经济的框架，但承认市场调节的作用，为社会主义市场经济理论的提出打开了闸门，成为一个非常重要的台阶。1984 年 10 月，中共十二届三中全会通过了《中共中央关于经济体制改革的决定》，首次提出“在公有制基础上有计划的商品经济”的概念，明确肯定商品经济的充分发展是社会主义经济发展的不可逾越的阶段，是实现我国经济现代化的必要条件，已经不再把计划经济与商品经济完全对立，这是迈向社会主义市场经济理论的重要进展。邓小平高度评价这个《决定》，认为“写出了一个政治经济学的初稿，是马克思主义基本原理和中国社会主义实践相结合的政治经济学”②。随着改革实践的推进，邓小平有关计划与市场的思想认识也在不断深化。1987 年 2 月在与几位中央负责同志谈话时明确提出了计划和市场都是“方法”的论断：“为什么一谈市场就说是资本主义，只有计划才是社会主义呢？计划和

① 毛泽东．毛泽东读社会主义政治经济学批注和谈话．北京：中华人民共和国国史学会，1998：804.

② 邓小平文选：第 3 卷．北京：人民出版社，1993：83.

市场都是方法嘛。只要对发展生产力有好处，就可以利用。它为社会主义服务，就是社会主义的；为资本主义服务，就是资本主义的。好像一谈计划就是社会主义，这也是不对的，日本就有一个企划厅嘛，美国也有计划嘛。"① 社会主义市场经济论已经呼之欲出了。在 1992 年的南方谈话中，邓小平系统地论述了社会主义市场经济论，指出："计划多一点还是市场多一点，不是社会主义与资本主义的本质区别。计划经济不等于社会主义，资本主义也有计划；市场经济不等于资本主义，社会主义也有市场。计划和市场都是经济手段。"② 社会主义市场经济论的提出，标志着中国经济体制改革理论达到一个崭新的阶段，也是中国特色社会主义政治经济学发展中的一个里程碑。

第二，突破性地提出了社会主义初级阶段论。按照马克思主义经典作家的设想，社会主义和共产主义是建立在高度发达的社会化大生产基础上的，但现实中的社会主义恰恰出现在社会生产力不发达的国家，不管是苏联还是中国都是如此。因此，科学把握社会主义发展的历史阶段，就显得特别重要。早在 1980 年 4 月邓小平就谈到了社会主义的阶段性问题："总起来说，第一，不要离开现实和超越阶段采取一些'左'的办法，这样是搞不成社会主义的。我们过去就是吃'左'的亏。第二，不管你搞什么，一定要有利于发展生产力。"③ 1981 年十一届六中全会第一次明确提出了"我们的社会主义制度还处于初级的阶段"的论断。十三大前夕，邓小平在同外宾的一次谈话中指出中国社会主义"处在初级阶段，是初级阶段的社会主义。社会主义本身是共产主义的初级阶段，而我们中国又处在社会主义的初级阶段，就是不发达的阶段。一切都要从这个实际出发，根据这个实际来制订规划"④。党的十三大对社会主义初级阶段论进行了详细论述。在

---

① 邓小平文选：第 3 卷．北京：人民出版社，1993：203.

② 邓小平文选：第 3 卷．北京：人民出版社，1993：373.

③ 邓小平文选：第 3 卷．北京：人民出版社，1993：312.

④ 邓小平文选：第 3 卷，北京：人民出版社，1993：252.

1992年的南方谈话中，邓小平对社会主义初级阶段论又做了进一步的阐述："我们搞社会主义才几十年，还处在初级阶段。巩固和发展社会主义制度，还需要一个很长的历史阶段，需要我们几代人、十几代人，甚至几十代人坚持不懈地努力奋斗，决不能掉以轻心。"[①] 社会主义初级阶段是中国最大的国情，为中国特色社会主义政治经济学的形成和发展奠定了基本事实依据和实践根基。

第三，突破性地提出了社会主义本质论。什么是社会主义，如何建设社会主义，是中国特色社会主义政治经济学最基本的理论问题。1980年5月邓小平在会见几内亚总统杜尔时首次提及社会主义本质，他说："社会主义是一个很好的名词，但是如果搞不好，不能正确理解，不能采取正确的政策，那就体现不出社会主义的本质……根据我们自己的经验，讲社会主义，首先就要使生产力发展，这是主要的。只有这样，才能表明社会主义的优越性。社会主义经济政策对不对，归根到底要看生产力是否发展，人民收入是否增加。这是压倒一切的标准。空讲社会主义不行，人民不相信。"[②] 在南方谈话中邓小平对社会主义本质做了系统表达："社会主义的本质，是解放生产力，发展生产力，消灭剥削，消除两极分化，最终达到共同富裕。"[③] 社会主义本质论遵循了历史唯物主义基本原理，反映了社会主义制度的基本属性，为中国特色社会主义发展开辟了广阔的理论和实践空间。

邓小平的社会主义市场经济论、社会主义初级阶段论和社会主义本质论，在国际共产主义运动史和中国社会主义发展史上都是突破性的理论贡献，对中国特色社会主义政治经济学的形成和发展极为重要，解决了中国特色社会主义政治经济学的核心理论问题，具有划时代的意义。

---

① 邓小平文选：第3卷．北京：人民出版社，1993：379－380.

② 邓小平文选：第3卷．北京：人民出版社，1993：313－314.

③ 邓小平文选：第3卷．北京：人民出版社，1993：379－380.

三、 中国特色社会主义政治经济学的深化

以邓小平同志为核心的第二代中央领导集体在思想层面突破了中国特色社会主义政治经济学的基本问题，这些思想必须通过转化为社会主义经济的制度基础和体制机制，才能成为改造现实世界的巨大力量。以江泽民为核心的第三代中央领导集体建立起了社会主义市场经济的基本框架，深化了中国特色社会主义政治经济学。

这一时期，中国特色社会主义政治经济学的深化和发展主要体现在以下四个方面。

第一，提出了建立社会主义市场经济体制的改革目标。在筹备党的十四大的过程中，尤其是1991年10月到12月，江泽民召集国内一批经济学家召开了11次座谈会，征求大家的意见，他主持了全部会议。这11次座谈会“比较充分地讨论和酝酿了我国经济体制选择和改革的目标，出现了‘社会主义市场经济’的倾向性提法，提出了市场在资源配置中起基础性作用的说法，对社会主义市场经济应具有的基本特征进行了较全面的讨论”①。1992年6月9日，江泽民在中央党校发表重要讲话，对十一届三中全会以来关于计划和市场问题的认识做了系统回顾，引出了“社会主义市场经济体制”的提法，激起强烈反响。同年6月12日，江泽民征求邓小平的意见，邓小平表示“赞成使用这个提法”②。1992年10月，党的十四大明确提出“我国经济体制改革的目标是建立社会主义市场经济体制，以利于进一步解放和发展生产力”③，并对社会主义市场经济体制给出了明确的解释：一是

---

① 陈君，洪南．江泽民与社会主义市场经济体制的提出：社会主义市场经济20年回顾．北京：中央文献出版社，2012：4.

② 陈君，洪南．江泽民与社会主义市场经济体制的提出：社会主义市场经济20年回顾．北京：中央文献出版社，2012：5.

③ 江泽民文选：第1卷．北京：人民出版社，2006：226.

市场对资源配置起基础性作用，二是市场经济要有宏观调控。1993 年 11 月党的十四届三中全会通过的《中共中央关于建立社会主义市场经济体制若干问题的决定》，提出了中国特色社会主义市场经济体制的总体框架。

第二，确立了社会主义初级阶段的基本经济制度。改革开放初期，我们党已经认识到在现有生产力状况下鼓励扶持个体经济发展的必要性，但当时的主流认识是，个体经济只能是公有经济的必要的补充。到了 1987 年党的十三大，“公有制经济必要的和有益的补充”的范围扩展到了私营经济、中外合资合作经济和外商独资经济。社会主义市场经济体制改革目标确立以后，我们党对所有制问题的认识大大向前推进了，十四大提出了“多种经济成分长期共同发展”，十五大提出了社会主义初级阶段的基本经济制度是“公有制为主体、多种所有制经济共同发展”，以及“非公有制经济是我国社会主义市场经济的重要组成部分”的论断，彻底突破了“主体—补充”思维模式，确立了“主体—共同发展”思维模式，从而实现了中国特色社会主义政治经济学所有制理论的重大突破。

第三，构建了社会主义初级阶段的基本分配制度。分配制度始终是随着所有制结构的变化而不断适应性调整的。改革开放初期允许个体经济发展的时候，在分配制度上提出允许一部分人、一部分地区先富起来。十三大在所有制结构上提出了“主体—补充”论，在分配制度上也相应形成了“主体—补充”论，即“以按劳分配为主体，其他分配方式为补充”，“在共同富裕的目标下鼓励一部分人通过诚实劳动和合法经营先富起来”。党的十五大提出了社会主义初级阶段的基本经济制度，在分配制度方面相应提出“坚持按劳分配为主体、多种分配方式并存的制度。把按劳分配和按生产要素分配结合起来，……允许和鼓励资本、技术等生产要素参与收益分配”，最终确立了社会主义初级阶段的基本分配制度。

第四，提出了公有制实现形式多样化的思想，并推进了公有制实现形式多样化实践进程。党的十五大突破了公有制仅有国有经济和集体经济两种存在形式的传统观点，认为“公有制经济不仅包括国有经济和集体经济，还包括混合所有制经济中的国有成分和集体成分”，社会主义也可以运用股份制，“不能笼统地说股份制是公有还是私有，关键看控股权掌握在谁手中”。对公有制的主体地位也有新论述：公有制的主体地位主要体现在公有资产在社会总资产中占优势，国有经济控制国民经济命脉，对经济发展起主导作用。而国有经济起主导作用，主要体现在控制力上。“在这个前提下，国有经济比重减少一些，不会影响我国的社会主义性质”。

四、 中国特色社会主义政治经济学的新开拓

以江泽民为核心的第三代中央领导集体确立了社会主义市场经济的基本框架，以胡锦涛为总书记的党中央提出了科学发展观。“科学发展观，第一要义是发展，核心是以人为本，基本要求是全面协调可持续，根本方法是统筹兼顾”[①]。从党的十六大到党的十八大，科学发展观的内涵不断丰富，实践效果不断显现。科学发展观的提出极大地丰富了中国特色社会主义政治经济学。

第一，“科学发展”是中国特色社会主义经济建设的主线。科学发展观强调发展是解决中国一切问题的“总钥匙”。胡锦涛在十七大报告精神研讨班上指出：“要深刻理解第一要义是发展。强调第一要义是发展，是基于我国社会主义初级阶段基本国情，基于人民过上美好生活的深切愿望，基于巩固和发展社会主义制度，基于巩固党的执政基础、履行党的执政使命做出的重要结论。”如何实现科学发展？党的十七届五中全会通过的《中共中央关于制定国民经济和社会发展第十二个五年规划的建议》指出，“更加注重以人为本，更加注重全面协调可持续发展，更加注重统筹兼顾，更加注重保障和改善民生，促进社会公平正义”。这反映了我们党对发展问题认识的深化。

第二，从哲学层面思考中国特色社会主义经济发展问题。科学发展观

① 中国共产党第十七次全国代表大会文件汇编．北京：人民出版社，2007：14.

是马克思主义关于发展的世界观和方法论的集中体现，体现了唯物史观关于生产力是人类社会发展基础的基本观点。生产力是人类社会发展的根本动力，党的一切奋斗，归根到底都是为了解放和发展社会生产力，不断改善人民生活。科学发展观把以人为本作为核心，把人民群众作为推动发展的主体力量，把满足人民群众不断增长的物质文化需要作为发展的根本出发点和落脚点；把全面协调可持续作为基本要求，强调全面推进经济建设、政治建设、文化建设、社会建设和生态文明建设，实现经济发展和社会全面进步；强调人与自然的和谐共生，提出建设资源节约型、环境友好型社会。所有这些思想都是唯物主义和辩证法在经济社会发展领域的运用，体现了中国特色社会主义政治经济学的人民性。

第三，科学发展观具有鲜明的向中国传统文化寻求资源支持的思想倾向。中国特色社会主义政治经济学需要吸收中华文化的精华，也就是习近平所强调的“中国智慧”。科学发展观从中华文化中寻求智慧资源。“以人为本”显然是中国古代“民为邦本”的治国理政思想的现代改造和提升，“和谐社会”思想明显是对中国传统文化中“和而不同”的发扬光大，可持续发展和生态文明建设思想显然是中国传统文化中“顺应自然”的现代利用。可见，中华文化基因是建构中国特色、中国风格、中国气派政治经济学的重要思想资源。

第四，引入经济思考的社会视角，提出构建和谐社会思想。改革开放以来经济的快速发展，有力地推动了中国经济现代化的历程，物质财富的快速增长解决了人民群众的基本物质需求，但是，社会进步往往与经济发展并不同步。为了解决社会建设滞后于经济发展所引发的诸多矛盾，以胡锦涛为总书记的党中央提出了构建社会主义和谐社会的任务。和谐社会建设突破了单纯着眼于“人”与“物”的关系，开始着眼于“人”与“人”的关系。2006年10月，在党的十六届六中全会第二次全体会议上胡锦涛明确指出：“社会和谐是中国特色社会主义的本质属性。这个重大判断，深化了对社会主义本质的认识。”马克思主义认为，未来理想社会是社会生产力和人的精神生活高度发展的社会，是每个人自由而全面发展的社会，是人与人和谐相处的社会，是人与自然和谐共生的社会。和谐社会的提出，体现了马克思主义政治经济学的本质。马克思主义认为，“经济学研究的不是物，而是人与人之间的关系，归根结底，是阶级和阶级间的关系”①；经济学研究中“涉及的人只是经济范畴的人格化，是一定的阶级关系和利益的承担者”②。

第五，在可持续发展的基础上明确了生态文明建设问题。以胡锦涛为总书记的党中央敏锐地意识到了自然规律对经济发展的制约。在2005年3月的中央人口资源环境工作座谈会上，胡锦涛首次使用了“生态文明”概念，2007年10月党的十七大首次明确提出了“建设生态文明”的任务。2007年12月胡锦涛在学习贯彻党的十七大精神研讨班上明确指出：“建设生态文明，实质上是要建设以资源环境承载力为基础、以自然规律为准则、以可持续发展为目标的资源节约型、环境友好型社会。”可持续发展和生态文明的提出，是对中国特色社会主义政治经济学发展的重大拓展，把人与自然的关系纳入了政治经济学的研究范围。基于生态文明视角，可以看出，经济发展不是单向度地张扬人的生产能力，而是在更高层次上实现人与自然的和谐统一。

五、 中国特色社会主义政治经济学的集成

党的十八大以来，我国经济改革和发展进入新阶段，面临的机遇和风险前所未有，以习近平为总书记的党中央领导集体，提出了一系列治国理政的新理念、新思想和新战略，极大地丰富了中国特色社会主义理论体系，推动了中国特色社会主义政治经济学的系统化，是马克思主义政治经济学中国化、时代化的最新成果。

① 马克思恩格斯文集：第2卷．北京：人民出版社，2009：604.

② 马克思恩格斯全集：第44卷．北京：人民出版社，2001：10.

第一，明确提出构建“中国特色社会主义政治经济学”，中国特色社会主义政治经济学已经开始成为一门植根中国实践、凝聚中国智慧的系统科学理论。2014 年 7 月在邀请经济学界专家座谈时，习近平提出各级党委和政府都要学好用好政治经济学。2015 年 11 月在主持中共中央政治局第二十八次集体学习时，习近平强调要立足我国国情和我国经济发展实践，揭示新特点新规律，提炼和总结我国经济发展实践的规律性成果，把实践经验上升为系统化的经济学说，不断开拓当代中国马克思主义政治经济学新境界。2015 年 12 月中央经济工作会议提出要坚持中国特色社会主义政治经济学的重大原则。从“政治经济学”到“当代中国马克思主义政治经济学”，再到“中国特色社会主义政治经济学”，无论是内涵还是外延，都一次比一次明确和具体，对马克思主义政治经济学中国化、时代化的认识越来越深化，理论自觉和理论自信达到了全新的高度。

第二，从历史逻辑的高度揭示了中国特色社会主义政治经济学的形成和发展过程。习近平指出，“我们党历来重视对马克思主义政治经济学的学习、研究、运用，在新民主主义时期创造性地提出了新民主主义经济纲领，在探索社会主义建设道路过程中对发展我国经济提出了独创性的观点，如提出社会主义社会的基本矛盾理论，提出统筹兼顾、注意综合平衡，以农业为基础、工业为主导、农轻重协调发展等重要观点。这些都是我们党对马克思主义政治经济学的创造性发展”；“党的十一届三中全会以来，我们党把马克思主义政治经济学基本原理同改革开放新的实践结合起来，不断丰富和发展马克思主义政治经济学，形成了当代中国马克思主义政治经济学的许多重要理论成果……这些理论成果，是适应当代中国国情和时代特点的政治经济学，不仅有力指导了我国经济发展实践，而且开拓了马克思主义政治经济学新境界”①。习近平的重要论述科学指明了中国特色社会主义政治经济学的理论基础、历史源流和发展方向，是构建中国化、时代化

① 习近平．立足我国国情和我国发展实践　发展当代中国马克思主义政治经济学．人民日报，2015－11－25.

的马克思主义政治经济学的基本遵循。

第三，提出了坚持和发展中国特色社会主义政治经济学的重大原则。习近平指出，“学习马克思主义政治经济学，是为了更好指导我国经济发展实践，既要坚持其基本原理和方法论，更要同我国经济发展实际相结合，不断形成新的理论成果”①。“不断形成新的理论成果”需要坚持六个重大原则。第一，坚持以人民为中心的思想，把增进人民福祉、促进人的全面发展、朝着共同富裕方向稳步前进作为经济发展的出发点和落脚点。这是马克思主义政治经济学的根本立场。第二，坚持创新、协调、绿色、开放、共享五大新的发展理念，不断破解经济社会发展难题，开创经济社会发展新局面。第三，坚持和完善社会主义基本经济制度。毫不动摇地巩固和发展公有制经济，坚持公有制的主体地位和国有经济的主导作用；毫不动摇地鼓励、支持、引导非公有制经济发展；推动各种所有制取长补短、相互促进、共同发展。这是全体人民共享发展成果、巩固共产党的执政地位、坚持社会主义制度的重要制度保证。

第四，坚持和完善社会主义基本分配制度。努力推动居民收入增长和经济增长同步、劳动报酬提高和劳动生产率提高同步，不断缩小收入差距。第五，坚持社会主义市场经济改革方向。坚持中国特色社会主义政治经济学的历史逻辑辩证法、两点论，继续在社会主义基本制度与市场经济的结合上下功夫，把两方面优势都发挥好。第六，坚持对外开放基本国策。统筹国内国际两个大局，利用好国际国内两个市场、两种资源，发展更高层次的开放型经济，积极参与全球经济治理，同时坚决维护我国发展利益，积极防范各种风险，确保国家经济安全。

第五，从理论逻辑的高度提出了中国特色社会主义政治经济学的理论框架。习近平治国理政的重要论述，既继承了马克思主义政治经济学的基本原理，凝聚了改革开放以来马克思主义政治经济学中国化、时代化的一

① 习近平．立足我国国情和我国发展实践　发展当代中国马克思主义政治经济学．人民日报，2015-11-25.

系列重要成果，又与时俱进，开拓创新，形成了中国特色社会主义政治经济学的逻辑线索和结构体系。第一，坚持人民立场，构建劳动人民的政治经济学，这是马克思主义生产观点、阶级观点和群众观点的科学运用和生动体现。第二，研究对象是中国生产关系变革和经济发展，任务是揭示三大规律：中国特色社会主义建设所应遵循的自然规律、经济规律和社会规律。习近平总书记指出："发展必须是遵循经济规律的科学发展，必须是遵循自然规律的可持续发展，必须是遵循社会规律的包容性发展。"第三，理论基石或者逻辑起点是社会主义初级阶段论。离开社会主义初级阶段论，其他一切论断都将失去根基，失去理论解释力。第四，两大主体理论是社会主义本质论和社会主义市场经济论，主线是经济社会发展，基本理念是创新、协调、绿色、开放、共享。第五，理论逻辑终点是促进社会公平正义、逐步实现全体人民共同富裕。

马克思主义不是僵化的理论，而是一个开放的理论体系，中国特色社会主义政治经济学将在全面深化改革和全面建成小康社会的新征程上不断丰富和发展，不断总结、提炼出新经济结构、新运行方式、新经济形态蕴含的新经济规律。习近平强调："马克思主义必定随着时代、实践和科学的发展而不断发展，不可能一成不变，社会主义从来都是在开拓中前进的。坚持和发展中国特色社会主义是一篇大文章，邓小平同志为它确定了基本思路和基本原则，以江泽民同志为核心的党的第三代中央领导集体、以胡锦涛同志为总书记的党中央在这篇大文章上都写下了精彩的篇章。现在，我们这一代共产党人的任务，就是继续把这篇大文章写下去。"①

（原载于《政治经济学评论》2016 年 7 月第 7 卷第 4 期）

① 习近平．毫不动摇坚持和发展中国特色社会主义在实践中不断有所发现有所创造有所前进．人民日报，2013－1－6.

论中国特色社会主义政治经济学理论来源

王立胜　郭冠清

一、引论

在中国特色社会主义政治经济学形成和发展中[①]，有一个难以回避的问题，那就是它的理论来源是什么？对于这个问题，就作者掌握的文献看，虽然一些媒体报道、讲座和研讨会中多有涉及，但迄今为止尚未有系统论述的文献出现。如果说将“马克思主义政治经济学”作为其理论来源是一个普遍共识的话，那么西方经济学是否应该列为其理论来源应该说是一个重大分歧点。一些学者认为西方经济学代表了人类文明的成果，要建设“市场经济”，怎么能离开揭示了市场经济“普遍规律”的西方主流经济学呢？这一点可以从王东京在中央党校省部级培训班上的讲话中清楚地看出。而另一些学者对西方经济学不屑一顾，认为它除了意识形态和描述表面现象外，毫无可取之处，应该将它扔进“历史的垃圾箱”中。持这种观点的学者大多认为，应该将“西方异端经济学”列入理论来源。那么，中国特色社会主义政治经济学的理论来源究竟应该是什么呢？[②] 为厘清这个问题，我们需要从其本身含义出发进行梳理。笔者认为，作为马克思主义政治经济学与中国实际相结合的中国特色社会主义政治经济学至少包含三方面的

① 王诚，李鑫．中国特色社会主义经济理论的产生和发展．经济研究，2014（6）．

② 韩庆祥，张健．中国特色社会主义建设的内在逻辑与发展趋向．中国社会科学，2012（3）．

含义：第一是马克思主义政治经济学，这是它的理论基础，其来源于马克思主义经典作家著作。第二是中国的实际，这是它的实践基础，其来源于中国特色社会主义建设和我国的传统文化。之所以将传统文化也列入进来，那是因为传统文化本身也是中国实际的一部分。第三，马克思主义政治经济学与中国实际的结合。这种结合既需要借鉴其他社会主义国家实践经验和失败教训，清理其留下的遗产，也需要批判地吸收资本主义国家“价值取向”以外的文明成果。由此，我们可以将中国特色社会主义政治经济学理论来源概括为五个方面：马克思主义经典作家的著作、苏联东欧社会主义建设的理论遗产、非马克思主义经济学的文明成果、中国传统文化的“基因”和中国特色社会主义建设的理论成果。

二、 马克思主义经典作家的著作

尽管马克思主义经典作家的著作是中国特色社会主义政治经济学的当然理论来源，但是，要形成中国特色社会主义市场经济的“系统化学说”，仍然有许多工作要做，其中最重要的是论证马克思对资本主义批判的理论体系，这依然可以作为中国特色社会主义市场经济的理论基础。

（一）“以人为本”是中国特色社会主义政治经济学的立足点和出发点

在1844年的《巴黎手稿》中，马克思对资本主义制度“人性的异化”进行了哲学批判。在《德意志意识形态》中马克思完成了从哲学批判向政治经济学批判的转变，并借助这一转变，在《资本论》中通过“剩余价值理论”论证了资本主义制度的“人性异化”必然性。在《德意志意识形态》《共产党宣言》《资本论》《哥达纲领批判》等著作中，马克思在批判资本主义制度“人性异化”的基础上，以“人性的复归”为目标，将共产主义的本质描述为“自由人的联合体”，并强调只有生产力得到极大发展、物质精神财富极大丰富，才能实现每个人自由而全面的发展。通过马克思的

"异化学说"可以看出，在一个"人性异化"的资本主义社会不可能做到"以人为本"，而只有到了"人性复归"的"未来的社会"才有可能出现。

需要说明的是，马克思的《资本论》是以西欧各国（更准确地说是英国）这一农民被完全剥夺的资本主义生产方式为代表所做的分析①，一般意义上的"农民"在那里是"农业的工人"，"无产阶级"与"人民群众"基本等同，代表"无产阶级利益"事实上就是代表"人民群众的利益"，因为在西欧，"其余的阶级都随着大工业的发展而日趋衰落和灭亡，无产阶级却是大工业本身的产物"②。

（二）唯物主义历史观为正确认识人类社会提供了科学的历史观和方法论

马克思最伟大的发现是创立了唯物主义历史观，它为我们正确认识人类社会提供了科学的历史观和方法论。唯物主义历史观以"物质生产"为出发点，以生产力发展为主线，揭示了人类社会演变的规律。在《德意志意识形态》中，马克思、恩格斯对人类社会演变的三种所有制形态进行了开拓性研究。在《〈政治经济学批判〉序言》中，马克思再次对社会形态进行了论述，并提出了具有深远意义而又常常在实践中被忽略的"两个绝不会"，即"无论哪一个社会形态，在它所能容纳的全部生产力发挥出来以前，是决不会灭亡的；而新的更高的生产关系，在它的物质存在条件在旧社会的胎胞里成熟以前，是决不会出现的"③。在《资本论》中，马克思对"社会经济形态的发展自然历史过程"做了详细的论述，但是，对于我们认识社会演变的规律，是否可以跳过的问题，马克思讲道："一个社会即使探索到了本身运动的自然规律，——本书的最终目的就是揭示现代社会的经济运动规律，——它还是既不能跳过也不能用法令取消自然的发展阶段。"④

---

① 马克思恩格斯全集：第 19 卷．人民出版社，1963：268，24，268，326.

② 马克思恩格斯全集：第 19 卷．人民出版社，1963：268，24，268，326.

③ 马克思恩格斯全集：第 31 卷．2 版．人民出版社，1998：413.

④ 马克思．资本论：第 1 卷；马克思恩格斯全集．2 版：第 44 卷．人民出版社，2003：9－10.

需要注意的是，马克思在晚年对于西欧发达社会以外落后国家社会主义道路问题，进行了更多的思考，反对将他发现西欧历史进程的意义扩大化，认为“这一运动的‘历史必然性’，明显地限于西欧各国”[①]。马克思在1882年《共产党宣言》俄文版序言中，对于“俄国公社，这一固然已经大遭破坏的原始土地公共占有形式，是能够直接过渡到高级的共产主义的公共占有形式呢？或者相反，它还必须先经历西方的历史发展所经历的那个瓦解过程呢?”[②]，做出了明确的回答：“对于这个问题，目前唯一可能的答复是：假如俄国革命将成为西方无产阶级革命的信号而双方互相补充的话，那么现今的俄国土地公有制便能成为共产主义发展的起点。”[③] 可见，马克思除了对于西欧发达资本主义国家社会主义革命“共同胜利”论断外，还有对落后国家社会主义革命是否能“一国胜利”的思考。

马克思、恩格斯关于社会演变规律的揭示逐渐被我国所认识。1981年党的十一届六中全会通过的《关于建国以来党的若干历史问题的决议》指出，“我们社会主义还是处于初级阶段”，我们不能逾越生产力的发展阶段。在党的十二届三中全会上更是直接指出了“商品经济的充分发展是社会经济发展的不可逾越的阶段”，而在党的十四大报告中直接确立了建设“中国特色社会主义市场经济”。

需要强调的是，马克思晚年的“跨越卡夫丁峡谷”思考，亦即对于经济落后的国家，“正因为它和资本主义生产是同时存在的东西，所以它能够不经受资本主义生产的可怕的波折而占有它的一切积极成果”[④]，对我们借鉴资本主义社会的文明成果更好地建设中国特色社会主义提供了理论的依据，而恩格斯的“所谓‘社会主义社会’不是一种不变的东西，而应当和

---

① 马克思恩格斯全集：第19卷．北京：人民出版社，1963：268，24，268，326，326.

② 马克思恩格斯全集：第19卷．北京：人民出版社，1963：268，24，268，326，326.

③ 马克思恩格斯全集：第19卷．北京：人民出版社，1963：268，24，268，326，326.

④ 马克思恩格斯文集：第3卷．北京：人民出版社，2009：571.

任何其他社会制度一样，把它看成是经常变化和改革的社会”[①]，也为中国特色社会主义建设的“创新”提供了理论的依据。

（三）剩余价值理论同样适用于中国特色社会主义市场经济

学术界普遍认为，马克思对资本主义生产方式的批判是有力的，对市场经济“自发性、盲目性和滞后性”的批判是深刻的，对资本主义产生经济危机的预见是被实践所证实的，但是对于被称之为“病理学”的理论能否用于指导我国“市场经济”的建设，不少学者持有怀疑的态度。本文通过与西方经济学比较，论证剩余价值理论同样适合于中国特色社会主义市场经济。

我们知道，西方经济学的整个理论大厦建立在“经济人”假说的基础之上，我们在批判它严重脱离现实时，也不能不看到它也许是对市场经济中人类经济行为最好的抽象。就笔者掌握的文献来看，马克思对亚当·斯密的“经济人”假设并没有给予批判，相反，在《资本论》中马克思也做出了类似的假设。他在《资本论》序言中讲道，“不过这里涉及的人，只是经济范畴的人格化”[②]。注意“经济范畴的人格化”在马克思亲自校对的法文版中将德文版中的“Personifikation konomischer Kategorien”[③] 正常字体改为了斜体“*Personnification de catégorieséconomique*”[④]，以示强调。在《资本论》正文中，马克思多次将资本家称作是“人格化的资本”，这不过是马克思异化学说的自然推论。

在理论基础上，一些学者过多地关注了劳动价值论的价值取向，而事实上它与西方经济学“均衡价格论”一样都能经得起“科学”的检验，尤

---

① 马克思恩格斯文集：第 10 卷．北京：人民出版社，2009：581.

② 马克思．资本论．北京：中国社会科学出版社，1983：4.

③ Karl Mark/Friedrich Engels Gesamtausgabe，Das Kapital，Sozialistischen Einheitspartei Deutschlands，Dietz Verlag Berlin，Band 5，1983，p. 14.

④ Karl Mark/Friedrich Engels Gesamtausgabe，Le Capital，Paris 1872 – 1875，Sozialistischen Einheitspartei Deutsch – lands，Dietz Verlag Berlin，Band 7，1989，p. 14.

其重要的是，马克思的劳动价值论不仅包含着对价格背后原因的本质解释，而且还包含着对“自由、平等”背后隐藏的“不平等”的揭示。值得深思的是，如果去掉价值理论一章，结果会怎样呢？马克思在1868年7月11日致路德维希·库格曼信中讲道，“即使我的书中根本没有论‘价值’的一章，我对现实关系所做的分析仍然会包含有对实在的价值关系的论证和说明”[①]。

众所周知，“生产”是市场经济最重要的组成部分。西方经济学通过追求“利润最大化”厂商的行为对生产进行了超越历史的一般性描述，除了“边际成本等于边际收益”等几个现代工具以外，我们很难找到有助于理解市场经济“生产”内容，因为在西方经济学里，生产不是主要内容，企业不过是一个黑箱而已。马克思却不同，他借助于唯物主义历史观原理，以《资本论》第一卷“相对剩余价值生产”一篇为核心，为我们搭建了一个熊彼特称之为“逻辑与历史化学融合”[②] 的生产演进动态框架，在这个框架中，我们不仅看到了资本主义市场经济不可避免带来的“人性异化”，而且也看到了人格化资本在追求剩余价值最大化时对社会生产力发展的促进。马克思的生产理论，在去除了“价值取向”内容后，同样适用中国特色社会主义市场经济。

由于市场经济的“生产”不是为自己而生产，“交换”自然成了重要的组成部分。西方经济学抛弃了古典经济学在交换方面的重要成果，而转向了借助于数学工具对资本主义制度“合理性”的论证，对于市场经济的实践没有多大意义。马克思吸收了古典经济学有价值的内容，放弃了《经济学手稿（1857—1858）》中生产决定交换，政治经济学主要研究生产的最初构想，在《资本论》第二卷中，对资本的交换（即流通过程）进行了专门的研究。马克思详细地考察了资本主义扩大再生产的过程，对生产资料和

① 马克思恩格斯全集：第32卷．北京：人民出版社，1963：540.

② 熊彼特．资本主义、社会主义与民主中译本．北京：商务印书馆，1999.

消费资料两大部类的生产顺利实现的条件进行了周密考察，论证了生产资料生产优先增长的规律，建立了完整的交换理论，并在扩大再生产分析中形成了另一个成果——经济危机理论。马克思的交换理论，不仅是苏联模式社会主义“有计划按比例生产”的直接理论来源，而且也将作为中国特色社会主义政治经济学交换理论的来源。值得强调的是，马克思在经济思想史上，第一次将静态分析动态化、短期分析长期化，建立了第一个经济增长理论模型。西方经济学家哈罗德和多马在认真研究了《资本论》后，构建了著名的哈罗德—多马模型，马克思成为现代增长理论的当然鼻祖。

“分配”是市场经济的不可或缺部分，西方主流经济学的研究对象就是“资源配置”。西方经济学借助“边际”这一现代工具，将资源配置贯穿于整个理论体系之中，并以“欧拉定理”论证了资本主义在分配上的合理性。马克思却不同，他在《资本论》第三卷中，对于剩余价值转换为利润、利润的平均化、地租的形成，以及在这个过程中资本形态的转换、资本的虚拟化、社会资本的形成等进行了深入的研究，对于市场经济的资源配置给出了更科学的论证。不过，需要指出的是，《资本论》中基于劳动的收入就是劳动力价格这一前提，没有给予劳动者参与剩余价值分配留下空间，而这一点恰恰是中国特色社会主义市场经济分配中关键的内容，我们需要加强“劳动循环”的研究。

总的来说，马克思为我们构建了一个比西方经济学更实用、更科学的市场经济动态分析框架，剩余价值理论同样适用于中国特色社会主义市场经济。需要注意的是，我们在以剩余价值理论为基础构建市场经济理论框架时，需要从批判角色转换为建设角色，丰富和发展马克思的“劳动学说”。

（四）《反杜林论》对中国特色社会主义政治经济学建设的指导意义

《反杜林论》对中国特色社会主义政治经济学建设的指导意义主要体现在以下几个方面：

第一，对政治经济学研究对象的定义。对于政治经济学的研究对象，恩格斯在《反杜林论》第二篇政治经济学的“对象和方法”一节中，纠正了他在《卡尔·马克思的〈政治经济学批判〉》中所做的“政治经济学研究的不是物，而是人与人之间的关系”[①] 的早期思想，对我们学术界称之为广义政治经济学的研究对象进行了清晰、准确，而且与《资本论》逻辑一致的论述。按照恩格斯的定义，政治经济学是一门“研究人类各种社会进行生产和交换并相应地进行产品分配的条件和形式的科学”[②]。

第二，对政治经济学的“历史”性质的论述。恩格斯在《反杜林论》第二篇政治经济学的“对象和方法”一节中，对政治经济学的“历史”性质做了详细的论述，恩格斯讲道：“人们在生产和交换所处的条件，各个国家各不相同，而且在每一个国家里，各个世代又各不相同。因此，政治经济学不可能对一切国家和一切历史时代都是一样的。……谁要想把火地岛的政治经济学和现代英国的政治经济学置于同一规律之下，那么，除了最陈腐的老生常谈以外，他显然不能揭示任何东西。因此，政治经济学本质上是一门历史的科学。”[③]

第三，对唯物主义历史观的重新表述。在《反杜林论》第三篇的社会主义“理论”一节的开头，恩格斯讲道：“唯物主义历史观从下述原理出发：生产以及随生产而来的产品交换是一切社会制度的基础；在每个历史地出现的社会中，产品分配以及和它相伴随的社会之划分为阶级或等级，是由生产什么、怎样生产以及怎样交换产品来决定的。所以，一切社会变迁和政治变革的终极原因，不应当到人们的头脑中，到人们对永恒的真理和正义的日益增进的认识中去寻找，而应当到生产方式和交换方式的变革中去寻找。不应当到有关时代的哲学中去寻找，而应当到有关时代的经济

① 马克思恩格斯全集．第26卷.2版．北京：人民出版社，2014：154－155，157.

② 马克思恩格斯全集：第13卷．北京：人民出版社，1960：533.

③ 马克思恩格斯全集．第26卷.2版．北京：人民出版社，2014：154－155，157.

中去寻找。”

这一表述，与《资本论》德文版和法文版注释中对唯物主义历史观的重新表述一样[①]，纠正了我国学者误把《〈政治经济学批判〉序言》中马克思正在形成中的思想当作经典表述的偏差。

第四，构建了不同历史阶段的政治经济学理论体系。按照政治经济学的“历史”性质，恩格斯在第二篇和第三篇中构建了分属于资本主义阶段和社会主义阶段的政治经济学理论体系。其中社会主义部分包含历史、理论、生产、分配，以及国家、家庭、教育五小节内容。在这个体系中没有交换和消费，主要是因为在马克思和恩格斯设想的社会主义社会是生产力高度发达的社会，交换和消费建立在计划的基础上，不存在是否能顺利实现的问题，生产和分配才是关键问题。恩格斯对政治经济学理论体系建设的“历史”考虑，为我们根据我国社会主义所处的阶段和我国的国情，构建中国特色社会主义政治经济学提供了理论的依据。

（五）《帝国主义论》等对马克思和恩格斯理论的发展

在马克思和恩格斯之后，列宁的《帝国主义论》是利用唯物主义历史观对进入垄断阶段以后的资本主义进行分析的典范，它的一些重要论点已为两次世界大战的历史所证实，是一部马克思主义的经典著作，可以作为中国特色社会主义政治经济学国际市场理论的一个来源。斯大林的《苏联社会主义经济问题》结合苏联社会主义建设的实际，对于社会主义时期是否进行商品生产、是否全部采用全民所有制等进行了深入分析，对于社会主义政治经济学许多重要问题进行了有益探索，丰富和发展了《反杜林论》相关内容。

---

① 马克思恩格斯全集．2版．第26卷．人民出版社，2014：284.

三、 苏联东欧社会主义建设的理论遗产

虽然苏联剧变和东欧解体给世界共产主义运动蒙上了阴影，但是它们对于“特色社会主义”道路的艰辛探索，为中国特色社会主义建设留下了宝贵的理论遗产。

（一）列宁领导的俄国特色社会主义实践

如果说列宁在全然不知马克思晚年对落后国家的社会主义道路问题的探讨①，提出的社会主义革命可以在资本主义比较薄弱的国家率先实现（即“一国胜利论”）是理论创新的话，那么毫无疑问，列宁在“战时共产主义”之后，领导俄国所实施的“新经济政策”是“特色社会主义”最早的实践。

1921 年春，面对“战时共产主义”后期出现的日益扩大的各种冲突，列宁发现，在一个小农经济主导的落后农业国直接向共产主义理想社会过渡，严重脱离了俄国的客观条件。“我们原打算（或许更确切地说，我们是没有充分根据地假定）直接用无产阶级的法令，在一个小农国家里按照共产主义原则来调整国家的生产和分配。现实说明，我们犯了错误”②。于是，他力排众议，坚定地从“战时共产主义”转向“新经济政策”，领导俄国开始“特色社会主义”建设。

以 1921 年 3 月 16 日俄共（布）十大全俄中央执委会主席团正式通过的《关于以实物税代替粮食和原料收集制》的法令为标志，俄国特色社会主义建设正式拉开了序幕。余粮征集制用实物税来代替，并允许农民将剩余产品换成小工业品，解放了农业的生产力，将农民的积极性调动了起来。但是，由于刚开始工农之间、城乡之间的交换仍然由国家统一组织进行产品

① 郭冠清．回到马克思：政治经济学核心命题的重新解读（上）：以《马克思恩格斯全集》历史考证版第二版（MEGA2）为基础．经济学动态，2015（5）．

② 列宁全集：第 33 卷．北京：人民出版社，1984：42，73.

交换，农民所交换的也只是剩余的产品，“战时共产主义”计划经济痕迹明显，其作用仍然有限。列宁很快发现了存在的问题，在《莫斯科省第七次党代表会议》上，满怀激情地讲道：“我们必须认识到，我们所做的退却是不够的，我们必须退却，再向后退，从国家资本主义转到国家调节商业和货币流通。”① 从商品交换到商品买卖、货币流通，俄国的经济开始活跃起来，工业得到了恢复，人民生活初步得到改善。1922 年 4 月俄国十二大通过的《关于工业的决议》，更是明确地指出了新经济政策的“市场经济”特征：“既然我们已经转而采取市场的经济形式，国家就一定要给各个企业在市场上从事经济活动的各种必要自由，而不希望用行政手段来代替它。”② 在列宁离世前的“政治遗嘱”里，对于一个小农经济占优势的落后的国家，如何引导农民走向社会主义道路问题这一难题，列宁提出了一个比较完整的“合作计划”，即通过与商品生产的合作制而不是采取高度集中的国家农场或公社制，引导农民积极参加社会主义建设。

列宁领导的俄国特色社会主义实践为我们探索出一条在政治、经济相对落后的国家如何进行社会主义建设的道路，那就是将马克思主义与本国的实际相结合，根据生产力所处的阶段和本国的国情，寻找适合的发展道路。

（二）东欧对特色社会主义建设的艰辛尝试③

前东欧国家对于社会主义与市场制度结合的最初探索可以追溯到我们熟知的波兰经济学家兰格的“市场社会主义”。1936 年兰格（Lange，Oskar，1936—1937）发表了《社会主义经济理论》一文，他在假定存在劳动市场和消费品市场的前提下，借助于新古典方法，将瓦尔拉斯搜索过程的现实版本即试错法视为一个发生在真实的历史时期的市场价格实现过程，以此回答了米塞斯和哈耶克的责难。尽管兰格的论证使用的是新古典方法，

① 列宁全集：第 33 卷．北京：人民出版社，1984：42，73.

② 鞠立新．论列宁晚期关于社会主义经济运行机制思想的重大转变．经济研究，1992（5）.

③ 本小节主要参考了杨春学主持的中国社会科学院重点课题《对 20 世纪“社会主义经济核算大争论”的反思》的结项报告。

但是他至少从理论上证明了社会主义可以利用市场经济来实现资源的有效配置，这可以看作是社会主义与市场经济结合的最初原型。

尽管市场社会主义理论为传统社会主义模式的改变提供了理论的框架，但是斯大林的专制并没有给兰格的市场社会主义理论留下任何实践的空间。20 世纪 50 年代初，斯大林逝世以后，对“苏联模式”下经济实绩的不满在其他国家公开化，出现了改变传统计划经济模式的思想倾向，于是，一些学者开始反思这种模式，并试图对它运行的机制进行重新设计，以解决经济核算和资源配置的扭曲问题。这种反思的核心思想是：如何在计划经济中引入市场因素，以此完善计划的实施。

市场社会主义第一次登上试验的舞台，出现在 20 世纪 50 年代初期的南斯拉夫。南斯拉夫的共产党在既无“命令体制”社会主义模式可沿用，又无革命时抛弃的资本主义道路可选择的情况下，走上了独立探索社会主义模式的道路。经过十几年的探索[①]，以 1965 年的经济改革为标志，逐步确立了工人自治的市场社会主义经济制度模式。这种模式的主要特点是工人参与企业管理、计划与市场结合，以及政府权力下放，这种模式的最伟大之处是社会主义国家第一次将市场作为资源配置主要方式的大胆尝试。这种模式在经历了对“命令体制”不满释放的活力之后，由于所有制形式超越社会发展规律、缺乏市场经济中赖以存在的“微观主体”、资本市场和劳动力市场等内生缺陷，逐渐从促进经济的发展演变为将经济带入泥潭的根源。

匈牙利对社会主义制度下计划与市场有机结合的探索也很有借鉴意义。1956 年匈牙利力图摆脱“苏联模式”来振兴社会主义的改革，遭到了苏联的镇压，造成了匈牙利悲剧。后来到了 20 世纪 60 年代又进行悄悄的改革，采用了新的经济体制（1968—1979），并取得了一定的成效。这种模式的主要特点是在计划经济起主导作用的条件下将计划和市场有机结合起来。毫

---

① 参看左大培、裴小革《世界市场经济概论》第六章中的介绍。

无疑问，在生产力并不发达的情况下，试图通过在计划经济中引入市场的方法来解决资源稀缺问题，由于缺乏有效的资本市场等内生缺陷，最终也不得不以失败而告终。

在南斯拉夫和匈牙利进行市场社会主义试验的同时，市场社会主义的缔造者兰格也在领导着波兰的改革，并与布鲁斯等一道创造了“含市场机制的集中计划和分散管理相结合”的波兰分权模式。而与波兰的改革相呼应，捷克斯洛伐克也在进行着试图弥补兰格模式中忽视“激励”因素的改革，然而，波兰和捷克斯洛伐克弥漫光环的改革，还没有来得及绽放就在苏联的镇压下凋谢了。由于波兰和捷克斯洛伐克的改革还没有真正开始就中断了，它为我们留下了理论遗产是兰格等对市场社会主义理论所做的探索和对未来社会的设想。

四、 我国传统文化的 “基因”

尽管我国的传统文化对于中国特色社会主义建设发挥着重要的作用，但是要将存在于中华文明之中而且仍然对当今有着重大影响的传统文化“基因”梳理出来并非易事，因此，本文不着眼于传统文化的经典论述，即不试图从以民为本的哲学观、天人合一的宇宙观、共同富裕的公平观、和而不同的社会观等观念中寻找中国特色社会主义建设的一些理论来源，而是寻找为中国特色社会主义建设注入生生不息源动力的有别于西方文化的传统文化“基因”，本文将这些传统文化“基因”归结于我国特殊的价值模式和伦理模式。

（一）集体主义的价值模式

在西方国家，宗教信仰者把上帝看作是唯一的信仰，甚至为了信奉唯一的上帝反对与任何一个具体的人有过分亲近的倾向，包括父母和兄弟，这种热爱上帝而疏离具体的人的倾向超脱了对血缘和拟血缘的依赖，表现出个人主义的行为倾向。在我国，由于缺乏像上帝这样超越现实的权威，加上“三纲五常”等的教义传统，个人无法超脱对血缘和拟血缘的依赖，表现出对家庭、家族、亲戚、朋友等集体的爱，形成了集体主义的价值模式。如果我们使用 Hofstede 跨国调查得到的数据，以个人主义和集体主义作为变量进行定量描述的话（其取值超过 50 的社会是个人主义社会，低于 50 的社会是集体主义社会），美国是一个典型的个人主义社会，其值为 91；我国是一个典型的集体主义社会，其值为 20。

个人主义与集体主义价值模式差异对企业规模影响是明显的。在个人主义社会里，由于人与人之间交往不受关系限制，企业规模的扩大对交易成本影响不大，可以组织较大规模的企业，有利于实现规模经济和范围经济，而相反，在集体主义社会里，由于人与人之间交往对血缘和拟血缘关系的依赖，企业规模的扩大必然导致交易成本升高，从而影响了规模企业的建立，许多本可以在企业内部完成的交易转向市场。集体主义社会中家族企业或拟家族企业的盛行，以及关系链条建立的普遍性是一个明显的证明。

在农村实施家庭承包联产责任制是结合我国价值模式的典范。20 世纪中后期人民公社的建立，打破了合作社自愿加入和退出的效率机制，将重复博弈演变成了一次性博弈，当这种组织形式超出了我国价值模式所决定的效率边界时，以偷懒为主要特征的机会主义行为不可避免产生。相反，以家庭为单位的联产承包责任制家庭成员目标一致，监督的成本很低，大大提高了劳动生产力。

在中国特色社会主义政治经济学“生产”和“交换”篇章中，我们需要考虑集体主义价值模式对组织形式、企业规模、流通过程等的影响，设计出交易成本较低、促进生产力发展的制度安排。

（二）长期导向的伦理模式

在儒家思想的熏陶下，我国形成了节俭、积累、容忍、传统、追求长期稳定生活的伦理模式，这种基于东方文化层面的文化模式被 Hofstede 纳入到他的文化维度之中，并冠之以“长期导向或儒家动力”的名称。根据 Hofstede 的调查（取值超过 50 的社会是长期导向的社会，低于 50 的社会是短期导向的社会），我国是一个典型的具有长期导向的社会，其值为 118，菲律宾是一个典型的短期导向的社会，其值为 16。

伦理模式对经济的影响是显而易见的。就交易成本而言，在长期导向的社会中，人们倾向于建立长期的合作关系，而在短期导向的社会中人们往往更关注当前交易的剩余，于是，在长期导向的社会中，交易多发生在关系网络中，即使这种交易的价格与市场中相比，可能不是最优。就经济增长而言，邹恒甫的研究发现，基于儒家思想传统的“积累欲和节俭观”对于经济增长具有真实的影响，孔泾源和郭冠清的研究也得出了类似的结论。

在中国特色社会主义政治经济学构建中，除了在生产和交换篇章中需要考虑伦理模式的影响外，可以将伦理模式作为经济增长理论的内生变量去研究。

五、 非马克思主义经济学的文明成果

为了丰富和发展中国特色社会主义政治经济学，对于人类文明成果，“我们需要比天空更宽阔的胸怀”去吸收和借鉴。

（一）借鉴和吸收西方主流经济学具有“工具取向”的文明成果

西方主流经济学的两面性是非常明显的，一方面它带有资本主义的意识形态，试图对资本主义制度的永恒性和合理性进行论证，另一方面它对市场经济的运行机制的探索经过了几十代人的努力，形式上已经非常完整。我们应该积极地借鉴和吸收的是它“工具取向”的合理内容。具体而言，主要有几个方面。

第一，对于马克思所处时代无法运用数学模型表述内容，借助于西方经济学工具进行精确表述。在这一方面，吴易风、白暴力已经做了大量工作，但是仍有一些内容可以借助西方经济学工具进行表述。例如在《资本论》第一卷“相对剩余价值生产”一篇中马克思关于机器与劳动替代关系的论述事实上可以用西方经济学的资本与劳动边际替代率相等精确表述。

第二，借鉴西方主流经济学的具有“工具取向”的成果，丰富和发展马克思的资本生产、交换和分配内容。吸收西方主流经济学在人力资本方面的研究成果，丰富和发展马克思的劳动循环理论。

第三，将西方主流经济学稳定经济的工具结合我国实际进行改造后，纳入到我国的宏观经济管理的工具箱中。例如由新凯恩斯主义和新古典主义联姻构建的新兴的新古典综合学派在治理通货膨胀方面具有卓越的表现，将提高我们驾驭市场经济的能力，应该纳入我们的工具箱中。

（二）批判地借鉴西方非主流经济学一些文明成果

西方异端经济学的主流以“制度—历史—社会结构”来代替西方主流经济学的“理性—个人主义—均衡世界观”，并试图从各自不同的角度发展一种替代性的分析框架。这些不同视角的研究，提高了我们认识市场经济的能力，对中国特色社会主义政治经济学建设无疑具有一定的理论价值。另外，西方异端经济学主流的整体主义、进化主义方法论、对制度和社会结构的重视，与马克思主义的分析方法颇有相似之处，更容易在马克思主义经济学框架下进行整合，对此我们应该采取批判借鉴态度。

（三）借鉴和吸收国民经济学合理的内容

经济学的国别特色，决定了我们在借鉴人类文明成果时，不仅要重视“世界主义经济学”，而且更要重视“国民经济学”。其影响最大和最有借鉴意义的国民经济学理论，当属历史学派的先驱李斯特的国民经济学。

在李斯特看来，“世界主义经济学”由于忽略了“国家”的存在，对于财富本身（价值）给予了过多的研究，而忽视了对产生财富原因（生产力）的研究。由于“财富的生产力比之财富本身，不晓得要重要多少倍”[①]，李斯特主张“国民经济学”应该把主要精力放在研究和分析财富的原因上来。既然财富的生产比财富本身更重要，那么，应该如何发展这种生产能力呢？李斯特在《政治经济学的国民体系》中，提出了一套相对完整的“国民生产力学说”。

国民经济学的另一个充满智慧的地方是，李斯特以“国民生产力学说”为基础，提出了“保护幼稚工业”为主要特征的“国际战略贸易理论”。需要强调的是，李斯特的贸易保护理论与主张国家干预的重商主义理论完全不同，它是按照国家发展的不同阶段，有选择性地采取不同措施的“干预”，它以国民生产力能够发展为前提，而且还建立在国内贸易完全自由的基础之上。对此，李斯特讲道：“保护制度必须与国家工业的发展程度相适应，只有这样，这个制度才会有利于国家的繁荣。对于保护制度的任何夸张都是有害的；工业的充分发展是只能逐步实现的。”[②]

但是为什么李斯特的国民经济学在我国一直没有受到足够重视呢？一个很重要的原因是马克思和恩格斯对李斯特“打着为国家经济发展幌子掩盖为资产阶级利益服务的本质”进行了多次批判。

李斯特的“国民生产力学说”为我们勾画了一个在特殊的环境和特殊的历史条件下的国家“如何发展，怎样发展”的清晰图案；由“国民生产力学说”衍生的“国际战略贸易理论”也给予了我们如何在国家发展不同阶段在贸易政策取向上“贸易什么，保护什么”清晰指引。如果我们能够坚决抵制李斯特的价值取向内容，在生产力学说、贸易理论等方面，批判地吸收李斯特的国民经济学的合理因素，那对于中国特色社会主义政治经济学的建立一定很有意义。

---

① 李斯特．政治经济学的国民体系．陈万煦，译．商务印书馆，1961：118，274.

② 李斯特．政治经济学的国民体系．陈万煦，译．商务印书馆，1961：118，274.

六、 中国特色社会主义建设的理论成果

中国特色社会主义政治经济学形成和发展经历了奠基、破题和集成三个主要阶段。

（一）中国特色社会主义政治经济学奠基

1956 年社会主义改造完成后，毛泽东开始投入大量时间思考经济发展问题，并于 1958 年三次阅读和批注了斯大林的《苏联社会主义经济问题》。1958 年 11 月 9 日毛泽东向全国各级干部发出了《关于读书的建议》，在建议中推荐了斯大林的《苏联社会主义经济问题》和苏联的《政治经济学教科书》两本书，毛泽东关于政治经济学的一些观点也集中在这次读书学习上。

第一，毛泽东提出了撰写中国自己政治经济学教科书的任务。毛泽东明确提到了“社会主义政治经济学教科书，究竟怎样写才好?”的问题。第二，毛泽东探讨了社会主义政治经济学的研究对象。毛泽东突破了斯大林将政治经济学的研究对象界定为生产关系的局限性，指出“政治经济学研究的对象主要是生产关系，但是要研究清楚生产关系，就必须一方面联系研究生产力，另一方面联系研究上层建筑对生产关系的积极作用和消极作用”①。第三，毛泽东提出了社会主义政治经济学研究的主要问题，即“我们要以生产力和生产关系的平衡和不平衡、生产关系和上层建筑的平衡和不平衡，作为纲，来研究社会的经济问题”②。第四，毛泽东论述了社会主义政治经济学的研究方法。毛泽东特别强调哲学头脑对于经济学研究的极端重要性，认为，没有哲学家头脑的作家，要写出好的经济学来是不可能

① 毛泽东．毛泽东读社会主义政治经济学批注和谈话．北京：中华人民共和国国史学会，1998：422.

② 毛泽东．毛泽东读社会主义政治经济学批注和谈话．北京：中华人民共和国国史学会，1998：422.

的。第五，毛泽东提出了社会主义政治经济学的一系列重要观点。例如，对于社会主义和市场经济之间的相容性问题，毛泽东提出了极为重要的思想："在我国，还存在商品生产，价值规律还起作用"，要利用商品生产、商品交换和价值法则，作为有用的工具，为社会主义服务；价值规律是"一个伟大的学校"，"不能孤立地看商品生产，要看它与什么经济相联系。商品生产和资本主义相联系，是资本主义商品生产；商品生产和社会主义相联系，是社会主义商品生产"。不难发现，这些论述与邓小平后来的有关论述一脉相承。

（二）中国特色社会主义政治经济学破题

毛泽东在社会主义政治经济学上的探索必然带有那个时代的局限性，不可能突破计划经济与市场经济的界限，而这个突破，正是中国特色社会主义政治经济学创立的核心，真正的破题是由中国改革开放的总设计师邓小平完成的。邓小平对中国特色社会主义政治经济学的贡献表现在三个重大突破上。第一，突破性地提出了社会主义市场经济论。党的十一届六中全会指出："在公有制基础上实行计划经济，发挥市场调节的辅助作用。"党的十二大报告中强调："以计划经济为主、市场调节为辅。"而在十二届三中全会上有了较大的变化："在公有制基础上有计划的商品经济"。邓小平的南方谈话系统论述社会主义市场经济论，标志着中国经济体制改革理论达到一个崭新的阶段，也是中国特色社会主义政治经济学发展中的一个里程碑；第二，突破性地提出了社会主义初级阶段论。党的十一届六中全会第一次明确提出了"我们的社会主义制度还处于初级的阶段"的论断。十三大对社会主义初级阶段论进行了详细的论述。社会主义初级阶段是中国最大的国情，是中国特色社会主义政治经济学的形成和发展奠定了基本事实依据和实践根基；第三，突破性地提出了社会主义本质论。在南方谈话中邓小平对社会主义本质作了系统的表达："社会主义的本质，是解放生产力，发展生产力，消灭剥削，消除两极分化，最终达到共同富裕。”社会主义本质论遵循了历史唯物主义基本原理，反映了社会主义制度的基本属性，为中国特色社会主义发展开辟了广阔的理论和实践空间。

党的第三代领导集体，继续深化经济建设和改革开放，建立起了社会主义市场经济的基本框架，深化了中国特色社会主义政治经济学。在“建什么样的党，怎样建党”问题上，创新提出了“三个代表”重要思想，为中国特色社会主义政治经济学体系构建做出了新的贡献。党的十七大报告第一次提出了“中国特色社会主义理论体系”的科学命题，为中国特色社会主义政治经济学理论大厦的建设奠定了基础。尤其是“科学发展观”的提出，极大丰富了中国特色社会主义政治经济学。

（三）中国特色社会主义政治经济学的集成

以习近平同志为总书记的党中央，高度重视学习、运用和发展马克思主义政治经济学，以此来揭示经济规律、指导我国社会主义经济、推进改革开放，不断开拓中国特色社会主义政治经济学新境界。

习近平系列重要讲话对生产力理论进行了新阐释。在 2013 年 5 月中央政治局举行的以大力发展生态文明建设为主题的集体学习时提出了“保护生产力”也是发展生产力的重要论断。在 2015 年 11 月 10 日主持召开的中央财经领导小组第十一次会议提出了推进社会生产力的总体跃升的新思想。

习近平高度重视中国特色社会主义政治经济学的建设。他在 2014 年邀请经济学界专家座谈当时经济形势时指出：“各级党委和政府都要学好用好政治经济学，自觉认识和更好遵循经济发展规律，不断提高推进改革开放、领导经济社会的发展、提高经济社会发展质量和效益的能力和水平。”在 2015 年 11 月党的中央政治局第 28 次集体学习的讲话中指出：“要立足我国国情和我国发展实践，揭示新特点新规律，提炼和总结我国经济发展实践的规律性成果，把实践经验上升为系统化的经济学说，不断开拓当代中国马克思主义政治经济学新境界。”在 2011 年 12 月中央经济工作会议上，习近平强调：“要坚持中国特色社会主义政治经济学的重大原则，坚持解放和发展生产力，坚持社会主义市场经济改革方向，使市场在资源配置中起决定作用，是深化经济体制改革的主线。”从“学好用好政治经济学”到“把实践经验上升为系统化的经济学说”，再到“坚持中国特色社会主义政治经济学的重大原则”，体现了习近平为马克思主义政治经济学创新发展贡献中国智慧的决心和不断开拓中国特色社会主义政治经济学新境界的重要思想。

七、结束语

中国特色社会主义政治经济学的理论来源究竟是什么？是仅仅来源于传统的马克思主义政治经济学，还是也来源于其他比如西方非马克思经济学说？本文对中国特色社会主义政治经济学的理论来源进行了探讨，结果发现，马克思主义经典作家的著作、苏联东欧社会主义建设的理论遗产、中国传统文化的“基因”、非马克思主义经济学的文明成果和中国特色社会主义建设的理论成果是其主要来源。

本文对每一种理论来源进行了深入的分析和探讨。在“马克思主义经典作家的著作”中，重点论证了《资本论》除了对资本主义进行批判外，对市场经济一般规律的揭示，以及在政治经济学研究方面被低估了的《反杜林论》的指导意义。在“苏联东欧社会主义建设的理论遗产”中，试图通过对列宁领导的俄国特色社会主义实践和前东欧社会主义建设的艰辛历程的分析，找到“特色社会主义”和“市场经济”相结合的来源。在“非马克思主义经济学的文明成果”中，论证了西方主流经济学“工具取向”的合理内容对我们的影响，重点强调了“国民经济学”对中国特色社会主义政治经济学建设的意义；在“中国特色社会主义建设的理论成果”中对中国特色社会主义政治经济学的形成和发展进行了总结。

中国特色社会主义政治经济学的建设，既不是对传统马克思主义政治经济学的“修修补补”，也不是重新走向高校教学和政策决策“神坛”的“政治宣言”，而是一个为中国特色社会主义市场经济建设提供理论基础的“系统工程”，具有十分重要的理论价值和现实意义。本文所做的研究充其量不过是抛砖引玉，期待有更多的理论研究而不仅仅是宣传内容的出现，也期待对本文的研究给出批评和指导。

（原载于《经济学动态》2016 年第 5 期）

下卷

政治家的经济思想

习近平对中国特色社会主义政治经济学理论的重大贡献

中共“十八”大以来，我国经济发展进入新阶段、新常态的特征日益显现，当代中国开始了实现由大到强的伟大跨越。在这种经济形势下，面临的机遇前所未有，面临的风险和挑战也前所未有，同时，我国进入了全面建成小康社会的关键时期。从大历史的视角来看，“当代中国正经历着我国历史上最为广泛而深刻的社会变革，也正在进行着人类历史上最为宏大而独特的实践创新”①。社会的变革和实践的创新需要理论的指导，但正确的理论又必定来源于变革和创新的实践。以习近平为总书记的中央领导集体，看到了社会变革的伟大实践与理论创新的辩证关系，在领导党和人民全力统筹推进“五位一体”总体布局和协调推进“四个全面”战略布局，实现中华民族伟大复兴的中国梦的实践过程中，特别强调要重视哲学社会科学的研究，从战略全局的高度提出了建构中国特色哲学社会科学的伟大任务。中国的实践要用中国理论来解释，中国的理论创新要根源于中国的新实践。中国特色社会主义政治经济学是中国哲学社会科学的重要组成部分，而且是其他社会科学建构的基础学科，马克思正是由于对历史之谜和国家之谜的理论追问，才走向了对市民社会的研究，开始了对政治经济学的批判，也正是在对政治经济学的批判中才确立了科学的唯物史观。这种

① 习近平. 在哲学社会科学工作座谈会上的讲话. 光明日报，2016-05-19（2）.

历史逻辑与理论逻辑的互动关系，给习近平以深刻的启示，这也可以解释他对建构中国特色哲学社会科学的重视为什么从对政治经济学的强调开始。在党的“十八”大以来的多次讲话中，习近平对新中国建立以来我党经济工作的经验教训予以系统总结，突出强调了改革开放以来我国经济发展实践和思想理念，并将其上升到理论层面，提升到学科高度，极大丰富了中国特色社会主义理论，是对马克思主义政治经济学说的创新和发展。不仅如此，习近平总书记还特别重视中国特色社会主义政治经济学的建构问题，概括了中国革命、建设和改革的政治经济学创新，明确提出了坚持和发展中国特色社会主义政治经济学的任务，这与他对建构中国特色哲学社会科学的号召是完全一致的。习近平对中国特色社会主义政治经济学理论的建构做出了重大的贡献，这种贡献集中体现为他关于中国特色社会主义政治经济学的系列讲话，揭示了中国特色社会主义政治经济学的概念逻辑、历史逻辑、理论逻辑和未来逻辑。

一、 中国特色社会主义政治经济学的概念逻辑

一个理论体系的建构首先需要形成或者提出适应这个理论体系的内在本质要求的概念、范畴、话语、原则和分析方法，通过一定的逻辑建构形成这个理论的潜话语，然后在这个潜话语的支撑下，形成表达这个潜话语的显话语，也就是形成理论自身独特的指导思想、学科体系、学术体系和话语体系。这个理论体系还必须有一个总体性的范畴对体系本身进行总体性概括。这种总体性概括不仅昭示着人们对这个理论体系的性质和内容的总体性认识，而且反映着这种理论体系的内在本质。比如，马克思主义哲学用什么总体性概念来概括，一直在争论之中，“辩证唯物主义与历史唯物主义”“实践唯物主义”“实践哲学”等等，这反映着人们对马克思主义哲学的总体性认识。总体性认识的不一致，意味着理论体系内容的巨大差异。

中国的政治经济学理论体系，在总体性结构上一开始沿用了苏联的理论体系。这与上世纪50年代我们首先引进了苏联《政治经济学教科书》有关。我们对政治经济学理论体系的基本理解就是政治经济学资本主义部分和社会主义部分，资本主义部分就是对《资本论》的通俗化简写，社会主义部分的体系结构大家认识分歧很大，这些年一些学者又结合西方主流经济学的一些分析方法，进行了体系中的微调，但是一个普遍性的问题是离中国的经济实践距离很远，缺乏对中国实践的理论解释力。习近平的系列讲话在对中国政治经济学的概括问题上有了重大突破，这意味着我们党在对中国社会主义政治经济学的总体性把握上有了突破性的进展，中国特色社会主义政治经济学由一种萌芽状态逐渐达到了整体性层面的理论自觉进而达到了一门学科体系的自觉。2014年7月8日在经济形势专家座谈会上，习近平在分析经济形势时提出各级党委和政府都要学好用好政治经济学，这不仅仅是给党和政府领导同志提出了学习和应用政治经济学这门科学理论的任务，最重要的是认识到了从政治经济学的理论高度分析和把握中国新的经济发展阶段出现的总体性特征的重要性。毫无疑问，习近平在这里所说的政治经济学就是马克思主义政治经济学，而不是其他的任何经济学，他强调的是蕴含其中的分析经济问题的科学的立场、观点和方法。正是基于对从总体上把握中国经济新阶段的总体性特征的迫切需要，党中央认为对中国经济发展的几十年的实践进行总结，形成中国特色的政治经济学理论，对于我们统一思想认识，克服遇到的困难，开拓奋进非常重要，中央政治局组织了对马克思主义政治经济学理论的专题学习。在2015年11月23日下午主持中共中央政治局第二十八次集体学习时，习近平强调，要立足我国国情和我国经济发展实践，揭示新特点新规律，提炼和总结我国经济发展实践的规律性成果，把实践经验上升为系统化的经济学说，不断开拓当代中国马克思主义政治经济学新境界[①]。在这里不仅强调了学习马克思主义政治经济学的重要性，而且提出了要把“实践经验上升为系统化的经济学说”的理论创新的任务，这个理论创新的成果被称为“当代中国马克思主义政治经济学”。这个崭新的概念意味着：一是我们要坚持马克思主义政治经济学的基本原理；二是要推进马克思主义政治经济学的中国化、时代化和大众化；三是这个中国化的理论成果是在中国本土对马克思主义政治经济学的重大发展，是一种新的理论境界。2015 年 12 月 18 日到 21 日中央经济工作会议在北京召开，在这次会议上，习近平把“当代中国马克思主义政治经济学”直接称为“中国特色社会主义政治经济学”，强调中国经济学的发展要坚持中国特色社会主义政治经济学的重大原则。在被称为中国哲学社会科学发展史上的“里程碑”的于2016 年5 月 17 日召开的哲学社会科学工作座谈会上，习近平从中国发展的战略高度，不仅论述了创新中国理论、发展中国哲学社会科学，对于中国未来发展的重要意义，而且系统地阐述了在中国建构一种什么样的哲学社会科学和怎样建构中国哲学社会科学的问题。在提出的构建中国特色哲学社会科学的总体目标中自然包含着建构中国特色政治经济学的具体要求。从理论逻辑上讲，建构中国特色社会主义政治经济学就成为建构中国特色哲学社会科学的题中应有之义。从概念的使用角度看，由“政治经济学”到“当代中国马克思主义政治经济学”，再到“中国特色社会主义政治经济学”，从外延的界定到内涵的规定，一次比一次明确和具体。第一次讲话是从一般意义上强调了学好用好政治经济学对于搞好当前中国经济建设的重要性；第二次讲话就提出了总结规律、建构理论、形成学说的具体要求；第三次讲话则更加明确地概括出了这个理论要坚持的重大原则；第四次讲话则从哲学社会科学的总体性上肯定和规定了建构中国特色社会主义政治经济学的时代意义。还应该引

① 习近平. 立足我国国情和我国发展实践　发展当代中国马克思主义政治经济学. 人民日报，2015 - 11 - 25 (1).

起高度关注的是第五次讲话对中国特色社会主义政治经济学的新的要求。在2016年7月8日召开的经济形势专家座谈会上，习近平指出："中国特色社会主义政治经济学只能在实践中丰富和发展，又要经受实践的检验，进而指导实践。要加强研究和探索，加强对规律性认识的总结，不断完善中国特色社会主义政治经济学理论体系，推进充分体现中国特色、中国风格、中国气派的经济学科建设。"① 在这里明确提出了中国特色社会主义政治经济学是一门"体现中国特色、中国风格、中国气派的经济学科"的问题，为建构中国特色社会主义政治经济学理论体系进一步指明了方向。通过对这一系列会议讲话精神的回顾和逻辑梳理，我们可以认识到，党中央和习近平总书记对中国特色社会主义政治经济学的认识越来越深化，对经济学理论的自觉性达到了全新的高度。

二、 中国特色社会主义政治经济学的历史逻辑

历史唯物主义认为，任何事物的存在都是一定的历史过程，是过程的集合体，正如恩格斯所说："现代唯物主义把历史看作人类的发展过程，而它的任务就在于发现这个过程的运动规律。"② 这种历史的规律性体现为社会历史过程的连续性和非连续性的辩证统一。正因为这样，"在社会科学问题上有一种最可靠的方法……那就是不要忘记基本的历史联系，考察每个问题都要看某种现象在历史上怎样产生、在发展中经过了哪些主要阶段，并根据它的这种发展去考察这一事物现在是怎样的"③。"不要忘记基本的历史联系"就是要看到历史的连续性，要看到"主要阶段"就是要看到历史的非连续性。习近平深谙历史唯物主义的深刻哲理，从党的十八以来的重

① 习近平．坚定信心增强定力　坚定不移推进供给侧结构性改革．经济日报，2016－07－09（1）．

② 马克思恩格斯文集：第3卷．北京：人民出版社，2009：543．

③ 列宁专题文集．论辩证唯物主义和历史唯物主义．北京：人民出版社，2009：283．

要文献来看，在习近平系列讲话中，每当讲到重大问题的时候，他都用娴熟的历史分析方法去观察和分析问题。他用通俗语言表达了对历史规律的深刻认识："历史、现实、未来是相通的。历史是过去的现实，现实是未来的历史。"① 针对人们对中共党史上改革开放前和改革开放后"两个30年"的认识上出现的偏差，习近平运用社会历史过程的连续性与非连续性的辩证统一的历史思维方法进行分析并得出了科学的结论："我们党领导人民进行社会主义建设，有改革开放前和改革开放后两个历史时期，这是两个相互联系又有重大区别的时期，但本质上都是我们党领导人民进行社会主义建设的实践探索。中国特色社会主义是在改革开放历史新时期开创的，但也是在新中国已经建立起社会主义基本制度并进行了20多年建设的基础上开创的。虽然这两个历史时期在进行社会主义建设的思想指导、方针政策、实际工作上有很大差别，但两者绝不是彼此割裂的，更不是根本对立的。不能用改革开放后的历史时期否定改革开放前的历史时期，也不能用改革开放前的历史时期否定改革开放后的历史时期。"② 我们要关注的问题是，习近平把他的这种历史分析的方法同样用来观察和分析中国特色社会主义政治经济学问题，他在提出了建构中国特色社会主义政治经济学的任务的同时，揭示了中国特色社会主义政治经济学的历史逻辑，给我们研究这一重大问题以深刻的方法论提示。在这个问题上，习近平不仅倡导要把改革开放前和改革开放后两个历史时期联系起来考察，而且将其延伸到了新民主主义革命时期。习近平对中国特色社会主义政治经济学的历史分析，起始于对新民主主义经济纲领的高度评价。新民主主义经济纲领是马克思主义政治经济学与中国革命实践相结合的产物，但它属于中国特色社会主义政治经济学的前史，它与中国特色社会主义政治经济学的关系是继承和发展的关系。就继承来说，它们都是马克思主义政治经济学中国化的产物，

---

① 习近平. 习近平谈治国理政. 北京：外文出版社，2014.

② 习近平. 习近平谈治国理政. 北京：外文出版社，2014.

都是马克思主义政治经济学；就发展来说，中国特色社会主义政治经济学是对新民主主义经济学的超越，具有时代的差异性①。把新民主主义政治经济学作为中国特色社会主义前史是科学的。在此基础上，习近平重点论述了中国特色社会主义政治经济学的产生和发展问题。习近平指出："我们党历来重视对马克思主义政治经济学的学习、研究、运用，在新民主主义时期创造性地提出了新民主主义经济纲领。"② 这个论断说明了相互联系的两个问题：一个是新民主主义经济纲领是马克思主义的经济纲领，是中国共产党学习、研究和运用马克思主义政治经济学分析研究中国问题的科学结论和政策转化；二是新民主主义经济纲领不是对马克思主义政治经济学的简单套用，而是运用马克思主义政治经济学的立场、观点和方法，以中国为中心，以解决中国问题为出发点，经过认真的研究而得出的政策思路，具有适合中国国情的创新性。毛泽东的新民主主义论包括新民主主义革命论和新民主主义社会论两个部分。不管是新民主主义革命论还是新民主主义社会论，都是以马克思主义为指导研究中国国情的理论产物。其基本的国情依据是，"中国现时的社会是一个殖民地、半殖民地、半封建性质的社会"③。这是当时中国的基本国情，从这种意义上看，中国革命的性质应当是资本主义的，但是，当时的国际背景是，在第一次帝国主义世界大战和俄国十月革命之后，就使得中国资产阶级民主主义革命，"属于世界无产阶级社会主义革命的一部分"④。所以，这种革命的前途和方向就是社会主义的。这就决定了中国革命要分两步走："第一步，改变这个殖民地、半殖民地、半封建的社会形态，使之变成一个独立的民主主义的社会。第二步，

① 王立胜．中国特色社会主义政治经济学的历史逻辑．北京：政治经济学评论，2016（4）：51－65．

② 习近平．立足我国国情和我国发展实践 发展当代中国马克思主义政治经济学．北京：人民日报，2015－11－25（1）．

③ 毛泽东选集：第2卷．北京：人民出版社，1991．

④ 毛泽东选集：第2卷．北京：人民出版社，1991．

使革命向前发展，建立一个社会主义的社会。”[①] 对于这个新民主主义社会，毛泽东在《中国革命和中国共产党》一文中做了更加具体的描述：“中国革命的全部结果是：一方面有资本主义因素的发展，又一方面有社会主义因素的发展。这种社会主义因素是什么呢？就是无产阶级和共产党在全国政治势力中的比重的增长，就是农民、知识分子和城市小资产阶级或者已经或者可能承认无产阶级和共产党的领导权，就是民主共和国的国营经济和劳动人民的合作经济。所有这一切，都是社会主义的因素。加以国际环境的有利，便使中国资产阶级民主革命的最后结果，避免资本主义的前途，实现社会主义的前途，不能不具有极大的可能性了。”[②] 与对整个新民主主义革命和新民主主义社会的设想相适应，毛泽东论述了新民主主义革命的经济纲领和新民主主义社会的经济纲领。按照毛泽东的有关论述，新民主主义革命的经济纲领是没收封建地主阶级的土地归农民所有，没收蒋、宋、孔、陈为首的垄断资本归新民主主义的国家所有，保护民族工商业。新民主主义社会的经济纲领是在若干年内逐步地建立重工业和轻工业，使中国由农业国变为工业国。前一个纲领主要是变革社会生产关系，后一个纲领主要是发展生产力。二者既相互联系又有所区别。但是，有一点是共同的，它们都是马克思主义中国化和时代化的产物，既不是马克思主义的机械照搬，也不是苏联模式的照抄和挪用，而是毛泽东把马克思主义政治经济学的基本原理运用于中国革命实践的具有独创性的经济学理论。在习近平看来，中国特色社会主义政治经济学的建构就是要贯彻这种理论的原创性精神。在具有独创性的中国过渡时期社会主义改造理论和实践取得成功之后，毛泽东开始了对社会主义建设道路的艰辛探索。众所周知，这个探索既有成功也有失误。但是，在这个过程中，党和毛泽东还是贡献了很多创新性的经济学观点，指导中国经济建设取得了重大的成就。正是因为这样，习

① 毛泽东选集：第2卷. 北京：人民出版社，1991.

② 毛泽东选集：第2卷. 北京：人民出版社，1991.

近平肯定地说：党和毛泽东“在探索社会主义建设道路过程中对发展我国经济提出了独创性的观点，如提出社会主义社会的基本矛盾理论，提出统筹兼顾、注意综合平衡，以农业为基础、工业为主导、农轻重协调发展等重要观点。这些都是我们党对马克思主义政治经济学的创造性发展”[①]。在探索社会主义建设道路的过程中，以马克思主义理论为指导，以苏联模式为参照，总结苏联的实践经验，吸取苏联的教训，同时不断总结中国经济建设中的经验教训，毛泽东写出了《关于无产阶级专政的历史经验》《论十大关系》《关于正确处理人民内部矛盾的问题》等著作。这些著作突破了苏联的很多教条，开始了摆脱苏联模式的理论思考，试图探索中国自己的社会主义道路。毛泽东明确表示，“照搬苏联心情不舒畅”[②]。习近平提到的上述独创性观点都是在这些著作中论述的。不仅如此，他还直接思考如何编写中国自己的政治经济学教科书问题。从1958年到1960年，毛泽东几次读斯大林著《苏联社会主义经济问题》以及根据该书由苏联科学院编写的《政治经济学教科书（社会主义部分）》，留下了丰富的批注和谈话记录。在这些批注和谈话记录中，毛泽东论述了政治经济学的一系列问题。比如，他通过批判苏联的政治经济学教科书，直接提出了要编写我们自己的政治经济学教科书应该怎么编的问题，探讨了政治经济学的研究对象和研究方法问题，甚至提出了必须以生产力与生产关系的矛盾和经济基础与上层建筑的矛盾这两对矛盾为编写政治经济学教科书的主线的具体观点，并在此基础上讨论了很多政治经济学教科书应该涉及的观点和问题。所以，如果说，新民主主义经济纲领的形成和发展是中国特色社会主义政治经济学的前史的话，那么，毛泽东在社会主义建设时期对中国经济问题的理论探索和对政治经济学理论体系的思考，对当前中国特色社会主义政治经济学来

---

① 习近平. 立足我国国情和我国发展实践　发展当代中国马克思主义政治经济学. 北京：人民日报，2015－11－25（1）.

② 毛泽东文集：第8卷. 北京：人民出版社，1999：117.

说，无疑起了一个奠基的作用。中国特色社会主义政治经济学理论的形成和发展是从党的十一届三中全会开始的，邓小平提出了社会主义市场经济的思想，重新阐释了社会主义本质问题，论述了社会主义初级阶段理论，这是对中国特色社会主义政治经济学的重大突破。以江泽民为核心的党中央第三代领导集体把邓小平关于社会主义市场经济的思想转化为社会主义市场经济体制目标，并探索了初级阶段的社会主义基本经济制度和分配制度问题，推进和深化中国特色社会主义政治经济学理论。以胡锦涛为总书记的党中央提出了科学发展观，主张以人为本，统筹协调可持续，无疑是对中国特色社会主义政治经济学理论的极大拓展。对于这一时期的理论贡献，习近平总结指出："党的十一届三中全会以来，我们党把马克思主义政治经济学基本原理同改革开放新的实践结合起来，不断丰富和发展马克思主义政治经济学，形成了当代中国马克思主义政治经济学的许多重要理论成果。"①

三、 中国特色社会主义政治经济学的理论逻辑

党的十八大以后，习近平根据新的时代要求，立足于中国经济进入新常态的历史阶段，对中国特色社会主义政治经济学问题继续进行理论探索。党的十一届三中全会以来的中国特色社会主义政治经济学的理论创新，成为习近平思考中国特色社会主义政治经济学理论逻辑的基础资源。综合习近平的有关论述，我们可以初步概括出这个理论的逻辑线索和基本理论框架。这个基本理论框架由以下"九论"组成。

1. 总论。也就是关于中国特色社会主义政治经济学是什么的理论，换句话说，它要回答的问题是：何谓中国特色社会主义政治经济学？起码涉

① 习近平. 立足我国国情和我国发展实践 发展当代中国马克思主义政治经济学. 北京：人民日报，2015－11－25（1）.

及这门学科的立场、观点、方法、原则、对象、任务等等方面。作为治国领袖的习近平不可能从学理的角度去集中论述这些问题，但从他的一系列讲话和文章中我们可以梳理出他在这个问题上的一些基本观点。第一，关于立场问题。立场问题就是理论学说的阶级性问题，也就是这个学说是站在哪个阶级的角度说话的问题，归根结底是“为什么人的问题”①。很多经济学者认为，西方经济学就是一门纯科学，没有什么阶级立场问题，经济学说就是要解决经济问题，是着眼于经济财富的增长问题，是一种指引经济增长和财富积累的造福人类的学说。按照这个观点，我们对待西方经济理论的态度就是可以不问阶级立场，引进过来就可以用。但是，事实并不是这样，就连西方经济学者自己都承认他们的经济学说的阶级性。诺贝尔经济学奖获得者、美国著名经济学家索洛的一段话就很清楚地说明了这个问题：“社会科学家和其他人一样，也具有阶级利益、意识形态的倾向以及一切种类的价值判断。但是，所有的社会科学的研究和材料力学或化学分子结构的研究不同，都与上述的（阶级）利益、意识形态和价值判断有关。不论社会科学家的意愿如何，不论他是否觉察到这一切，甚至他力图避免它们，他对研究主题的选择，他提出的问题，他没有提出的问题，他的分析框架，他使用的语言，很可能在某种程度上反映了他的（阶级）利益、意识形态和价值判断。”② 所以，习近平指出：“世界上没有纯而又纯的哲学社会科学。”“为什么人的问题是哲学社会科学研究的根本性、原则性问题。”③ 所谓的根本性、原则性，就是为绝大多数人还是为少数人服务的问题。中国共产党的性质决定了我们的立场是为大多数人服务的，我们的国家是人民当家做主的国家，作为这个国家意识形态的中国特色社会主义政治经济学，其立场当然是人民群众了。“我国哲学社会科学要有所作为就必

① 习近平．在哲学社会科学工作座谈会上的讲话．光明日报，2016－05－19（2）．

② 张宇．关于构建中国经济学体系和学术话语体系的若干思考//张雄，鲁品越．中国经济哲学评论．2015政治经济学批判专辑．北京：社会科学文献出版社，2016．

③ 习近平．在哲学社会科学工作座谈会上的讲话．光明日报，2016－05－19（2）．

须坚持以人民为中心的研究导向”[①]。所以，中国特色社会主义政治经济学在本质上是“劳动人民经济学”。第二，关于观点问题。中国特色社会主义政治经济学是马克思主义政治经济学在当代中国的运用和发展，是中国化的马克思主义政治经济学，其本质是马克思主义政治经济学而不是其他什么别的政治经济学，它与马克思主义政治经济学一脉相承的地方，就在于其最基本的观点是一致的，那就是贯穿于马克思主义政治经济学整个理论体系中的唯物史观。唯物史观是马克思主义政治经济学的哲学根基，中国特色社会主义政治经济学的哲学前提也必定是唯物史观，它在分析中国的经济问题时坚持了马克思主义的生产观点、阶级观点和群众观点。习近平指出：“我国哲学社会科学工作者要坚持人民是历史创造者的观点，树立为人民做学问的理想，尊重人民主体地位，聚焦人民实践创造，自觉把个人学术追求同国家和民族发展紧紧联系在一起，努力多出经得起实践、人民、历史检验的研究成果。”[②] 第三，关于方法问题。在 2016 年 5 月 17 日哲学社会科学工作座谈会上的讲话中，习近平讲到：“哲学社会科学发展状况与其研究者坚持什么样的世界观、方法论紧密相关。人们必须有了正确的世界观、方法论，才能更好观察和解释自然界、人类社会、人类思维各种现象，揭示蕴含在其中的规律。马克思主义关于世界的物质性及其发展规律、人类社会及其发展规律、认识的本质及其发展规律等原理，为我们研究把握哲学社会科学各个学科各个领域提供了基本的世界观、方法论。”[③] 这段话显然不仅仅是针对政治经济学的研究讲的，而是针对哲学社会科学整体谈的研究方法问题，但完全适用于中国特色社会主义政治经济学研究。用一句话来表述的话，其方法就是唯物辩证法，这与马克思主义政治经济学的研究方法也是完全一致的。当然，经济学的研究还有很多方法可以使用。

---

① 习近平. 在哲学社会科学工作座谈会上的讲话. 光明日报，2016-05-19（2）.

② 习近平. 在哲学社会科学工作座谈会上的讲话. 光明日报，2016-05-19（2）.

③ 习近平. 在哲学社会科学工作座谈会上的讲话. 光明日报，2016-05-19（2）.

"对一切有益的知识体系和研究方法，我们都要研究借鉴，不能采取不加分析、一概排斥的态度。马克思、恩格斯在建立自己理论体系的过程中就大量吸收借鉴了前人创造的成果。……需要注意的是，在采用这些知识和方法时不要忘了老祖宗，不要失去了科学判断力"①。所谓的"不要忘了老祖宗"，就是不要忘了唯物辩证法，要用唯物辩证法统筹这些科学方法，因为与唯物辩证法相比，它们不是一个层次上的方法。所谓"不要失去了判断力"，就是一切要以唯物辩证法为判断标准，要用唯物辩证法来检验这些具体的科学方法。第四，关于原则问题。这里的原则是指中国特色社会主义政治经济学所要遵循的基本尺度，也就是基本标准。这个理论体系的所有范畴和原理都不能与基本原则相异。目前学术界理论界对中国特色社会主义重大原则的理解有很多种表述，笔者理解这里的原则一定是体现这个理论体系根本目的的根本手段。从这个角度来理解，应该是有两个重大原则：一是坚持解放和发展社会生产力，"推动我国社会生产力水平实现整体跃升"②。二是"要坚持把增进人民福祉、促进人的全面发展、朝着共同富裕方向稳步前进作为经济发展的出发点和落脚点"③。这两个方面又是辩证统一的关系，解放和发展生产力，推动社会生产力水平整体跃升，是基础和根本；增进人民福祉、促进人的全面发展、朝着共同富裕迈进，是目标和方向。两大原则在实践中的辩证统一，就是中国共产党经济实践过程中的生产力标准和价值标准的辩证统一，就是历史尺度和价值尺度的辩证统一。第五，关于对象问题。对于中国特色社会主义政治经济学研究对象的思考，学术界理论界存在两大路径：一是按照马克思主义经典作家的思路寻找经典根据，比如说，马克思在《资本论》中把《资本论》的研究对象界定为

---

① 习近平. 在哲学社会科学工作座谈会上的讲话. 光明日报，2016-05-19 (2).

② 习近平. 在十八届中央政治局第三十次集体学习时的讲话. 人民日报，2016-01-31.

③ 习近平. 立足我国国情和我国发展实践 发展当代中国马克思主义政治经济学. 人民日报，2015-11-25 (1).

“资本主义生产方式以及和它相适应的生产关系和交换关系”[①]。参照这个论述给出一个中国特色社会主义政治经济学的研究对象。二是根据经典作家的经典论述，结合中国共产党当代领导人的论述，给出中国特色社会主义政治经济学的研究对象。有学者指出：中国特色社会主义政治经济学的研究对象首先要突破局限于生产关系的传统思维，把对生产力的研究作为重要内容，邓小平讲过解放和发展生产力，习近平讲过“保护生产力”，那么，中国特色社会主义政治经济学应该是研究解放生产力、发展生产力和保护生产力的规律的学说。笔者认为，这些探索都有一定的道理，但是还不足以概括中国经济发展的基本事实，按照这个思路建构的中国特色社会主义政治经济学理论还不足以解释中国经济发展在这么短的时间内取得如此巨大成绩的奥妙所在，也很难对中国经济发展的前进道路予以彻底的理论预测。习近平没有直接讲中国特色社会主义政治经济学的研究对象问题，但他的三段论述可以给我们深刻的启示。第一段是：“要推出具有独创性的研究成果，就要从我国实际出发，坚持实践的观点、历史的观点、辩证的观点、发展的观点，在实践中认识真理、检验真理、发展真理。”第二段是：“只有以我国实际为研究起点，提出具有主体性、原创性的理论观点，构建具有自身特质的学科体系、学术体系、话语体系，我国哲学社会科学才能形成自己的特色和优势。”第三段是：“我国哲学社会科学应该以我们正在做的事情为中心，从我国改革发展的实践中挖掘新材料、发现新问题、提出新观点、构建新理论……概括出有规律性的新实践。这是构建中国特色哲学社会科学的着力点、着重点。”[②] 虽然这些显话语不是论述学科研究对象的，但透过这些显话语我们可以分析出他的一些潜话语，在这些潜话语中隐含着关于如何确定研究对象的基本思路和方法。他强调“要从我国实际出发”“以我国实际为研究起点”“以我们正在做的事情为中心”，从方

---

① 马克思恩格斯文集：第5卷. 北京：人民出版社，2009：8.

② 习近平. 在哲学社会科学工作座谈会上的讲话. 光明日报，2016-05-19（2）.

法论的角度来看，其中的深层哲理在于我们的研究应该“直面中国现实”，用现象学的话语表达就是“面向事实本身”，从中国经济发展尤其是改革开放的历史事实所隐藏的现实矛盾出发，建构中国特色社会主义政治经济学体系。毛泽东曾经说过，中国的社会主义经济学的建构不可能从商品出发，可能要从分析矛盾开始。从这个角度来看，中国特色社会主义政治经济学应该是研究在社会主义前提条件下如何发现和解决经济矛盾以揭示中国经济发展规律的理论学说。事实上，从习近平论述中国特色社会主义政治经济学时提到的那些观点来看，如果把研究对象局限于生产关系层面，显然是无法容纳那些内容的。比如，新发展理念问题，新“四化同步”问题。把研究对象界定为解放、发展、保护生产力似乎也不能彻底解决这个问题。第六，关于任务问题。学科对象决定学科任务。既然中国特色社会主义政治经济学的研究对象是研究解决矛盾问题的，那么，其任务就是揭示矛盾的孕育、发生、展开直至解决的过程的，矛盾的过程就是经济的运行，这个过程的现象层面是经济发展的平衡和非平衡波动，而其现象背后的本质也就是矛盾之间的本质的联系，也就是规律。2014 年 7 月 8 日，习近平在经济形势专家座谈会上提出：“发展必须是遵循经济规律的科学发展，必须是遵循自然规律的可持续发展。”① 在同年 7 月 29 日中央政治局会议上又在“必须是遵循”的后面加上了“必须是遵循社会规律的包容性发展”②。这样就形成了要遵循“三个规律”的思想。这三大规律的背后实际上是三大矛盾，分别揭示的是人与人之间的经济关系，人与自然之间的经济关系，人与社会之间的经济关系。中国特色社会主义政治经济学的研究任务是不是可以概括为揭示中国社会主义前提条件下的这三大关系和三大规律呢？

2. 国情论。国情论是中国特色社会主义政治经济学理论的基石，也是

---

① 习近平. 发展必须是遵循经济规律的科学发展　必须是遵循自然规律的可持续发展. 人民日报，2014 - 07 - 09（1）.

② 中共中央政治局召开会议决定召开十八届四中全会讨论研究当前经济形势和下半年经济工作. 人民日报，2014 - 07 - 30（1）.

这一理论体系的逻辑起点。这主要表现为社会主义初级阶段论和中国经济发展新常态理论。按照马克思主义经典作家对社会主义社会的设想，根本无法承认中国特色社会主义理论体系对社会主义本质以及社会主义基本经济制度、基本分配制度等等的一切理论规定。中国特色社会主义理论体系之所以成立的现实根据就是中国国情，而其理论根据就是社会主义初级阶段论。社会主义初级阶段论是整个中国特色社会主义理论体系大厦的奠基石，没有了这个初级阶段论，中国特色社会主义理论体系的大厦就会倒塌。中国特色社会主义政治经济学是中国特色社会主义理论的重要组成部分，是中国特色哲学社会科学的重要组成部分，社会主义初级阶段论自然也就成为中国特色社会主义政治经济学的理论基石。习近平反复强调，社会主义初级阶段的基本国情没有变，其深刻含义就在这里。2010 年以后，中国经济发展已经进入新常态，根据中国经济形势的总体变化，习近平提出了中国经济新常态理论，这是对中国国情的一个准确判断，这是对社会主义初级阶段理论的深化和具体化，是对社会主义初级阶段理论的重大发展，是中国特色社会主义政治经济学理论的重要内容。

3. 本质论。社会主义本质论和社会主义市场经济论是奠定在社会主义初级阶段理论基础上的两大理论。社会主义本质论实质上是社会主义初级阶段的社会主义本质论，而社会主义市场经济论，是社会主义初级阶段社会主义本质的基本特征，或者说它是在初级阶段实现社会主义本质的经济手段。这里蕴含着两大根本矛盾，即解放、发展生产力与实现共同富裕之间的矛盾和社会主义与市场经济之间的矛盾。中国特色社会主义政治经济学的根本任务就是科学地揭示这两大根本矛盾。

4. 理念论。理念是从认识层面到实践层面过渡的中介环节，是由抽象的理论转换为操作之前的实践观念，所以，社会主义本质所规定的理论能不能落到实处以及落实的方向、力度和广度，都与理念的正确与否有关。过去的政治经济学是很少讲理念这个层面的问题的，习近平把理念纳入政治经济学的视野，是一个重大理论创新。这里所讲的新发展理念，即创新、协调、绿色、开放、共享的五大发展理念，是落实社会主义本质论在理念层面上的表现，是社会主义本质论中解放和发展生产力与实现共同富裕之间矛盾关系的具体展开，是社会主义市场经济论中社会主义与市场经济之间矛盾张力的具体表现。

5. 动力论。改革和开放一直是中国经济发展的重要动力，习近平经常说改革开放是中国发展的关键一招。经济新常态下的中国经济发展，还必须借助于改革开放这一根本动力，所以，在“四个全面”的战略布局中，全面深化改革是一个重要战略。供给侧结构性改革是习近平根据新常态的经济形势提出的一项重大改革举措，而这项改革又必须以创新驱动为前提，所以，创新驱动就成为新常态下经济发展的第一动力。在强调改革的同时习近平还强调开放战略的转型升级问题，提出了“一带一路”和建设一系列“人类命运共同体”的设想。一直强调要“坚持对外开放基本国策。善于统筹国内国际两个大局，利用好国际国内两个市场、两种资源，发展更高层次的开放型经济，积极参与全球经济治理，同时坚决维护我国发展利益，积极防范各种风险，确保国家经济安全”①。这里蕴含着对社会主义运动基本矛盾的思考，对经济活动过程中的供给与需求矛盾的关注，对国际与国内矛盾的重视。

6. 制度论。实现初级阶段的社会主义本质的过程，经济发展理念转换为经济实践的过程，必然要表现为制度层面的具体运作。制度也就是经济实践过程的刚性遵循，制度层面的矛盾会表现得更直接和现实。在中国经济实践的过程中孕育出三大制度，表现为三大制度理论：关于社会主义初级阶段基本经济制度的理论、社会主义初级阶段基本分配制度的理论、社会主义初级阶段农村土地制度理论。农村土地制度理论是指农民对承包的

---

① 习近平. 立足我国国情和我国发展实践　发展当代中国马克思主义政治经济学. 人民日报，2015－11－25(1).

土地具有所有权、承包权和经营权的制度规定。

7. 机制论。经济运行是通过一定的机制进行的。而经济运行的最重要的机制就是资源配置机制，其他一切机制都根源于这个根本机制。使市场在资源配置中起决定性作用和更好发挥政府作用的理论是中国特色社会主义政治经济学要关注的一个十分重要的问题。

8. 道路论。中国经济发展的道路理论是中国特色社会主义经济理论中最接近实践层面的理论，这个理论被表述为关于推动新型工业化、信息化、城镇化、农业现代化相互协调的理论。这“四化”的每一个“化”都有它的具体经济矛盾和经济理论，都有自己的运行规律，这里的重点是“相互协调”，强调了“四化”之间的整体性和协调性。

9. 目的论。中国经济发展的目的不是经济发展本身，而是人民福祉的增加和人的全面发展，所以，习近平把关于促进社会公平正义、逐步实现全体人民共同富裕的理论作为中国特色社会主义政治经济学的重要组成部分。如果说国情论是中国特色社会主义政治经济学的逻辑起点，那么这个目的论就成为这一理论的逻辑终点。习近平指出，中国特色社会主义政治经济学的“这些理论成果，是适应当代中国国情和时代特点的政治经济学，不仅有力指导了我国经济发展实践，而且开拓了马克思主义政治经济学新境界”①。

四、 中国特色社会主义政治经济学的未来逻辑

习近平提出了建构中国特色社会主义政治经济学的任务，对这一理论体系的立场、观点、方法、原则、对象、任务和基本理论架构也都有原则性的论述，在此基础上又对中国特色社会主义政治经济学的未来发展，也

① 习近平．立足我国国情和我国发展实践　发展当代中国马克思主义政治经济学．人民日报，2015－11－25（1）．

就是“建构一个什么样的政治经济学和怎样建构这个政治经济学”指出了明确的方向。

一是中国特色社会主义政治经济学要“充分体现中国特色、中国风格、中国气派”。“中国特色、中国风格、中国气派”，这是习近平在5·17讲话中对建构中国特色哲学社会科学提出的总体要求。基于中国实践和中国历史而形成的中国政治经济学，是中国特色哲学社会科学的重要组成部分，而且是整个哲学社会科学体系的基础部分，它自然要体现这一总体要求，合乎这一理论逻辑。时隔不到两个月，习近平在2016年7月8日经济形势分析会上直接提出了“不断完善中国特色社会主义政治经济学理论体系，推进充分体现中国特色、中国风格、中国气派的经济学科建设”[①] 这一中国特色社会主义政治经济学建构的总体要求。这实际上是为中国经济学的发展指明了前进的正确方向，既强调了中国经济学建设的国家主体性[②]，又指认了这一理论的文化主体性。

二是中国特色社会主义政治经济学要以马克思主义政治经济学为指导。习近平斩钉截铁地说：“坚持以马克思主义为指导，是当代中国哲学社会科学区别于其他哲学社会科学的根本标志，必须旗帜鲜明加以坚持。”“在我国，不坚持马克思主义为指导，哲学社会科学就失去灵魂、迷失方向，最终也不能发挥应有作用。”这就旗帜鲜明地阐明了哲学社会科学的阶级性问题。中国特色的哲学社会科学一定是马克思主义的哲学社会科学，因为它的立场是人民的，坚持马克思主义为指导，核心就是要解决哲学社会科学研究是为什么人的问题。中国特色社会主义政治经济学研究必须坚持“以人民为中心的研究导向”。有些人认为马克思主义政治经济学过时了，认为《资本论》过时了，都是在这个根本问题上出了问题。近些年来，马克思主义在一些学科中“失语”、教材中“失踪”、论坛上“失声”的“三失”问

---

① 习近平. 坚定信心增强定力　坚定不移推进供给侧结构性改革. 经济日报，2016-07-09 (1).

② 王立胜. 论中国特色社会主义政治经济学的国家主体性. 哈尔滨：学习与探索，2016 (8)：1-11.

题，尽管有很多方面的复杂原因，但是最根本的问题还是出现在这个原则性问题上，最根本的原因是在研究中失去了“以人民为中心的研究导向”。在我国的经济学教育中，很多人执着于标榜价值中立的西方新自由主义政治经济学，认为引用这些经济学只是我们中国发展市场经济的一种手段，因为在他们看来贯通西方经济学之中的是那种中西兼通的具有普遍意义的“普世价值”，但是，事实证明，由这种自由主义政治经济学所倡导的资本逻辑所带来的社会秩序的紊乱和人们尤其是青年人世界观、人生观和价值观的迷茫，已经成为中国当下社会的严重问题。难道这是所谓的“价值中立”的结果吗？况且，这些新自由主义政治经济学并不能解决当下整个世界范围内存在的经济问题。习近平在讲话中提到了美国学者海尔布龙纳的著作《马克思主义：赞成与反对》和法国学者托马斯·皮凯蒂的《21 世纪资本论》，来说明西方自由主义经济学对西方经济发展遇到的问题也无力解决，他们不得不转向马克思以寻求智慧。难道我们还祈求这些新自由主义政治经济学来解决中国的经济问题吗？我们只有在马克思主义唯物辩证法和马克思主义政治经济学的指导下，立足于中国历史和中国实践，以当下存在的经济问题为导向，深入推进马克思主义政治经济学的中国化，才能建构中国化了的政治经济学———中国特色社会主义政治经济学。

三是中国特色社会主义政治经济学必须以总结和提炼我国改革开放和社会主义现代化建设的伟大实践经验为基础。改革开放近四十年的实践，中国的经济发展取得了举世公认的成功。但是，在中国改革开放的实践过程中，西方学者乃至奉行西方自由主义政治经济学的一些中国学者，是极力引导中国走向资本主义方向的，他们的理论就是社会主义和市场经济是两种经济体系，是不可能融合的，中国要取得实践上的成功，必须实行彻底的市场经济，也就是走西方已经走过的路。但是，当中国成为世界上第二大经济体的时候，面对已经成功的他们无法否定的历史事实，他们就及时地由唱衰中国转向了争夺中国实践成果的解释权和理论话语权。他们的话语是，中国经济的成功是由于采取了新自由主义的经济理论和经济政策，中国经济目前还存在的问题却是没有彻底贯彻新自由主义政治经济学的结果。在这样一种形势下，中国的经济学者必须保持十分清醒的头脑，用马克思主义政治经济学的世界观和方法论，来回顾改革开放的经济发展实践，认真地总结经验，提炼规律性的结论，对中国经济发展的事实做出马克思主义的描述，对中国经济发展中的规律做出马克思主义的理论回答，对中国经济发展的未来走向做出马克思主义的预判。这就是我们建构中国特色社会主义政治经济学要完成的光荣任务。“面对极其复杂的国内外经济形势，面对纷繁多样的经济现象，学习马克思主义政治经济学基本原理和方法论，有利于我们掌握科学的经济分析方法，认识经济运动过程，把握社会经济发展规律，提高驾驭社会主义市场经济能力，更好地回答我国经济发展的理论和实践问题，提高领导我国经济发展的能力和水平”。“学习马克思主义政治经济学，是为了更好指导我国经济发展实践，既要坚持其基本原理和方法论，更要同我国经济发展实际相结合，不断形成新的理论成果”①。

四是中国特色社会主义政治经济学必须借鉴西方经济学的有益成分。强调经济学科建设的中国特色、中国风格、中国气派，并不是要排斥其他国家经济学的学术研究成果。按照马克思主义的基本观点，一门学科的发展对人类创造的有益的理论观点和学术成果都应该吸收和借鉴。习近平在哲学社会科学工作座谈会上的讲话中明确提出建构中国特色哲学社会科学要善于融通古今中外各种资源，要求要借鉴“国外哲学社会科学的资源，包括世界所有国家哲学社会科学取得的积极成果，这可以成为中国特色哲学社会科学的有益滋养。”② 就国外经济学的资源来说，也应该采取这种马

---

① 习近平．立足我国国情和我国发展实践 发展当代中国马克思主义政治经济学．人民日报，2015－11－25（1）．

② 习近平．在哲学社会科学工作座谈会上的讲话．光明日报，2016－05－19（2）．

克思主义的辩证态度。西方发达国家市场经济的建设有着长久的历史经验积累，他们所形成的对市场经济一般规律的认识成果和理论学说，是人类历史发展的宝贵精神财富，中国是后起的市场经济国家，这些规律性的理论成果，完全可以在社会主义的规范下用于中国社会主义市场经济的实践。正如习近平所说：“对现代社会科学积累的有益知识体系，运用的模型推演、数量分析等有效手段，我们也可以用，而且应该好好用。”① 目前政治经济学研究中很多学者对新古典政治经济学将经济学数学化，一味追求数学模型的做法多有批判，但这种批判并不是反对经济学研究中使用数学模型，而是反对将这种方法泛化和唯一化，更不是彻底反对新古典政治经济学的所有理论成果。比如，新古典政治经济学以利益——资源问题与利益均衡机制的发现为主题所进行的理论工作，“以个体的‘欲望’与‘资源’的矛盾作为‘经济学基本问题’，发现了‘边际利益均衡机制’（用边际分析方式表述的‘看不见的手’），产生了新古典主义经济学理论”。这个理论揭示的“是微观层次的个体经济活动的规律。这个规律所描述的均衡态虽然不可能是现实的经济状态，但是在人们的社会经济关系既定的情况下，它指出了市场价格体系的趋向”②。凯恩斯主义政治经济学以再生产流程问题与货币流量机制的发现为主题进行的理论工作，以推动社会再生产流程的动力作为经济学的基本问题，发现了货币流量的动力机制，产生了凯恩斯主义经济学理论。这个理论的创立者及其后继者所发现的“货币流量机制”是社会再生产流程的规律、有效需求不足原理、对市场的国家干预主义和乘数原理、各种货币流量公式，以及政府赤字的挤出效应等等关于宏观经济流量的规律，的确具有不同程度的规律性，当今已经成为各国政府

---

① 习近平．在哲学社会科学工作座谈会上的讲话．光明日报，2016－05－19（2）．

② 鲁品越，王劲松．经济学基本问题与当代经济学思想谱系：三大经济学范式的思想本质与相互关系//张雄，鲁品越．中国经济哲学评论：2015 政治经济学批判专辑．北京：社会科学文献出版社，2016．

制定宏观经济政策的决策依据[①]。这些理论成果都具有科学的成分，这是我们应该借鉴的可贵资源。但是，我们不能对国外的一些理论资源采取形而上学的态度，不能把国外的一种理论观点和学术成果当成唯一准则，“对国外的理论、概念、话语、方法，要有分析、有鉴别，适用的就拿来用，不适用的就不要生搬硬套。哲学社会科学要有批判精神，这是马克思主义最可贵的精神品质”[②]。

五是中国特色社会主义政治经济学要借鉴中国传统文化资源。经济学科建设的中国特色、中国风格、中国气派，强调的是经济学的中国性问题，这种中国性根源于中国传统文化之中，中国传统文化是经济学中国性的文化基因。习近平说：“中华优秀传统文化的资源，这是中国特色哲学社会科学发展十分宝贵、不可多得的资源。”[③] 对于哲学社会科学的其他学科的建构，比如哲学、文化学、政治学、军事学等等，大家都不难理解借鉴中国优秀传统文化这一路径的可行性。对于经济学的学科体系的建构，很多学者持怀疑态度，以为中国历史典籍中就很少有经济学著作。从表面上看，这种观点也不无道理，但进入中国历史典籍的深处，从经济思维方式的层面去分析问题，也许会有极大的斩获。最古老的哲学典籍——《周易》的哲学思维，正是中国经济思维的源头活水。中国历史上的天人关系的思考，孕育着丰富的生态智慧，这种智慧无论是在儒家还是道家的思想中都有丰富表现。在某些物品的官营与私营问题上的长期辩论无疑存有着今天国有和民营之争的思想基因。义利之辨是中国历史上的一个永恒的议题，直到今天也是中国政治经济学当中的一个敏感话题。国外与国内的关系也是中国经济长期历史中的一个焦点问题。我们把今天建构中国特色社会主义政治经济学中遇到的一系列问题予以历史的回溯，古人的经验和智慧也

① 鲁品越，王劲松．经济学基本问题与当代经济学思想谱系：三大经济学范式的思想本质与相互关系//张雄，鲁品越．中国经济哲学评论·2015政治经济学批判专辑．北京：社会科学文献出版社，2016.

② 习近平．在哲学社会科学工作座谈会上的讲话．光明日报，2016－05－19（2）.

③ 习近平．在哲学社会科学工作座谈会上的讲话．光明日报，2016－05－19（2）.

许会给我们提供中国文化最深层的根基性的资源支撑。

六是中国特色社会主义政治经济学必须要以问题为导向。建构中国特色社会主义政治经济学不能从原则出发，现实问题才是这种研究的出发点。目前，建构这个理论体系的学术研究已经蓬勃兴起，很多学者绞尽脑汁，用不同的方式排列经济学的一些基本原理。这种方法是不可能建构起一种科学的经济学学科体系的。科学的态度应该是根据中国改革开放的历史进程，认真梳理出我们在实践中到底遇到了和解决了哪些贯彻始终的经济方面的大问题，在解决这些问题的过程中，我们积累了哪些经验，有哪些教训，经过经验和教训的比较，可以概括哪些规律性的东西。为了表达这些规律性的认识成果，形成了哪些独特的范畴和基本原理。这种方法是问题导向的。正如习近平所指出："坚持问题导向是马克思主义的鲜明特点。问题是创新的起点，也是创新的动力源。只有聆听时代的声音，回应时代的呼唤，认真研究解决重大而紧迫的问题，才能真正把握住历史脉络，找到发展规律，推动理论创新。"习近平还指出，历史上一些经济学家的名著都是对时代问题思考和研究的结晶："亚当·斯密的《国民财富的性质和原因的研究》、马尔萨斯的《人口原理》、凯恩斯的《就业利息和货币通论》、约瑟夫·熊彼特的《经济发展理论》、萨缪尔森的《经济学》、弗里德曼的《资本主义与自由》、西蒙·库兹涅茨的《各国的经济增长》等著作，过去我都翻阅过，一个重要感受就是这些著作都是时代的产物，都是思考和研究当时当地社会突出矛盾和问题的结果。"①

七是中国特色社会主义政治经济学要立足中国、综合创新。对于如何建构中国特色哲学社会科学，习近平提出了一个综合性的思维路径："要按照立足中国、借鉴国外，挖掘历史、把握当代，关怀人类、面向未来的思路，着力构建中国特色哲学社会科学，在指导思想、学科体系、学术体系、

① 习近平．在哲学社会科学工作座谈会上的讲话．光明日报，2016-05-19（2）．

话语体系等方面充分体现中国特色、中国风格、中国气派。”[①] 这个思路也是建构中国特色社会主义政治经济学的基本路径。这个思路的本质是要求中国问题的研究必须立足中国实际，必须以中国为中心。按照毛泽东的说法是这种研究“应该以中国作中心，把屁股坐在中国身上”[②]。但是，这种研究又是开放性的，绝不是故步自封，古今中外的思想资源、历史经验都必须考虑到，在这个基础上进行综合性的理论创新，而创新的最根本的基础是中国的活生生的实践。这实际上也是我们上述六条的一个综合性判断。

（原载于《当代经济研究》2017 年第 1 期）

① 习近平．在哲学社会科学工作座谈会上的讲话．光明日报，2016－05－19（2）．

② 毛泽东文集：第 2 卷．北京：人民出版社．1993：407．

论习近平经济思想理论体系的伟大创新

思想能够构成体系，在于组成思想体系的各个理论之间，既相对独立地各自解决不同的问题，又相互联系，相互贯通，相互制约，从而使思想体系具有超越各个单项理论的系统性、整体性和逻辑性。一个独立完整的思想理论体系，就其逻辑特征而言，一定是全面的而非局部的，严密的而非疏漏的，自然的而非勉强的，是“牵一发而动全身”的思想整体。习近平的经济思想理论体系已经具备了这样的特征，探讨习近平经济思想理论体系的创新也就有了现实的可能性。

习近平经济思想理论体系诞生于党的十八大之后的中国经济和社会发展的新的历史时期。这一思想理论体系产生的时间不算太长，但体系疏朗宏大，逻辑结构完整清晰，是基于中国经济发展现实问题的思考而形成的思想精华，也是对马克思主义政治经济学和中国共产党历代领导集体经济思想的继承和发展，更是应中国经济经过 30 多年高速发展进入了“新常态”后经济实践发展的迫切需要而产生。

研究习近平经济思想理论体系创新的最新成果，有助于从总体上理解和把握中国社会主义经济建设规律，有助于辩证理解改革开放前 30 年和后 30 年之间的超越性和连续性，有助于建构中国特色社会主义政治经济学理论体系，有助于指导中国经济新常态下的继续发展，也有助于为世界经济特别是发展中国家经济发展贡献中国智慧。

习近平经济思想理论体系具有八大创新。

一、 经济发展目标的新表述：实现中华民族伟大复兴的中国梦

习近平经济思想理论有着鲜明的目标指向和强烈的使命意识。实现中华民族伟大复兴的中国梦，是习近平经济思想中关于经济和社会发展目标的新表述。

历代中央领导集体都会有明确的经济发展目标，但是，对这个目标的话语表达形式会随着时代的发展变化而有所创新。将实现中国的独立富强、使中国能屹立于世界民族之林从而对人类做出较大的贡献视为己任，是历代中央领导的基本思想。

1959 年底 1960 年初读苏联《政治经济学教科书（社会主义部分）》时，毛泽东指出："建设社会主义，原来要求是工业现代化，农业现代化，科学文化现代化，现在要加上国防现代化。"[①] 这样，他第一次比较完整地表述了"四个现代化"的经济和社会发展目标。1960 年毛泽东在会见斯诺时说："在我国，要建设起强大的社会主义经济，我估计要花一百多年。"[②]

改革开放之后，邓小平设想在 20 世纪末实现现代化的一个初步目标，即小康，再花 30 年到 50 年时间，接近发达国家水平。党的十二大将这一思想写进政治报告。1987 年，邓小平提出"三步走"发展战略，党的十三大明确概括为：第一步，从 1981 年到 1990 年实现国民生产总值比 1980 年翻一番，解决人民的温饱问题；第二步，从 1991 年到 20 世纪末，使国民生产总值再增长一倍，人民生活水平达到小康水平；第三步，到 21 世纪中叶，使国民生产总值再增长一倍，人均国民生产总值达到中等发达国家水平，人民生活比较富裕，基本实现现代化。

党的十五大明确提出了在 21 世纪前半叶的新"三步走"发展战略，指

---

① 毛泽东文集：第 8 卷．北京：人民出版社，1999：116，301.

② 毛泽东文集：第 8 卷．北京：人民出版社，1999：116，301.

出：我们的目标是，第一个10年实现国民生产总值比2000年翻一番，使人民的小康生活更加富裕，形成比较完善的社会主义市场经济体制；再经过10年的努力，到建党100周年时，使国民经济更快发展，各项制度更加完善；到下个世纪中叶新中国成立100年时，基本实现现代化，建成富强、民主、文明的社会主义国家。“两个一百年”的奋斗目标清晰可见。党的十六大报告强调：我们党必须坚定地站在时代潮流前头，在中国特色社会主义道路上实现中华民族的伟大复兴。

2012年11月，习近平和其他中央领导同志参观《复兴之路》展览时指出：“现在，大家都在讨论中国梦，我以为，实现中华民族伟大复兴，就是中华民族近代以来最伟大的梦想。”“我坚信，到中国共产党成立100年时全面建成小康社会的目标一定能实现，到新中国成立100年时建成富强民主文明和谐的社会主义现代化国家的目标一定能实现，中华民族伟大复兴的梦想一定能实现。”①

中国梦的提法将中华民族伟大复兴这一总体目标极为简明和通俗地表达出来，并且确定了“两个一百年”的鲜明的时间节点，增强了对中国人民的感染力和动员力。一经提出，举国振奋，世界关注。这种话语体系的创新无疑是中国软实力的增强。

中国梦是在确定的时间内所要完成的确定的经济社会发展目标。中华民族伟大复兴是个总体目标，它包括经济、政治、文化、社会和生态各个方面，经济是这个总体目标的基础。但中国梦绝不单纯是一个经济目标，中国梦的基本内涵，是实现国家富强、民族振兴、人民幸福。但是，实现中国梦的经济目标是一切其他目标的物质基础。

---

① 习近平．承前启后继往开来　继续朝着中华民族伟大复兴目标奋勇前进．人民日报，2012－11－30.

二、 经济发展状态、 特征和趋势的新判断：新常态

2014 年 5 月，习近平在河南考察时首次明确提出新常态："我国发展仍处于重要战略机遇期，我们要增强信心，从当前我国经济发展的阶段性特征出发，适应新常态，保持战略上的平常心态。"① 同年 12 月，他在中央经济工作会议上首次系统地阐述了中国经济新常态四大特点：经济增长速度从高速转向中高速，经济发展方式从规模速度型粗放增长转向质量效率型集约增长，经济结构从增量扩能为主转向调整存量、做优增量并存的深度调整，经济发展动力从传统增长点转向新的增长点②。2015 年 12 月中央经济工作会议认为，认识新常态、适应新常态、引领新常态，是当前和今后一个时期我国经济发展的大逻辑③。这是以习近平同志为总书记的党中央综合分析世界经济长周期和我国发展阶段性特征及其相互作用做出的重大判断，是对我国迈向更高级发展阶段的理论指南。新常态思想就是中国发展经济学的理论坐标。

2015 年 12 月中央经济工作会议指出，引领经济发展新常态，要努力实现多方面工作重点转变。推动经济发展，要更加注重提高发展质量和效益。稳定经济增长，要更加注重供给侧结构性改革。实施宏观调控，要更加注重引导市场行为和社会心理预期。调整产业结构，要更加注重加减乘除并举。推进城镇化，要更加注重以人为核心。促进区域发展，要更加注重人口经济和资源环境空间均衡。保护生态环境，要更加注重促进形成绿色生产方式和消费方式。保障改善民生，要更加注重对特定人群特殊困难的精准帮扶。进行资源配置，要更加注重使市场在资源配置中起决定性作用。

---

① 习近平在河南考察时强调深化改革发挥优势创新思路统筹兼顾确保经济持续健康发展社会和谐稳定．人民日报，2014 - 5 - 11.

② 中央经济工作会议在北京举行．人民日报，2014 - 12 - 12.

③ 中央经济工作会议在北京举行．人民日报，2015 - 12 - 22.

扩大对外开放，要更加注重推进高水平双向开放[①]。

习近平精辟地分析：党的十一届三中全会开启改革开放30多年来，我们用几十年时间走完了发达国家几百年走过的发展历程，创造了世界发展的奇迹。随着经济总量不断增大，我们在发展中遇到了一系列新情况新问题。经济发展面临速度换挡节点，如同一个人，10岁至18岁期间个子猛长，18岁之后长个子的速度就慢下来了。经济发展面临结构调整节点，低端产业产能过剩要集中消化，中高端产业要加快发展，过去生产什么都赚钱、生产多少都能卖出去的情况不存在了。经济发展面临动力转换节点，低成本资源和要素投入形成的驱动力明显减弱，经济增长需要更多驱动力创新[②]。

对内，原有的经济发展环境发生重大变化，原有的经济方式难以为继；对外，对国际市场的利用也出现重大变化，2008年国际金融危机爆发后，西方国家经济进入深度调整期，有效需求下降，全球贸易发展进入低迷期，导致我国出口竞争加剧，贸易增速下降。这样的趋势，短时间内不大会改变。

我国经济发展进入新常态。这是一个客观状态，也是一种内在必然性，更是对未来经济发展趋势的基本而重大的判断，决定了未来应该采取什么样的发展理念、依靠什么样的发展动力。

新常态下，我国经济发展的主要特点是：增长速度要从高速转向中高速，发展方式要从规模速度型转向质量效率型，经济结构调整要从增量扩能为主转向调整存量、做优增量并举，发展动力要从主要依靠资源和低成本劳动力等要素投入转向创新驱动。这些变化，是我国经济向形态更高级、分工更优化、结构更合理的阶段演进的必经过程。习近平认为，要实现这

---

① 中央经济工作会议在北京举行．人民日报，2015-12-22.

② 习近平．在省部级主要领导干部学习贯彻党的十八届五中全会精神专题研讨班上的讲话．人民日报，2016-5-10.

样广泛而深刻的变化并不容易，对我们是一个新的巨大挑战。

习近平还辩证地指出，虽然处于新常态下，我国仍处于发展的重要战略机遇期，经济发展长期向好的基本面没有变；新常态不是不干事，不是不要发展，不是不要国内生产总值增长，而是要更好发挥主观能动性、更有创造精神地推动发展；要把握这些大势，坚持以经济建设为中心，坚持发展是硬道理的战略思想，变中求新、新中求进、进中突破，推动我国发展不断迈上新台阶。

三、发展理念的新集成：创新、协调、绿色、开放、共享

坚持发展是硬道理，一直是我们的战略思想，党的十八大报告重申，“发展是我党执政兴国的第一要务”，“以经济建设为中心是兴国之要，发展仍是解决我国所有问题的关键”[①]。但随着形势的变化，传统的发展理念和发展方式，已经遇到种种问题，甚至会产生新的问题而难以为继，以什么样的发展理念来指导经济，成为当务之急。

创新、协调、绿色、开放、共享的新发展理念，是习近平经济思想中通过集成创新而形成的极富指导意义的思想。

新发展理念，虽然更多地体现为经济发展的指导思想，但其问题导向、目标指向、实践操作性都非常强。新发展理念，都有利于增强发展动力，比如创新，本身也是发展动力，抓住了创新，就抓住了牵动经济社会发展全局的“牛鼻子”；协调，更多的是统筹兼顾、“弹钢琴”、综合平衡等思想方法和工作方法，现在，协调既是发展手段又是发展目标，同时还是评价发展的标准和尺度；绿色，也可以推动自然资本大量增值，让良好生态环境成为人民生活的增长点；开放，不但能发展壮大自己，而且可以引领世

---

① 胡锦涛．坚定不移沿着中国特色社会主义道路前进　为全面建成小康社会而奋斗：在中国共产党第十八次全国代表大会上的报告．人民日报，2012－11－18

界发展潮流；共享，实质就是坚持以人民为中心的发展思想，体现的是逐步实现共同富裕的要求。

新发展理念的五大关键词各有侧重，有机整合，有力地破解了经济发展新常态下各种问题的路径，构建了全新的发展话语、发展模式和发展理念。之后，习近平对每个“理念”均增添了一个动词：崇尚创新、注重协调、倡导绿色、厚植开放、推进共享。这是对五大发展理念的进一步集成和丰富。

四、经济发展动力理论的新探索：全面深化改革，全方位对外开放

1992 年，邓小平同志在南方谈话中说：“不坚持社会主义，不改革开放，不发展经济，不改善人民生活，只能是死路一条。”① 习近平指出：正是从历史经验和现实需要的高度，党的十八大以来，中央反复强调，改革开放是决定当代中国命运的关键一招，也是决定实现“两个一百年”奋斗目标、实现中华民族伟大复兴的关键一招，实践发展永无止境，解放思想永无止境，改革开放也永无止境，停顿和倒退没有出路，改革开放只有进行时、没有完成时②。习近平强调，改革开放是中国的基本国策，也是今后推动中国发展的根本动力③。

主要因为时代在变化，习近平经济思想中的改革开放，和党的十八大之前的改革开放，有一脉相承的地方，但也有很大的不同。习近平所说的改革，是全面深化改革，开放，是全方位对外开放。

1. 全面深化改革的新特征和新突破

---

① 邓小平文选：第 3 卷. 北京：人民出版社，1993：370.

② 习近平. 关于《中共中央关于全面深化改革若干重大问题的决定》的说明. 人民日报，2013 - 11 - 16.

③ 习近平. 关于《中共中央关于全面深化改革若干重大问题的决定》的说明. 人民日报，2013 - 11 - 16.

（1）全面深化改革的全面性、大局性和系统性。

习近平强调：全面深化改革是关系党和国家事业发展全局的重大战略部署，不是某个领域某个方面的单项改革[①]。这样的改革，必然要求从全局看问题，必然需要加强顶层设计和整体谋划，加强各项改革的关联性、系统性、可行性研究，统筹考虑、全面论证、科学决策。与之前的改革"摸着石头过河"不同，全面深化改革需要"加强顶层设计和摸着石头过河相结合"。

（2）全面深化改革仍然需要解放思想，但解放思想的内涵有了变化，改革需要着力解决的一系列矛盾和问题更加突出，风险更大。

习近平认为，提出改革举措当然要慎重，要反复研究、反复论证，但也不能因此就谨小慎微、裹足不前，什么也不敢干、不敢试。搞改革，现有的工作格局和体制运行不可能一点都不打破，不可能都是四平八稳、没有任何风险。只要经过了充分论证和评估，只要是符合实际、必须做的，该干的还是要大胆干[②]。习近平这一观点，和邓小平同志在 1992 年南方谈话中所说"改革开放胆子要大一些，敢于试验，不能像小脚女人一样。看准了的，就大胆地试，大胆地闯"一脉相承。

但全面深化改革中的解放思想，除了要冲破思想观念的障碍，更重要的是要突破利益固化的藩篱。

习近平指出，在深化改革问题上，一些思想观念障碍往往不是来自体制外而是来自体制内。思想不解放，我们就很难看清各种利益固化的症结所在，很难找准突破的方向和着力点，很难拿出创造性的改革举措。因此，一定要有自我革新的勇气和胸怀，跳出条条框框限制，克服部门利益掣肘，以积极主动精神研究和提出改革举措[③]。

---

① 习近平．关于《中共中央关于全面深化改革若干重大问题的决定》的说明．人民日报，2013－11－16.

② 习近平同美国总统奥巴马会晤．人民日报，2015－9－26.

③ 习近平．关于《中共中央关于全面深化改革若干重大问题的决定》的说明．人民日报，2013－11－16.

当前，我们的改革到了一个新的历史关头。习近平指出："中国改革经过三十多年，已进入深水区，可以说，容易的、皆大欢喜的改革已经完成了，好吃的肉都吃掉了，剩下的都是难啃的硬骨头。"① 他强调："因循守旧没有出路，畏缩不前坐失良机。中国改革的方向已经明确、不会动摇；中国改革的步伐将坚定向前、不会放慢。""中国改革已经进入攻坚期和深水区，我们将以壮士断腕的勇气、凤凰涅槃的决心，敢于向积存多年的顽瘴痼疾开刀，敢于触及深层次利益关系和矛盾，把改革进行到底。"②

党的十八大之前的改革，也是为了解决制约发展的问题，而全面深化改革，更是基于强烈的问题意识，以重大问题为导向，抓住关键问题进一步研究思考，着力推动解决我国发展面临的一系列突出矛盾和问题。

（3）全面深化改革的总目标，是完善和发展中国特色社会主义制度、推进国家治理体系和治理能力现代化。

习近平指出，我们之所以决定这次三中全会研究全面深化改革问题，不是推进一个领域改革，也不是推进几个领域改革，而是推进所有领域改革，就是从国家治理体系和治理能力的总体角度考虑的。国家治理体系和治理能力是一个国家制度和制度执行能力的集中体现。推进国家治理体系和治理能力现代化，就是要适应时代变化，既改革不适应实践发展要求的体制机制、法律法规，又不断构建新的体制机制、法律法规，使各方面制度更加科学、更加完善，实现党、国家、社会各项事务治理制度化、规范化、程序化。要更加注重治理能力建设，增强按制度办事、依法办事意识，善于运用制度和法律治理国家，把各方面制度优势转化为管理国家的效能，提高党科学执政、民主执政、依法执政水平③。

---

① 习近平接受俄罗斯电视台专访．2014－02－09．http：//news．xinhuanet．com/world/2014－02/09/c－119248735．htm．

② 习近平．中国发展新起点全球增长新蓝图：在二十国集团工商峰会开幕式上的主旨演讲．人民日报，2016－9－4．

③ 习近平．切实把思想统一到党的十八届三中全会精神上来．求是，2014（1）．

习近平后来还强调，只有以提高党的执政能力为重点，尽快把我们各级干部、各方面管理者的思想政治素质、科学文化素质、工作本领都提高起来，尽快把党和国家机关、企事业单位、人民团体、社会组织等的工作能力都提高起来，国家治理体系才能更加有效运转①。

（4）供给侧结构性改革。

加大结构性改革力度，推进供给侧结构性改革，是适应和引领经济发展新常态的重大创新和主动选择，是经济治理的有效药方、也是问题倒逼以解决中国中长期经济问题的根本之道。

习近平指出，供给侧结构性改革，重点是解放和发展社会生产力，用改革的办法推进结构调整，减少无效和低端供给，扩大有效和中高端供给，增强供给结构对需求变化的适应性和灵活性，提高全要素生产率。这不只是一个税收和税率问题，而是要通过一系列政策举措，特别是推动科技创新、发展实体经济、保障和改善人民生活的政策措施，来解决我国经济供给侧存在的问题。我们讲的供给侧结构性改革，既强调供给又关注需求，既突出发展社会生产力又注重完善生产关系，既发挥市场在资源配置中的决定性作用又更好发挥政府作用，既着眼当前又立足长远。从政治经济学的角度看，供给侧结构性改革的根本，是使我国供给能力更好满足广大人民日益增长、不断升级和个性化的物质文化和生态环境需要，从而实现社会主义生产目的②。

推进供给侧结构性改革，要从生产端入手，重点是促进产能过剩有效化解，促进产业优化重组，降低企业成本，发展战略性新兴产业和现代服务业，增加公共产品和服务供给，提高供给结构对需求变化的适应性和灵活性。简言之，就是去产能、去库存、去杠杆、降成本、补短板。在二十

---

① 习近平在省部级主要领导干部学习贯彻十八届三中全会精神全面深化改革专题研讨班开班式上发表重要讲话．2014－02－17．http：//news．xinhuanet．com/photo/2014－02/17/c－119374303．Ht

② 习近平．在省部级主要领导干部学习贯彻党的十八届五中全会精神专题研讨班上的讲话．人民日报，2016－5－10．

国集团工商峰会开幕式上，习近平特别提到：从2016年开始，我们正大力推进供给侧结构性改革，主动调节供求关系，要用5年时间再压减粗钢产能1亿至1.5亿吨，用3年至5年时间再退出煤炭产能5亿吨左右、减量重组5亿吨左右。这是我们从自身长远发展出发，从去产能、调结构、稳增长出发，自主采取的行动。中国在去产能方面，力度最大，举措最实，说到就会做到①。

习近平指出，我们将继续推进供给侧结构性改革，解决好当前经济发展中的主要矛盾，通过优化要素配置和调整产业结构提高供给体系质量和效率，激发市场活力，促进协调发展②。

2. 全方位对外开放的新特征和新突破

(1) 努力成为经济全球化的主要推手，勇敢成为推动贸易和投资自由化便利化的最大旗手。

习近平指出，20年前甚至15年前，经济全球化的主要推手是美国等西方国家，今天反而是我们被认为是世界上推动贸易和投资自由化便利化的最大旗手，积极主动同西方国家形形色色的保护主义做斗争。这说明，只要主动顺应世界发展潮流，不但能发展壮大自己，而且可以引领世界发展潮流③。同样的场合，习近平提醒高级干部：我们今天开放发展的大环境总体上比以往任何时候都更为有利，同时面临的矛盾、风险、博弈也前所未有，稍不留神就可能掉入别人精心设置的陷阱④。

(2)“一带一路”。

习近平强调，“一带一路”建设是我国在新的历史条件下实行全方位对

---

① 习近平. 中国发展新起点全球增长新蓝图：在二十国集团工商峰会开幕式上的主旨演讲. 人民日报，2016-9-4.

② 借鉴历史经验创新合作理念让“一带一路”建设推动各国共同发展. 人民日报，2016-5-1.

③ 习近平. 在省部级主要领导干部学习贯彻党的十八届五中全会精神专题研讨班上的讲话. 人民日报，2016-5-10.

④ 习近平. 在省部级主要领导干部学习贯彻党的十八届五中全会精神专题研讨班上的讲话. 人民日报，2016-5-10.

外开放的重大举措、推行互利共赢的重要平台。在新的历史条件下，我们提出“一带一路”倡议，就是要继承和发扬丝绸之路精神，把我国发展同沿线国家发展结合起来，把中国梦同沿线各国人民的梦想结合起来，赋予古代丝绸之路以全新的时代内涵。推进“一带一路”建设，要处理好我国利益和沿线国家利益的关系，政府、市场、社会的关系，经贸合作和人文交流的关系，对外开放和维护国家安全的关系，务实推进和舆论引导的关系，国家总体目标和地方具体目标的关系①。

“一带一路”这一跨越时空的宏伟构想，承接古今、连接中外，真正构建起“利益共同体”和“命运共同体”。习近平说：中国的发展得益于国际社会，也愿为国际社会提供更多公共产品。我提出“一带一路”倡议，旨在同沿线各国分享中国发展机遇，实现共同繁荣。丝绸之路经济带一系列重点项目和经济走廊建设已经取得重要进展，21 世纪海上丝绸之路建设正在同步推进。我们倡导创建的亚洲基础设施投资银行，已经开始在区域基础设施建设方面发挥积极作用②。

（3）自贸区战略。

习近平强调，加快实施自由贸易区战略，是适应经济全球化新趋势的客观要求，是全面深化改革、构建开放型经济新体制的必然选择，也是我国积极运筹对外关系、实现对外战略目标的重要手段。我们要加快实施自由贸易区战略，发挥自由贸易区对贸易投资的促进作用，更好帮助我国企业开拓国际市场，为我国经济发展注入新动力、增添新活力、拓展新空间。加快实施自由贸易区战略，是我国积极参与国际经贸规则制定、争取全球经济治理制度性权力的重要平台，我们不能当旁观者、跟随者，而是要做参与者、引领者，善于通过自由贸易区建设增强我国国际竞争力，在国际

① 借鉴历史经验创新合作理念让“一带一路”建设推动各国共同发展. 人民日报，2016 – 5 – 1.

② 习近平. 中国发展新起点全球增长新蓝图：在二十国集团工商峰会开幕式上的主旨演讲. 人民日报，2016 – 9 – 4.

规则制定中发出更多中国声音、注入更多中国元素，维护和拓展我国发展利益。要建立公平开放透明的市场规则，提高我国服务业国际竞争力。要坚持引进来和走出去相结合，完善对外投资体制和政策，激发企业对外投资潜力，勇于并善于在全球范围内配置资源、开拓市场。要加快从贸易大国走向贸易强国，巩固外贸传统优势，培育竞争新优势，拓展外贸发展空间，积极扩大进口。要树立战略思维和全球视野，站在国内国际两个大局相互联系的高度，审视我国和世界的发展，把我国对外开放事业不断推向前进①。

2015 年 11 月 9 日中央全面深化改革领导小组第十八次会议强调，加快实施自由贸易区战略，要坚持使市场在资源配置中起决定性作用和更好发挥政府作用，坚持统筹考虑和综合运用国内国际两个市场、两种资源，坚持与推进共建“一带一路”和国家对外战略紧密衔接，坚持把握开放主动和维护国家安全，逐步构筑起立足周边、辐射“一带一路”、面向全球的高标准自由贸易区网络。要把握好扩大开放和深化改革、全面参与和重点突破、科学评估和防控风险等重大关系，重点在提高货物贸易开放水平、扩大服务业对外开放、放宽投资准入、推进规则谈判、提高贸易便利化水平、推进规制合作、加强经济技术合作等方面深化改革，完善体制机制，健全政策体系，建设高水平自由贸易区②。

习近平多次代表中国“力挺”多边贸易体制。2013 年 9 月，习近平在会见世贸组织总干事阿泽维多时说：“以世界贸易组织为核心的多边贸易体制是贸易自由化便利化的基础。中国是多边贸易体制的坚定支持者，将一如既往做负责任的世界贸易组织成员，积极参与多边贸易体制建设。”③ 在二十国集团（G20）领导人第九次峰会上习近平指出：“世界贸易扩大了，

---

① 加快实施自由贸易区战略　加快构建开放型经济新体制．人民日报，2014 - 12 - 7.

② 全面贯彻党的十八届五中全会精神　依靠改革为科学发展提供持续动力．人民日报，2015 - 11 - 10.

③ 习近平会见世贸组织总干事阿泽维多．http：//news．xinhuanet．com/2013 - 09/05/c - 117246633．htm.

各国都受益。世界市场缩小了，对各国都没有好处。我们要继续做全球自由贸易的旗手，维护多边贸易体制，构建互利共赢的全球价值链，培育全球大市场。要继续反对贸易和投资保护主义，推动多回合谈判。要推动各种自由贸易协定做到开放、包容、透明、非歧视，避免市场分割和贸易体系分化。"[①]

习近平指出：在新的起点上，我们将坚定不移扩大对外开放，实现更广互利共赢。奉行互利共赢的开放战略，不断创造更全面、更深入、更多元的对外开放格局，是中国的战略选择。中国对外开放不会停滞，更不会走回头路。我们将继续深入参与经济全球化进程，支持多边贸易体制。我们将加大放宽外商投资准入，提高便利化程度，促进公平开放竞争，全力营造优良营商环境。同时，我们将加快同有关国家商签自由贸易协定和投资协定，推进国内高标准自由贸易试验区建设。在有序开展人民币汇率市场化改革、逐步开放国内资本市场的同时，我们将继续推动人民币走出去，提高金融业国际化水平[②]。

五、经济发展道路理论的新概括：从"四化"同步到"五化"同步

党的十八大提出，坚持走中国特色新型工业化、信息化、城镇化、农业现代化道路，推动信息化和工业化深度融合、工业化和城镇化良性互动、城镇化和农业现代化相互协调，促进工业化、信息化、城镇化、农业现代化同步发展[③]。2013 年 3 月 8 日，习近平参加十二届全国人大一次会议江苏

---

① 习近平．推动创新发展实现联动增长．人民日报，2014－11－16.

② 习近平．中国发展新起点全球增长新蓝图：在二十国集团工商峰会开幕式上的主旨演讲．人民日报，2016－9－4.

③ 胡锦涛．坚定不移沿着中国特色社会主义道路前进为全面建成小康社会而奋斗：在中国共产党第十八次全国代表大会上的报告．人民日报，2012－11－18.

代表团审议时指出，我们现在搞城镇化，不能单兵突进，而是要协同作战，做到工业化和城镇化良性互动、城镇化和农业现代化相互协调。在推进城镇化的过程中，要尊重经济社会发展规律，过快过慢都不行①。

2013 年 5 月，中共中央政治局第六次集体学习聚焦生态文明，会议上习近平提出许多新的观点和要求，比如“优化国土空间开发格局”“全面促进资源节约”“加大自然生态系统和环境保护力度”“加强生态文明制度建设”②。

2015 年 3 月 24 日的政治局会议审议通过《关于加快推进生态文明建设的意见》，“绿色化”概念首次在中央政治局会议上提出：把生态文明建设融入经济、政治、文化、社会建设各方面和全过程，协同推进新型工业化、城镇化、信息化、农业现代化和绿色化，牢固树立“绿水青山就是金山银山”的理念，坚持把节约优先、保护优先、自然恢复作为基本方针，把绿色发展、循环发展、低碳发展作为基本途径，把深化改革和创新驱动作为基本动力，把培育生态文化作为重要支撑，把重点突破和整体推进作为工作方式，切实把生态文明建设工作抓紧抓好③。

会议强调，要全面推动国土空间开发格局优化、加快技术创新和结构调整、促进资源节约循环高效利用、加大自然生态系统和环境保护力度等重点工作，努力在重要领域和关键环节取得突破。必须加快推动生产方式绿色化，构建科技含量高、资源消耗低、环境污染少的产业结构和生产方式，大幅提高经济绿色化程度，加快发展绿色产业，形成经济社会发展新的增长点。必须加快推动生活方式绿色化，实现生活方式和消费模式向勤俭节约、绿色低碳、文明健康的方向转变，力戒奢侈浪费和不合理消费。必须弘扬生态文明主流价值观，把生态文明纳入社会主义核心价值体系，

---

① 总书记和江苏代表许下新约会．扬子晚报，2013－3－9．

② 坚持节约资源和保护环境基本国策努力走向社会主义生态文明新时代．人民日报，2013－5－25．

③ 中共中央政治局召开会议审议《关于加快推进生态文明建设的意见》研究广东天津福建上海自由贸易试验区有关方案．人民日报，2015－3－25．

形成人人、事事、时时崇尚生态文明的社会新风尚，为生态文明建设奠定坚实的社会、群众基础。必须把制度建设作为推进生态文明建设的重中之重，按照国家治理体系和治理能力现代化的要求，着力破解制约生态文明建设的体制机制障碍，以资源环境生态红线管控、自然资源资产产权和用途管制、自然资源资产负债表、自然资源资产离任审计、生态环境损害赔偿和责任追究、生态补偿等重大制度为突破口，深化生态文明体制改革，尽快出台相关改革方案，建立系统完整的制度体系，把生态文明建设纳入法治化、制度化轨道。必须从全球视野加快推进生态文明建设，把绿色发展转化为新的综合国力和国际竞争新优势。通过多措并举、多管齐下，使青山常在、清水长流、空气常新，让人民群众在良好生态环境中生产生活①。

“绿色化”把四化同步扩容为五化同步，具有重要意义：

首先是一次理论创新，在党的十八大上，“生态文明”就被首次提到与经济、政治、社会、文化并列的地位，中国特色社会主义开始成为全新的“五位一体”。

其次是一项政治任务，“绿色化”不仅有生产方式和生活方式的内容，还上升到了社会主义核心价值观，不仅将改革作为绿色化的切口方案，而且提出了法治和制度保障，不仅有国内视角，还有国际视野，寻求国际合作。

再次是一项民生福祉，习近平指出：“良好生态环境是最公平的公共产品，是最普惠的民生福祉。”② 随着社会发展和人民生活水平不断提高，人民群众对干净的水、清新的空气、安全的食品、优美的环境等的要求越来越高，生态环境在群众生活幸福指数中的地位不断凸显，环境问题日益成

---

① 中共中央政治局召开会议审议《关于加快推进生态文明建设的意见》研究广东天津福建上海自由贸易试验区有关方案．人民日报，2015－3－25.

② 习近平在海南考察．人民日报，2013－4－11.

为重要的民生问题。2013 年 9 月 7 日，习近平在哈萨克斯坦纳扎尔巴耶夫大学发表演讲并回答学生们提出的问题，在谈到环境保护问题时他指出："我们既要绿水青山，也要金山银山。宁要绿水青山，不要金山银山，而且绿水青山就是金山银山。"[①] 习近平强调：在新的起点上，我们将坚定不移推动绿色发展，谋求更佳质量效益。我多次说过，绿水青山就是金山银山，保护环境就是保护生产力，改善环境就是发展生产力。这个朴素的道理正得到越来越多人们的认同。我们将毫不动摇实施可持续发展战略，坚持绿色低碳循环发展，坚持节约资源和保护环境的基本国策。我们推动绿色发展，也是为了主动应对气候变化和产能过剩问题。今后 5 年，中国单位国内生产总值用水量、能耗、二氧化碳排放量将分别下降 23%、15%、18%。我们要建设天蓝、地绿、水清的美丽中国，让老百姓在宜居的环境中享受生活，切实感受到经济发展带来的生态效益[②]。

最后，保护生态环境就是保护生产力。2013 年 5 月，习近平总书记在中央政治局第六次集体学习时指出，"要正确处理好经济发展同生态环境保护的关系，牢固树立保护生态环境就是保护生产力、改善生态环境就是发展生产力的理念"[③]。这一重要论述，深刻阐明了生态环境与生产力之间的关系，是对生产力理论的重大发展，饱含尊重自然、谋求人与自然和谐发展的价值理念和发展理念。

能源资源相对不足、生态环境承载能力不强，已成为我国的一个基本国情。中国是一个有 13 亿多人口的大国，我们不能走许多国家"先污染后治理"的老路。习近平曾感慨："深呼吸这个最基本的需求，倒成了现在老百姓最幸福的追求，很值得我们深思。"他说，假如用发展所获得的效益，不能弥补破坏带来的补偿，那么发展就是无用功，这就要思考我们发展追

① 习近平在哈萨克斯坦纳扎尔巴耶夫大学发表重要演讲．人民日报，2013－9－8.

② 习近平．中国发展新起点全球增长新蓝图：在二十国集团工商峰会开幕式上的主旨演讲．人民日报，2016－9－4.

③ 坚持节约资源和保护环境基本国策　努力走向社会主义生态文明新时代．人民日报，2013－5－25.

求的到底是什么[①]。中国要实现工业化、信息化、城镇化、农业现代化，必须走出一条新的发展道路，探索走出一条环境保护新路，实现经济社会发展与生态环境保护的共赢，为子孙后代留下可持续发展的“绿色银行”。

六、经济制度理论的新拓展：基本经济制度、产权保护制度、基本分配制度和土地制度

制度创新是改革开放以来推动经济发展的一条基本的经验，党的十八大以来，以习近平为核心的党中央更加注重从制度的层面探讨中国经济发展问题，在经济制度理论方面有着重大的创新。

1、基本经济制度

（1）关于公有制经济和非公有制经济的两个“毫不动摇”。党的十八届三中全会强调，公有制为主体、多种所有制经济共同发展的基本经济制度，是中国特色社会主义制度的重要支柱，也是社会主义市场经济体制的根基。公有制经济和非公有制经济都是社会主义市场经济的重要组成部分，都是我国经济社会发展的重要基础。必须毫不动摇巩固和发展公有制经济，坚持公有制主体地位，发挥国有经济主导作用，不断增强国有经济活力、控制力、影响力。必须毫不动摇鼓励、支持、引导非公有制经济发展，激发非公有制经济活力和创造力。习近平称这一基本经济制度“是中国共产党确立的一项大政方针”[②]。

（2）关于国有企业的两个“不动摇”。习近平指出，国有企业是推进现代化、保障人民共同利益的重要力量，要坚持国有企业在国家发展中的重

---

① 总书记和江苏代表许下新约会. 扬子晚报，2013 - 3 - 9.

② 习近平在看望参加政协会议的民建工商联委员时强调毫不动摇坚持我国基本经济制度推动各种所有制经济健康发展. 人民日报，2016 - 3 - 5.

要地位不动摇，坚持把国有企业搞好、把国有企业做大做强做优不动摇①。

（3）关于推进国有企业改革的“三个有利于”。习近平指出，推进国有企业改革，要有利于国有资本保值增值，有利于提高国有经济竞争力，有利于放大国有资本功能②。

（4）关于非公有制经济的“三个没有变”。习近平指出，非公有制经济在我国经济社会发展中的地位和作用没有变，我们鼓励、支持、引导非公有制经济发展的方针政策没有变，我们致力于为非公有制经济发展营造良好环境和提供更多机会的方针政策没有变③。

（5）关于公有制的实现形式的“三个允许”。党的十五大进一步强调对所处社会主义初级阶段的基本国情要有统一认识和准确把握，特别提出要全面认识公有制经济的含义。公有制经济不仅包括国有经济和集体经济，还包括混合所有制经济中的国有成分和集体成分。党的十八届三中全会指出：积极发展混合所有制经济。国有资本、集体资本、非公有资本等交叉持股、相互融合的混合所有制经济，是基本经济制度的重要实现形式，有利于国有资本放大功能、保值增值、提高竞争力，有利于各种所有制资本取长补短、相互促进、共同发展。允许更多国有经济和其他所有制经济发展成为混合所有制经济。国有资本投资项目允许非国有资本参股。允许混合所有制经济实行企业员工持股，形成资本所有者和劳动者利益共同体④。

2. 产权保护制度：两个“不可侵犯”

党的十八届三中全会强调完善产权保护制度，明确指出：产权是所有制的核心，健全归属清晰、权责明确、保护严格、流转顺畅的现代产权制

---

① 习近平在吉林调研时强调保持战略定力增强发展自信. 2015－07－18. http://news.xinhuanet.com/politics/2015－07/18/c－1115967338.Htm

② 习近平在吉林调研时强调保持战略定力增强发展自信. 2015－07－18. http://news.xinhuanet.com/politics/2015－07/18/c－1115967338.htm.

③ 毫不动摇坚持我国基本经济制度 推动各种所有制经济健康发展. 人民日报，2016－3－5.

④ 中共中央关于全面深化改革若干重大问题的决定. 人民日报，2013－11－16.

度。公有制经济财产权不可侵犯，非公有制经济财产权同样不可侵犯。国家保护各种所有制经济产权和合法利益，保证各种所有制经济依法平等使用生产要素、公开公平公正参与市场竞争、同等受到法律保护，依法监管各种所有制经济[①]。习近平指出："在产权保护上，明确提出公有制经济财产权不可侵犯，非公有制经济财产权同样不可侵犯。"[②]

3. 基本分配制度

邓小平晚年非常深刻地谈到：十二亿人口怎样实现富裕，富裕起来以后财富怎样分配，这都是大问题。题目已经出来了，解决这个问题比解决发展起来的问题还困难。分配的问题大得很。我们讲要防止两极分化，实际上两极分化自然出现。要利用各种手段、各种方法、各种方案来解决这些问题。少部分人获得了那么多财富，大多数人没有，这样发展下去总有一天会出问题。分配不公，会导致两极分化，到一定时候问题就会出来。这个问题要解决。过去我们讲先发展起来，现在看，发展起来以后的问题不比不发展时少[③]。

改革开放特别是确立社会主义市场经济体制以来，我们党坚持按劳分配原则，并从"效率优先，兼顾公平"的分配原则，逐渐向"兼顾效率公平"转变。党的十五大提出：完善分配结构和分配方式。坚持按劳分配为主体、多种分配方式并存的制度。把按劳分配和按生产要素分配结合起来。党的十七大报告第一次提出："初次分配和再分配都要处理好效率和公平的关系，再分配更加注重公平。"党的十八大报告表述为："初次分配和再分配都要兼顾效率和公平，再分配更加注重公平。""要坚持社会主义基本经济制度和分配制度，调整国民收入分配格局，加大再分配调节力度，着力解决收入分配差距较大问题，使发展成果更多更公平惠及全体人民，朝着

---

① 中共中央关于全面深化改革若干重大问题的决定．人民日报，2013－11－16．

② 习近平．关于《中共中央关于全面深化改革若干重大问题的决定》的说明．人民日报，2013－11－16．

③ 邓小平年谱（1975－1997）：下．北京：中央文献出版社，2007：1364．

共同富裕方向稳步前进”①。这些关于效率与公平的新认识，反映出我们党对消除两极分化、实现共同富裕的紧迫感。

习近平将生产和分配问题简化为做蛋糕和分蛋糕。对于我们这个拥有13亿多人的最大的发展中国家来说，“蛋糕”做好了，分“蛋糕”往往更有学问。习近平指出：“‘蛋糕’不断做大了，同时还要把‘蛋糕’分好。我国社会历来有‘不患寡而患不均’的观念。我们要在不断发展的基础上尽量把促进社会公平正义的事情做好，既尽力而为、又量力而行，努力使全体人民在学有所教、劳有所得、病有所医、老有所养、住有所居上持续取得新进展。”② 他后来再次指出：“我国经济发展的‘蛋糕’不断做大，但分配不公问题比较突出，收入差距、城乡区域公共服务水平差距较大。在共享改革发展成果上，无论是实际情况还是制度设计，都还有不完善的地方。为此，我们必须坚持发展为了人民、发展依靠人民、发展成果由人民共享，做出更有效的制度安排，使全体人民朝着共同富裕方向稳步前进，绝不能出现‘富者累巨万，而贫者食糟糠’的现象。”③

要分好“蛋糕”，就要加快收入分配制度改革，扩大中等收入阶层，逐步形成橄榄型分配格局。党的十八届三中全会提出了收入分配制度改革的途径：“规范收入分配秩序，完善收入分配调控体制机制和政策体系，建立个人收入和财产信息系统，保护合法收入，调节过高收入，清理规范隐性收入，取缔非法收入，增加低收入者收入，扩大中等收入者比重，努力缩小城乡、区域、行业收入分配差距，逐步形成橄榄型分配格局。”④ 习近平主持召开中央财经领导小组第十三次会议时也强调，扩大中等收入群体，关系全面建成小康社会目标的实现，是转方式调结构的必然要求，是维护

① 胡锦涛．坚定不移沿着中国特色社会主义道路前进为全面建成小康社会而奋斗：在中国共产党第十八次全国代表大会上的报告．人民日报，2012－11－18．

② 习近平．切实把思想统一到党的十八届三中全会精神上来．求是，2014（1）．

③ 习近平．在党的十八届五中全会第二次全体会议上的讲话（节选）．求是，2016（1）．

④ 中共中央关于全面深化改革若干重大问题的决定．人民日报，2013－11－16．

社会和谐稳定、国家长治久安的必然要求。扩大中等收入群体，必须坚持有质量有效益的发展，保持宏观经济稳定，为人民群众生活改善打下更为雄厚的基础①。

4. 土地制度

党的十八届三中全会提出：坚持农村土地集体所有权，依法维护农民土地承包经营权，发展壮大集体经济。稳定农村土地承包关系并保持长久不变，在坚持和完善最严格的耕地保护制度前提下，赋予农民对承包地占有、使用、收益、流转及承包经营权抵押、担保权能，允许农民以承包经营权入股发展农业产业化经营。鼓励承包经营权在公开市场上向专业大户、家庭农场、农民合作社、农业企业流转，发展多种形式规模经营②。

中央全面深化改革领导小组第五次会议审议了《关于引导农村土地承包经营权有序流转发展农业适度规模经营的意见》，习近平强调指出，现阶段深化农村土地制度改革，要更多考虑推进中国农业现代化问题，既要解决好农业问题，也要解决好农民问题，走出一条中国特色农业现代化道路。我们要在坚持农村土地集体所有的前提下，促使承包权和经营权分离，形成所有权、承包权、经营权三权分置、经营权流转的格局③。中央全面深化改革领导小组第七次会议审议了《关于农村土地征收、集体经营性建设用地入市、宅基地制度改革试点工作的意见》，会议指出，土地制度是国家的基础性制度。要始终把维护好、实现好、发展好农民权益作为出发点和落脚点，坚持土地公有制性质不改变、耕地红线不突破、农民利益不受损三条底线，在试点基础上有序推进④。

---

① 习近平主持召开中央财经领导小组第十三次会议．2016－05－16．http：//news．xinhuanet．com/politics/2016－05/16/c_ 1118875925．htm．

② 中共中央关于全面深化改革若干重大问题的决定．人民日报，2013－11－16．

③ 严把改革方案质量关督察关　确保改革改有所进改有所成．人民日报，2014－9－30．

④ 鼓励基层群众解放思想　积极探索推动改革顶层设计和基层探索互动．人民日报，2014－12－3．

七、 经济体制机制的新突破：政府和市场的关系、 政府和企业的关系（政商关系）

1. 政府和市场的关系：市场在资源配置中从“基础性作用”到“决定性作用”的突破

经济体制改革的核心问题仍然是处理好政府和市场关系。

邓小平在南方谈话中指出，计划和市场都是经济手段、社会主义也有市场，提出社会主义的本质，这些突破性论断如拨云见日，一语点醒梦中人，为中国经济发展扫清了思想障碍。

1992 年党的十四大提出建立社会主义市场经济体制，“要使市场在社会主义国家宏观调控下对资源配置起基础性作用”。“基础性作用”的认识一直延续到党的十八大。2013 年，党的十八届三中全会提出“使市场在资源配置中起决定性作用和更好发挥政府作用”。这是对政府与市场关系的突破性的理论表述。习近平曾就此说明：“我们应该在完善社会主义市场经济体制上迈出新的步伐。”“进一步处理好政府和市场关系，实际上就是要处理好在资源配置中市场起决定性作用还是政府起决定性作用这个问题。经济发展就是要提高资源尤其是稀缺资源的配置效率，以尽可能少的资源投入生产尽可能多的产品、获得尽可能大的效益。理论和实践都证明，市场配置资源是最有效率的形式。市场决定资源配置是市场经济的一般规律，市场经济本质上就是市场决定资源配置的经济。健全社会主义市场经济体制必须遵循这条规律，着力解决市场体系不完善、政府干预过多和监管不到位问题。做出‘使市场在资源配置中起决定性作用’的定位，有利于在全党全社会树立关于政府和市场关系的正确观念，有利于转变经济发展方式，有利于转变政府职能，有利于抑制消极腐败现象”①。

① 习近平．关于《中共中央关于全面深化改革若干重大问题的决定》的说明．人民日报，2013－11－16．

发展社会主义市场经济，既要发挥市场作用，也要发挥政府作用，但市场作用和政府作用的职能是不同的。2014 年 5 月，习近平同志在主持中共中央政治局第十五次集体学习时，明确指出：在市场作用和政府作用的问题上，要讲辩证法、两点论，“看不见的手”和“看得见的手”都要用好，努力形成市场作用和政府作用有机统一、相互补充、相互协调、相互促进的格局，推动经济社会持续健康发展[①]。他在 2014 年亚太经合组织工商领导人峰会开幕式上的演讲中又指出要放开市场这只“看不见的手”，用好政府这只“看得见的手”。

2. “亲”、“清”：构筑新型政府和企业的关系（政商关系）

习近平指出：“我们全面深化改革，就要激发市场蕴藏的活力。市场活力来自于人，特别是自于企业家，来自于企业家精神。激发市场活力，就是要把该放的权放到位，该营造的环境营造好，该制定的规则制定好，让企业家有用武之地。我们强调要更好发挥政府作用，更多从管理者转向服务者，为企业服务，为推动经济社会发展服务。”[②]

2013 年 3 月 8 日，习近平参加十二届全国人大一次会议江苏代表团审议时，谆谆告诫各级领导干部要提升自我境界，坚定理想信念，保持高尚情操。他说，现在的社会，诱惑太多，围绕权力的陷阱太多。面对纷繁的物质利益，要做到君子之交淡如水，“官”“商”交往要有道，相敬如宾，而不要勾肩搭背、不分彼此，要划出公私分明的界限。公务人员和领导干部，要守住底线。要像出家人天天念阿弥陀佛一样，天天念我们是人民的勤务员，你手中的权力来自人民，伸手必被捉。“心中要有敬畏，知道什么是高压线，想都不要想，一触即跳，才能守得住底线”[③]。

习近平后来进一步强调，新型政商关系，概括起来说就是“亲”、“清”

---

① 正确发挥市场作用和政府作用　推动经济社会持续健康发展．人民日报，2014－5－28.

② 习近平．谋求持久发展共筑亚太梦想．人民日报，2014－11－10.

③ 总书记和江苏代表许下新约会．扬子晚报，2013－3－9.

两个字。对领导干部而言，所谓“亲”，就是要坦荡真诚同民营企业接触交往，特别是在民营企业遇到困难和问题情况下更要积极作为、靠前服务，对非公有制经济人士多关注、多谈心、多引导，帮助解决实际困难。所谓“清”，就是同民营企业家的关系要清白、纯洁，不能有贪心私心，不能以权谋私，不能搞权钱交易。对民营企业家而言，所谓“亲”，就是积极主动同各级党委和政府及部门多沟通多交流，讲真话，说实情，建诤言，满腔热情支持地方发展。所谓“清”，就是要洁身自好、走正道，做到遵纪守法办企业、光明正大搞经营①。

八、国际经济理论的新倡议：构建创新、活力、联动、包容的世界经济

2014 年 11 月，习近平在二十国集团领导人第九次峰会第一阶段会议上，曾作《推动创新发展实现联动增长》的发言，建议二十国集团从以下三方面作出努力：第一，创新发展方式。第二，建设开放型世界经济。第三，完善全球经济治理。一年之后，习近平在二十国集团领导人第十次峰会第一阶段会议上建议：第一，加强宏观经济政策沟通和协调，形成政策和行动合力。第二，推动改革创新，增强世界经济中长期增长潜力。第三，构建开放型世界经济，激发国际贸易和投资活力。第四，落实 2030 年可持续发展议程，为公平包容发展注入强劲动力②。可以看出，习近平为世界经济开出的创新、活力（开放）、包容的发展药方已经成型。

面对世界经济在深度调整中曲折复苏，面对当前世界经济的复杂形势和风险挑战，2016 年 9 月 3 日，习近平在二十国集团工商峰会开幕式上主旨演讲中坦言：中方希望同各方一道，推动杭州峰会开出一剂标本兼治、

---

① 毫不动摇坚持我国基本经济制度　推动各种所有制经济健康发展．人民日报，2016－3－5.

② 习近平．推动创新发展实现联动增长．人民日报，2014－11－16.

综合施策的药方，推动世界经济走上强劲、可持续、平衡、包容增长之路[①]。这个药方是：1. 建设创新、开放、联动、包容型世界经济。建设创新型世界经济，开辟增长源泉。建设开放型世界经济，拓展发展空间。建设联动型世界经济，凝聚互动合力。建设包容型世界经济，夯实共赢基础。2. 共同完善全球经济治理。全球经济治理以平等为基础，以开放为导向，以合作为动力，以共享为目标。

在二十国集团领导人杭州峰会上，习近平再次坦言“我们决心为世界经济指明方向，规划路径”[②]。在致开幕辞和闭幕辞时，他提出构建创新、活力、联动、包容的世界经济。与工商峰会上提出的“建设创新、开放、联动、包容型世界经济”相比，“活力”代替了“开放”，但习近平提出的主张，都是围绕协调、创新、治理、开放、包容等关键词来阐述的。在开幕辞中，习近平还阐述了面对当前挑战，我们应该加强宏观经济政策协调，合力促进全球经济增长、维护金融稳定；我们应该创新发展方式，挖掘增长动能；我们应该完善全球经济治理，夯实机制保障；我们应该建设开放型世界经济，继续推动贸易和投资自由化便利化；我们应该落实2030年可持续发展议程，促进包容性发展[③]。在闭幕辞中，习近平重申了上述主张。

在开幕辞中，习近平特别指出，实现共同发展是各国人民特别是发展中国家人民的普遍愿望，今年，我们把发展置于二十国集团议程的突出位置，共同承诺积极落实2030年可持续发展议程，并制定了行动计划，使各国人民共享世界经济增长成果。在闭幕辞中，习近平又强调，我们决心推动包容和联动式发展，让二十国集团合作成果惠及全球。我们第一次把发展问题置于全球宏观政策框架的突出位置，第一次就落实联合国2030年可

---

① 习近平．创新增长路径共享发展成果．人民日报，2015－11－16.

②习近平．中国发展新起点全球增长新蓝图：在二十国集团工商峰会开幕式上的主旨演讲．人民日报，2016－9－4。

③ 习近平．构建创新、活力、联动、包容的世界经济：在二十国集团领导人杭州峰会上的开幕辞．人民日报，2016－9－5.

持续发展议程制定行动计划，具有开创性意义。我们同意在落实气候变化《巴黎协定》方面发挥表率作用，推动《巴黎协定》尽早生效。我们发起《二十国集团支持非洲和最不发达国家工业化倡议》，制定创业行动计划，发起《全球基础设施互联互通联盟倡议》，决定在粮食安全、包容性商业等领域深化合作。这些行动计划和务实成果，将着力减少全球发展不平等、不平衡问题，为发展中国家人民带来实实在在的好处，为实现 2030 年可持续发展目标做出重要努力，为全人类共同发展贡献力量①。

（原载于《东岳论丛》2017 年 2 月第 38 卷第 2 期）

① 习近平．在二十国集团领导人杭州峰会上的闭幕辞．人民日报，2016 -9 -6.

习近平经济思想的理论逻辑

习近平经济思想理论体系是党的十八大以后以习近平同志为核心的党中央站在新的历史起点上探索中国经济发展道路的思想结晶和理论创新，这个理论体系不仅具有马克思主义唯物辩证法作为其哲学基础[①]，而且具有非常丰富的思想内容作为其科学内涵[②]。更值得重视的是，这个思想理论体系不仅有其内在的科学性和哲学的合理性，更具有严密的逻辑性，体现了哲学奠基的坚固性和知识构成的科学性，进而形成了学术规范的一致性、理论范畴的统一性、自然逻辑的严密性。本文的任务就是揭示这个思想理论体系的理论逻辑。

一、马克思主义社会有机体理论是习近平经济思想理论体系的方法论逻辑

人们公认马克思主义政治经济学的基本方法论是唯物辩证法，习近平经济思想理论体系是马克思主义经济学基本原则和方法论在中国当代的具体运用，体现在这个理论体系中的世界观和方法论在本质上也是马克思主义的唯物辩证法。但是具体而言，如何理解马克思主义唯物辩证法，以及

① 王立胜．习近平经济思想的思维创新．当代世界与社会主义，2016（5）．

② 王立胜．论习近平经济思想理论体系的伟大创新．东岳论丛，2017（1）．

习近平在思考中国经济问题时如何运用的唯物辩证法，是我们首先要回答的问题。

在研究中国社会主义经济建设和构建中国政治经济学理论体系的过程中，自始至终人们都坚持认为要运用《资本论》的方法、借鉴《资本论》的智慧。这一点是没有疑问的。但是，关于《资本论》的辩证法是什么以及如何运用《资本论》的方法，学者的理解未必一致。这里不再详述学者们的具体观点，而是专注于部分专家的研究——在笔者看来，他们提出了理解习近平的经济思想理论至关重要的马克思主义辩证法理论——社会有机体理论。

在20多年前的一部研究《资本论》哲学问题的著作[①]中，作者就明确提出了《资本论》所体现的历史观其思想主线是马克思的社会有机体学说，认为："历史唯物主义研究的真正对象是社会有机体，它不仅研究社会有机体的横向结构，而且研究社会有机体形成、发展、变化的纵向历史演进；不仅研究社会有机体的外在形式，而且研究社会有机体的内容本身；不仅研究社会有机体质的变化规律，而且研究社会有机体量的变化规律；不仅研究社会有机体的宏观整体，而且研究社会有机体的微观要素和细胞，要整体地概括、理解和把握这一切，就必须把社会看作不断运动的活的机体，这正是马克思历史辩证法的精粹之所在。"[②] 可惜的是，对马克思历史辩证法的这一科学理解，一直没有引起学界的高度重视，没有自觉地用马克思社会有机体的方法来理解《资本论》的文本结构和思想结构，更没有自觉地用这一理论方法研究资本主义社会的产生、发展和资本主义的未来命运，也没有自觉地将其用于对社会主义运动和中国社会主义实践的研究。在马克思看来，一个社会就像一个生物有机体一样，是一个社会有机体，它不仅在横断面上有着特殊的结构，而且，任何一个社会有机体都有其产生、

① 孙承叔，王东．对《资本论》历史观的沉思．上海：学林出版社，1988：5．

② 孙承叔，王东．对《资本论》历史观的沉思．上海：学林出版社，1988：5．

形成、发展和衰亡的历史。他写作《资本论》所选择的对象——英国资本主义的发展，在他那个时代已经发育成了一个成熟的社会有机体，作为一个资本主义社会完全可以用来作解剖的标本了。正如马克思所言："现在的社会不是坚实的结晶体，而是一个能够变化并且经常处于变化过程中的有机体。"[①] 列宁是真正洞察马克思历史辩证法思想的人，他多次论述过马克思的社会有机体思想："马克思和恩格斯称之为辩证方法（它与形而上学方法相反）的，不是别的，正是社会学中的科学方法，这个方法把社会看作处在经常发展中的活的机体。"[②] "而辩证方法是要我们把社会看作活动着和发展着的活的机体"[③]。马克思正是有了社会有机体这种观察分析社会问题的历史辩证方法，才通过考察资本主义的产生、发展过程，同时又通过对资本主义社会的横断面的研究，分析了资本主义社会的社会结构，发现了资本主义自身永远不能克服的基本矛盾，从而预测到资本主义必然灭亡的命运，也得出了社会主义和共产主义必然产生和实现的结论。《资本论》就是马克思以英国社会为典型用社会有机体的历史辩证法研究资本主义社会的一部千古名著，这是马克思理论创造的一次成功，也验证了社会有机体方法这一历史辩证法的正确。

社会有机体理论方法的核心要义，就是把社会看作一个"发展中的活的机体"，这就为马克思的历史观奠定了整体性、全面性、辩证性和系统性的思想基石。也就是说，社会有机体理论的方法要求我们要用总体的、全面的、辩证的、系统的观点来看问题。

学习和研究习近平系列讲话精神，我们不难发现，他在思考中国发展问题时，正是成熟地系统地运用了马克思的社会有机体理论。马克思社会有机体理论成为习近平经济思想的逻辑方法论。

---

① 马克思恩格斯全集：第 44 卷．北京：人民出版社，2001：12 - 13.

② 列宁全集：第 1 卷．北京：人民出版社，1984.

③ 列宁全集：第 1 卷．北京：人民出版社，1984.

中国社会主义社会已经成为一个成熟的社会有机体。中国的社会主义社会作为一个社会有机体的出现也有一个产生、形成、发展的过程。从横向上说，这个社会的经济、政治、文化、社会、生态都是相互联系、相互作用的整体，从纵向上说，这个社会的发展有其历史过程。毛泽东在观察、分析和领导中国社会主义建设的过程中都是把中国社会看成一个有机体的，比如他在 1956 年的《论十大关系》一文中，通过认真的调查研究，从中国社会整体的高度，全面地研究了十个方面的重大关系：重工业和轻工业、农业的关系，沿海工业和内地工业的关系，经济建设和国防建设的关系，国家、生产单位和生产者个人的关系，中央和地方的关系，汉族和少数民族的关系，党和非党的关系，革命和反革命的关系，是非关系，中国和外国的关系。毛泽东说："这十种关系，都是矛盾。我们的任务，是要正确处理这些矛盾。我们一定要努力把党内外、国内国外的一切积极的因素，直接的、间接的积极因素，全部调动起来，把我国建设成为一个强大的社会主义国家。"① 毛泽东对十大关系的论述很显然是从中国社会的横断面上进行的全面分析，他是把中国社会主义建设涉及的方方面面作为一个整体来看待的，体现了毛泽东社会研究方法中的社会有机体思想。同时，毛泽东还特别注意中国社会主义发展的过程性，他从认识论的角度强调揭示社会主义发展规律的重要性，认为对社会主义发展规律的认识是正确决策的前提，他号召并带头进行调查研究就是为了探索中国社会主义建设的规律。但是他也多次论述过规律的暴露需要一个长期的过程。1959 年底到 1960 年初在读苏联《政治经济学教科书》的谈话中，毛泽东对这本书的写作是不满意的，认为这本书的一个总的缺点是缺少辩证法，没有认识到社会主义是一个过程。但是他没有过多地责备作者，而是从社会有机体的角度出发，指出："这本书没有系统，还没有形成体系。这是有客观原因的，因为社会主义经济本身还没有成熟，还在发展中。一种意识形态成为系统，总是在

① 中共中央文献研究室. 毛泽东年谱（1949—1976）：第 2 卷. 北京：中央文献出版社，2013：69.

事物运动的后面。因为思想、认识，是物质运动的反映。规律是在事物的运动中反复出现的东西，不是偶然出现的东西。规律既然反复出现，因此就能够被认识。”① 毛泽东认为，那个时候虽然苏联的社会主义建设搞了40多年的时间，但是还是在探索过程中，社会主义作为一个社会有机体，在苏联还尚未成熟，蕴藏在苏联社会主义本身的规律还没有充分显露出来，反映这个规律的政治经济学学科，作为一种意识形态也难以形成一个成熟的体系。这一判断，从纵向角度反映了毛泽东观察问题的社会有机体视角。

改革开放后，中国逐渐形成了社会主义初级阶段的理论，认为中国虽然已经进入了社会主义社会，但是，从生产力的水平方面来讲，我们的社会主义还是低水平的，从整体性上看还是初级阶段的社会主义，我们的一切路线、方针、政策都必须从这个初级阶段出发来制定。

经过近40年的发展，将我们自身经历的改革前后近70年相比较，比照国际共产主义运动的曲折实践，不难发现，虽然中国社会主义仍然处在初级阶段之中，但蕴藏在其中的规律性的东西已经逐渐显露出来。我们的经济发展经历了快速发展的过程，已经成为世界第二大经济体，中国的国际地位日益上升，对国际政治经济的影响力逐步扩大。中国社会主义道路取得了巨大成功，我们已经有了中国特色社会主义的道路自信、理论自信、制度自信和文化自信。我们完全有理由说，中国特色社会主义社会作为一个有机体已经成熟，必须更加自觉地把中国社会作为一个有机体来研究。

习近平就是把中国社会作为一个有机体来看待、研究和谋划未来的。他适时地提出了要处理好全局和局部关系问题的要求，认为“随着改革不断推进，必须加强顶层设计和总体规划，提高改革决策的科学性、增强改革措施的协调性。……要加强宏观思考和顶层设计，更加注重改革的系统性、整体性、协同性”②。加强顶层设计的这些要求正是社会有机体理论所

---

① 毛泽东文集：第8卷. 北京：人民出版社，1999：105.

② 中共中央宣传部. 习近平总书记系列重要讲话读本（2016年版）. 北京：学习出版社，2016：9.

要求的。

中国经济已经进入新常态，新常态是中国经济发展的大逻辑，在这个阶段必须自觉进行经济转型，寻求新的发展动力，重点进行结构性改革，这都是根据中国社会主义社会这个社会有机体发展到特定阶段需要采取的切实可行的措施。经济新常态下的许多新情况和新矛盾的解决需要新思路和新理念，创新、协调、绿色、开放、共享新理念应运而生，这不仅是新常态所造成的中国经济发展的整体性对发展理念所提出的新要求，同时五大新理念也成为一个相互联系、相互作用的理念总体。新的发展理念强调了中国社会主义的总体性。我国正以新的理念为指引协调推进“四个全面”的战略布局和统筹推进经济、政治、文化、社会、生态“五位一体”总体战略。不仅每个“全面”是一个整体，而且“四个全面”之间也相互联系、相互作用形成一个更大的整体。同时，对经济发展中的任何一个问题的处理都是首先看到这个问题与更大的问题的联系，强调各个问题之间的整体性、辩证性和系统性。这都体现了习近平社会有机体的历史辩证法思想。

二、构建充分体现中国特色、中国风格、中国气派的经济学科是习近平经济思想理论体系的逻辑追求

任何思想理论体系都有其本身的逻辑目标和逻辑追求，对于思想理论的创新主体来讲，他所建构的思想理论体系在其建构之前和建构过程中一定会有既定的思想理论的总体打算，尽管实践过程中理论与实践的相互作用可能会不断地推动设计者调整这个理论设计目标。习近平经济思想理论本身的形成、发展和建构也是如此。

习近平经济思想理论体系首先是对新中国成立以来尤其是对改革开放以来中国现代化建设过程的规律性总结，中国特色的社会主义实践是其历史基础，其理论旨归在于用科学的态度和科学的方法回顾和思考所走过的

道路，总结规律性的东西，上升到理论的层面，形成系统性的理论学说，以便于认清现在规划未来，使我们的实践活动在吸取历史智慧的基础上更好地走向未来。这种奠定在历史自觉基础上的理论自觉，既可以避免历史上的教训、汲取历史经验，又可以在文化自觉的基础上实现中国特色社会主义的道路自信、理论自信、制度自信和文化自信。

中国特色社会主义的成功实践，使中国在新中国成立以后的60年时间里就成为世界第二大经济体，经济体量有了巨大的增加，例如：2015年中国的GDP就已经是美国的60%，而这个比例在1981年仅为6%，虽然经济总量只占全球的13%，但是在全球经济增长中已占30%左右，而且国民收入也从低收入水平迈进了上中等收入国家的行列。近来又有专家研究得出结论："新世纪以来，中国工业化加速，提前实现了党的十六大（2002）提出的2020年基本工业化核心目标和主要指标。当前，中国作为世界最大工业生产国，已经出现了后工业化时代的基本特征，并带动世界进入到了后工业化时代。在这一背景下，中国不是去工业化或放弃工业化，而是创新新型工业化道路，成为世界制造强国。"① 这些成绩的取得令国内外一些新自由主义经济学者很是失望，因为，中国特色社会主义道路的本质是成功实现了社会主义与市场经济在实践中的结合——新自由主义政治经济学早就预言过这种结合是不可能成功的——面对现实，他们的结论不攻自破。在此情况下，他们转而改变学术话题和学术话语，从过去秉持唱衰中国的理论基调转变为抢夺解释中国成功的话语权，试图以文化霸权的方式重塑其理论地位②。新自由主义政治经济学故意遗忘和无视新自由主义在西方国家引发经济崩溃的事实，却将中国经济成功事实的原因导向新自由主义政治经济学在中国的胜利，进而又断言中国经济目前面临的问题恰恰在于没有彻底地实行新自由主义经济学主张，目的在于将中国彻底推向新自由主

① 胡鞍钢．中国进入后工业化时代．北京交通大学学报（社会科学版），2017，16（1）1－16．

② 王立胜．中国特色社会主义政治经济学的时代意义．河北财贸大学学报，2016（6）：1－12．

义经济道路。在这种情况下，中国道路的话语权之争就成为中国经济学界乃至整个中国学界必须面对的重大问题。正是在这样的历史背景下，习近平敏感地意识到了中国哲学社会科学在国际话语权之争中的重要性，指出“在解读中国实践、构建中国理论上，我们应该最有发言权”[①]，我们必须解决“我国哲学社会科学在国际上的声音还比较小，还处于有理说不出、说了传不开的境地”[②] 的问题。

应当说，习近平对建构中国特色、中国风格、中国气派的哲学社会科学问题的思考是从经济学科开始的。早在2014年7月8日，在主持召开经济形势专家座谈会时的讲话中他就指出：“各级党委和政府要学好用好政治经济学，自觉认识和更好遵循经济发展规律，不断提高推进改革开放、领导经济社会发展、提高经济社会发展质量和效益的能力和水平。”[③] 在这里强调了政治经济学对于认识和遵循经济规律的前提性作用，这次讲话虽然谈政治经济学这个学科本身并不是很多，但是，在政治经济学作为一个学科沉寂那么多年后的新形势下，作为国家最高领导人重提一门学科，而且提到了如此的高度，在学界引起很大反响是理所当然的。2015年11月23日中共中央政治局就马克思主义政治经济学基本原理和方法论进行了第28次集体学习，习近平不仅再一次强调要学习马克思主义政治经济学，而且明确提出了一个新的概念——“当代中国马克思主义政治经济学”[④]。2015年12月18日中央经济工作会议上又提出了“坚持中国特色社会主义政治经济学重大原则”[⑤] 的论断，明确提出了“中国特色社会主义政治经济学”的新概念。此后，在学术界广泛兴起了学习和研究马克思主义政治经济学的

① 习近平. 在哲学社会科学工作座谈会上的讲话. 人民日报，2016-05-19.

② 习近平. 在哲学社会科学工作座谈会上的讲话. 人民日报，2016-05-19.

③ 新华社. 更好认识和遵循经济发展规律 推动我国经济持续健康发展. 人民日报，2014-07-19.

④ 新华社. 立足我国国情和我国发展实践 发展当代中国马克思主义政治经济学. 人民日报，2015-11-25.

⑤ 新华社. 中央经济工作会议在北京举行. 人民日报，2015-12-22.

高潮。2016 年 5 月 17 日，习近平在哲学社会科学工作座谈会上发表重要讲话，虽然是从总体上对中国哲学社会科学建设提出的要求，但完全适用于政治经济学的学科建设。讲话为中国特色社会主义政治经济学建设指明了方向：“要善于提炼标识性概念，打造易于为国际社会所理解和接受的新概念、新范畴、新表述，引导国际学术界展开研究和讨论。”① “哲学社会科学的特色、风格、气派，是发展到一定阶段的产物，是成熟的标志，是实力的象征，也是自信的体现。……要按照立足中国、借鉴国外，挖掘历史、把握当代，关怀人类、面向未来的思路，着力构建中国特色哲学社会科学，在指导思想、学科体系、学术体系、话语体系等方面充分体现中国特色、中国风格、中国气派”②。在 2016 年 7 月 8 日主持召开经济形势专家座谈会时他不仅又一次讲到了中国特色社会主义政治经济学与中国经济发展的关系问题，而且明确提出“要加强研究和探索，加强对规律性认识的总结，不断完善中国特色社会主义政治经济学理论体系，推进充分体现中国特色、中国风格、中国气派的经济学科建设”③。这里不仅提出了如何建构中国特色社会主义政治经济学的问题，明确了要“推进充分体现中国特色、中国风格、中国气派的经济学科建设”的问题，而且很明显是突破了政治经济学的范围，要求整个经济学科的建设都要充分体现中国特色、中国风格和中国气派。

在中国经济学科建设的问题上，习近平不仅号召广大经济学工作者和企业家以及经济工作者要做出贡献，而且身体力行研究、探索和思考经济问题，提出了很多适应中国国情的经济学概念，比如：新常态、新发展理念、供给侧结构性改革等等。此外，他还对中国特色社会主义政治经济学的建构问题进行了系统的思考，做出了重要的理论贡献④。在整个中国经济

---

① 习近平. 在哲学社会科学工作座谈会上的讲话. 人民日报，2016 - 05 - 19.

② 习近平. 在哲学社会科学工作座谈会上的讲话. 人民日报，2016 - 05 - 19.

③ 新华社. 坚定信心增强定力 坚定不移推进供给侧结构性改革. 人民日报，2016 - 07 - 09.

④ 王立胜. 习近平对中国特色社会主义政治经济学的理论贡献. 当代经济研究，2017 (1).

学学科建构的问题上，习近平都有比较系统的方向性的思考。一是中国特色、中国风格、中国气派的经济学学科建设要以马克思主义政治经济学为指导，总结和提炼我国改革开放和社会主义现代化建设的伟大实践经验。二是中国特色、中国风格、中国气派不是封闭保守和故步自封，而是要以开放的胸怀吸收和借鉴西方经济学的有益成分。三是要继承和创新中国经济传统中的优秀思想，这是中国特色、中国风格、中国气派的文化基因。四是中国特色、中国风格、中国气派的经济学只能在实践中丰富和发展，又要经受实践的检验，进而指导实践。五是要加快培养造就国际一流的经济学家、具有国际视野的企业家。

三、 社会主义初级阶段的基本国情是习近平经济思想理论的逻辑根据

认清国情是党决策的认识论前提，改革开放近 40 年中国经济成功的一个根本的认识论原因，就是明确了中国处于社会主义的初级阶段，中国共产党在改革开放过程中的路线方针政策和一系列决策部署，都源于对中国国情的这一正确判断。习近平对中国经济发展的思考也是奠基于社会主义初级阶段论这一科学认识的。正是以这一基本论断为基本依据，才形成了习近平的经济思想理论体系的发展目标理论、经济制度理论、动力理论等一系列思想理论。

中国共产党的终极目标是实现共产主义的社会制度，并一直为这个制度目标的实现而不懈努力，但我们党又历来重视阶段性目标的实现并且将阶段性目标的实现视为长期目标实现的必不可少的基础，坚决反对“毕其功于一役”式的做法。如党的二大提出反帝反封建的最低纲领，就是基于中国处于半封建半殖民地的基本国情，但二大的目标指向和前途却是共产主义的远大目标。

改革开放前中国共产党领导的社会主义建设之所以出现了像“大跃进”这样的失误乃至于发生了“文化大革命”的错误，一个根本的原因就是对国情判断的不准确。正是这些过程中的失误和错误才使中国共产党端正了认识路线，得出了中国正处于社会主义初级阶段的科学结论。这个结论在党的十三大报告上形成了全党的共识。社会主义初级阶段理论的提出，使我们谋划发展有了基本依据。正如党的十五大报告指出的：面对改革攻坚和开创新局面的艰巨任务，我们解决种种矛盾，澄清种种疑惑，认识为什么必须实行现在这样的路线和政策而不能实行别样的路线和政策，关键还在于对所处社会主义初级阶段的基本国情要有统一认识和准确把握。这次大会还指出，确立公有制为主体、多种所有制经济共同发展这一基本经济制度。这一制度的确立，是由社会主义性质和初级阶段国情决定的[①]。

2013 年 3 月，刚刚当选为国家主席的习近平，在发表讲话时指出：功崇惟志，业广惟勤[②]。我国仍处于并将长期处于社会主义初级阶段，实现中国梦，创造全体人民更加美好的生活，任重而道远，需要我们每一个人继续付出辛勤劳动和艰苦努力。

社会主义初级阶段的基本国情，决定了这一阶段必须把实现中华民族伟大复兴的中国梦作为发展目标，决定了这一阶段必须坚持和完善基本经济制度、基本分配制度、土地制度、产权保护制度，决定了这一阶段必须仍然用改革开放作为发展动力，决定了这一阶段必须坚持以人民为中心的发展导向。正如习近平指出的：“我国仍处于并将长期处于社会主义初级阶段的基本国情没有变，人民日益增长的物质文化需要同落后的社会生产之间的矛盾这一社会主要矛盾没有变，我国是世界上最大发展中国家的国际地位没有变。这是我们谋划发展的基本依据。”[③]

---

① 江泽民．高举邓小平理论伟大旗帜　把建设有中国特色社会主义事业全面推向二十一世纪．北京：人民出版社，2006．

② 习近平．在第十二届全国人民代表大会第一次会议上的讲话．人民日报，2013－03－18．

③ 习近平．在庆祝中国共产党成立95周年大会上的讲话．人民日报，2016－07－02．

在社会主义初级阶段基本国情下，新常态表现为一个特定阶段的经济发展状态，新常态必须要有发展新理念、新战略、新动力和新道路。

习近平强调新常态就是“保持战略上的平常心态”，同时又提醒新常态下我国仍处于发展的重要战略机遇期，这是非常辩证的论断。

新常态必须要有新理念，新理念同时也是新战略和新动力。这是因为，我国经济发展和世界经济发展的态势已经发生深刻的变化，传统的发展理念和发展方式，已经难以为继，新常态下，我国经济发展增长速度要从高速转向中高速，发展方式要从规模速度型转向质量效率型，经济结构调整要从增量扩能为主转向调整存量、做优增量并举，发展动力要从主要依靠资源和低成本劳动力等要素投入转向创新驱动，这些转变都必然呼唤创新、协调、绿色、开放、共享的新发展理念，对改革开放的发展动力也提出不同于之前改革开放的新的要求。

经济发展道路理论方面，一开始强调四化（新型工业化、信息化、城镇化、农业现代化）同步时，习近平就指出要协同作战，加强四化的互动和协调，这样的思想，本身就体现了五大发展理念关于“协调”发展的要求。从四化同步到五化同步，扩容的“绿色化”，直接来源于五大发展理念关于“绿色”发展的要求。

由此不难发现，新常态下面对的发展问题，较新常态之前有着很大的不同，决定了必须有相应的发展新理念、新战略、新动力和新道路。

四、 中国经济和世界经济发展的共生共建共享性是习近平经济思想理论的显著逻辑特征

习近平经济思想理论胸怀宽广、博大精深，具有适应全球化特点而又立足中国立场的巨大包容性，经济思想理论的国际视野和处理国际经济关

系的共生共建共享性成为其经济思想理论的显著逻辑特征。

一是中国梦的共生共建共享性。

中国梦与世界梦同频共振。习近平曾经在美国指出，中国梦要实现国家富强、民族复兴、人民幸福，是和平、发展、合作、共赢的梦，与包括美国梦在内的世界各国人民的美好梦想相通[①]。他还深刻地指出：中国梦同世界各国人民的美好梦想息息相通，中国人民愿意同各国人民在实现各自梦想的过程中相互支持、相互帮助，中国愿意同各国尤其是周边邻国共同发展、共同繁荣[②]。越来越多的有识之士认为，中国梦不仅关乎中国的命运，也关系世界的命运。习近平多次宣示：中国梦是和平、发展、合作、共赢的梦，与世界各国人民的美好梦想相通。中国梦不仅造福中国人民，而且造福各国人民。“穷则独善其身，达则兼善天下”，这是中华民族始终崇尚的品德和胸怀。中国经济发展给世界其他国家带来巨大的商机。随着国力不断增强，中国将进一步发挥负责任大国的作用。

二是新发展理念的共生共建共享性。

习近平提出创新、协调、绿色、开放、共享的新发展理念，不仅力图以此解决新常态下中国经济的发展问题，而且尝试以此为世界经济摆脱危机开出药方。在近几年二十国集团领导人峰会、特别是在杭州峰会上，习近平倡议构建创新、活力、联动、包容的世界经济，实际上是中国五大新发展理念的国际化延伸，得到世界各国的广泛认同并形成共识。

三是中国方案、中国智慧的共生共建共享性。

习近平曾豪迈地提出：“中国共产党人和中国人民完全有信心为人类对更好社会制度的探索提供中国方案。”[③] 事实证明，习近平经济思想正在为世界经济、特别是发展中国家经济发展贡献中国方案和中国智慧。一个经

---

① 新华社．习近平同奥巴马总统共同会见记者．人民日报，2013-06-09.

② 习近平．弘扬和平共处五项原则建设合作共赢美好世界：在和平共处五项原则发表60周年纪念大会上的讲话．人民日报，2014-06-29.

③ 习近平．在庆祝中国共产党成立95周年大会上的讲话．人民日报，2016-07-02.

济思想的形成至少需要两大条件：丰富的经济发展实践经验和充分的理论探索。波澜壮阔的中国改革开放和经济社会发展的伟大实践，有理由、有条件迎来中国特色、中国风格、中国气派的经济学。作为一个转型社会，中国经历了从传统的计划经济向市场经济的转变，西方成熟的现代市场经济国家大多没有类似经历，同时中国社会经济发展所面临的积弊和问题，也是西方未曾遇到的。国际金融危机冲击、世界经济在深度调整中曲折复苏、增长乏力之时，世界不少国家和有识之士开始重新认识中国道路、中国模式和中国经验，进而将复苏经济的希望寄托于中国。中国贡献于世界的，除了保持经济增长，还应该有创新的经济理论。中国不仅以实际行动维护世界金融稳定、推动全球经济增长，而且还更加积极自信地与世界分享中国经济增长经验，讲述中国发展故事，塑造世界发展规范与议程。

习近平经济思想理论诞生于中国，发展于中国，具有鲜明中国特色，彰显时代精神，正指引着当代中国不断解放和发展生产力，引领着中国经济持续健康发展、行稳致远；同时，它服务于世界，为世界贡献具有普遍借鉴意义的理论元素和经验总结，为世界经济、特别是发展中国家经济发展贡献中国智慧。习近平曾经强调，同广大发展中国家团结合作，是中国对外关系不可动摇的根基。中国是发展中国家一员，中国的发展机遇将同发展中国家共享。中方将把自身发展和发展中国家共同发展紧密联系起来，把中国梦和发展中国家人民过上美好生活的梦想紧密联系起来，携手走出一条共同发展的康庄大道①。在G20杭州峰会期间，习近平多次建议“增加新兴市场国家和发展中国家代表性和发言权，确保各国在国际经济合作中权利平等、机会平等、规则平等”②。“充分倾听世界各国特别是发展中国家

① 新华社．习近平在南南合作圆桌会上发表讲话．人民日报，2015-09-28．

② 习近平．中国发展新起点全球增长新蓝图：在二十国集团工商峰会开幕式上的主旨演讲．人民日报，2016-09-04．

声音”[①]，“这些行动计划和务实成果，将着力减少全球发展不平等、不平衡问题，为发展中国家人民带来实实在在的好处，为实现2030年可持续发展目标做出重要努力，为全人类共同发展贡献力量”[②]。习近平坦言中国经济发展和改革开放“不是要营造自己的后花园，而是要建设各国共享的百花园”[③]，生动地表达了习近平经济思想与世界共生共建分享的美好愿景。

四是坚持以人民为中心的发展思想是习近平经济思想理论的核心逻辑。

人民的主体地位思想是习近平治国理政新理念新思想新战略的核心内容，贯穿于习近平系列讲话精神的各方面和过程始终。人民主体地位思想是马克思主义人民观在新形势下的理论呈现，是毛泽东人民才是创造世界历史的动力思想的继承和发展。这个思想体现在发展观上就是以人民为中心的发展思想。习近平指出：“着力践行以人民为中心的发展思想。这是党的十八届五中全会首次提出来的，体现了我们党全心全意为人民服务的根本宗旨，体现了人民是推动发展的根本力量的唯物史观。”[④] 虽然以人民为中心的发展思想这个提法是十八届五中全会首次提出的，但是，这个思想却是习近平治国理政过程中的一以贯之的思想。党的十八大后的讲话中他多次从不同角度论述过这个问题。习近平说：“人民对美好生活的向往，就是我们的奋斗目标。”[⑤] “中国梦是民族的梦，也是每个中国人的梦。中国梦归根到底是人民的梦，必须紧紧依靠人民来实现，必须不断为人民造福”[⑥]。

---

① 习近平．构建创新、活力、联动、包容的世界经济：在二十国集团领导人杭州峰会上的开幕辞，人民日报，2016-09-05（3）．

② 习近平．构建创新、活力、联动、包容的世界经济：在二十国集团领导人杭州峰会上的开幕辞，人民日报，2016-09-05（3）．

③ 习近平．中国发展新起点全球增长新蓝图：在二十国集团工商峰会开幕式上的主旨演讲．人民日报，2016-09-04．

④ 习近平．在省部级主要领导干部学习贯彻党的十八届五中全会精神专题研讨班上的讲话//中共中央文献研究室．习近平关于全面建成小康社会论述摘编．北京：中央文献出版社，2016：158．

⑤ 新华社．习近平在中共中央第十八届政治局常委同中外记者见面时强调人民对美好生活的向往就是我们的奋斗目标．人民日报，2012-11-16（4）．

⑥ 习近平．在第十二届全国人民代表大会第一次会议上的讲话．人民日报，2013-03-18（1）．

这些论述都是以人民为中心的发展思想在不同背景下的不同表达，其思想实质是完全一样的。

只要认真阅读习近平文献，就会发现，“人民”这两个字，多见于习近平经济思想的字里行间。这是由他所坚持的世界观和价值观所决定的。正如他指出的，“要坚持以人民为中心的发展思想，这是马克思主义政治经济学的根本立场”①。也正是因为有了这种根本的立场，才有了十八届五中全会的鲜明而坚决的以人民为中心这样的话语表达。在党的十八届五中全会上他进一步解释说：“坚持共享发展，必须坚持发展为了人民、发展依靠人民、发展成果由人民共享，做出更有效的制度安排，使全体人民在共建共享发展中有更多获得感，增强发展动力，增进人民团结，朝着共同富裕方向稳步前进。”②

在习近平看来，以人民为中心的发展思想，不是一个抽象而又玄奥的概念，而是要具体体现在经济社会发展的各个方面和各个环节，并且每个方面每个环节都要贯彻落实到底。坚持以人民为中心的发展思想，在社会主义本质层面上要体现为坚持实现共同富裕，在发展理念层面上体现为坚持发展成果与人民共享。共同富裕的追求，共享和获得感的强调，是从不同角度不同层次上强调的以人民为中心。

发展是党执政兴国的第一要务，在社会主义初级阶段，我们工作中的主要矛盾就是解放生产力和发展生产力，发展是我们的中心工作。在改革发展稳定的关系中，改革是动力，发展是目的，稳定是前提。但是，发展不是我们的终极目的，相对于实现共同富裕的总体目标而言，相对于提高人民生活水平和质量而言，发展显然只具有手段的意义。正如习近平指出，发展为了人民、发展依靠人民、发展成果由人民共享，这是中国推进改革

---

① 新华社．立足我国国情和我国发展实践　发展当代中国马克思主义政治经济学．人民日报，2015－11－25.

② 新华社．中共十八届五中全会在京举行．人民日报，2015－10－30（1）.

开放和社会主义现代化建设的根本目的。改革开放以来，中国有7亿多人口摆脱贫困，13亿多人民的生活质量和水平大幅度提升，用几十年时间完成了其他国家几百年走过的发展历程①。当然，实现共同富裕并不意味着同步富裕，在这样一个幅员辽阔、各地区异质性比较明显的大国，发展的不平衡性也是必然的，所以，就全国各地来说，实现共同富裕目标需要一个漫长的历史过程，但这并不意味着对于全国范围内的共同富裕的目标我们可以无限地往后推延。从总体上实现小康到全面完成小康社会的建设过程就开始了这种实现共同富裕的总体过程。“我国正处于并将长期处于社会主义初级阶段，我们不能做超越阶段的事情，但也不是说在逐步实现共同富裕方面就无所作为，而是要根据现有条件把能做的事情尽量做起来，积小胜为大胜，不断朝着全体人民共同富裕的目标前进”②。

正是基于这样的思想认识，习近平反复强调在工作中一定“要以最广大人民根本利益为根本坐标，从人民群众最关心最直接最现实的利益问题入手”③。他以人民是国家的主人和国家发展的主体力量为理论支撑，强调把国家发展的过程和全体人民共享成果的过程辩证统一起来，“国家建设是全体人民共同的事业，国家发展过程也是全体人民共享成果的过程”④。为此，习近平强调要有“底线思维”，要“守住底线”，以解决人民最需要解决的问题为工作重点。一是要通过全面深化改革，在继续抓好发展这个执政兴国第一要务，也就是在做大“蛋糕”的同时，要深化分配制度改革，也就是要分好“蛋糕”，在社会发展的不同水平上都要促进社会公平正义。

---

① 习近平. 中国发展新起点全球增长新蓝图：在二十国集团工商峰会开幕式上的主旨演讲. 人民日报，2016-09-04

② 习近平. 在省部级主要领导干部学习贯彻党的十八届五中全会精神专题研讨班上的讲话//中共中央文献研究室. 习近平关于全面建成小康社会论述摘编. 北京：中央文献出版社，2016：158.

③ 习近平. 在参加十二届全国人大三次会议上海代表团审议时的讲话//习近平关于全面建成小康社会论述摘编. 北京：中央文献出版社，2016：48.

④ 习近平. 在庆祝“五一”国际劳动节暨表彰全国劳动模范和先进工作者大会上的讲话//习近平关于全面建成小康社会论述摘编. 北京：中央文献出版社，2016：149.

"要深化收入分配制度改革，合理调节过高收入，稳步扩大中等收入者比重，努力提高低收入者水平，规范收入分配秩序，逐步改善收入分配状况"①。在习近平看来，我们以经济建设为中心，致力于推动经济持续健康发展，不断地把"蛋糕"做好，这是为促进公平正义奠定物质基础，这种思想和行为是没有问题的。但问题在于有些人认为目前的主要任务是解决发展问题，等发展起来了，我们才能够解决公平正义问题。

这里涉及一个更为深刻的问题：我们强调经济建设为中心，是因为我们还处于社会主义初级阶段，这个中心任务还不能变化，但这并不是说要等到经济发展起来了再去解决公平正义问题。这是因为，实现公平正义是由多种因素决定的，最主要的当然还是经济发展水平问题，但是，"在不同发展水平上，在不同历史时期，不同思想认识的人，不同阶层的人，对社会公平正义的认识和诉求也会不同。……一个时期有一个时期的问题，发展水平高的社会有发展水平高的问题，发展水平不高的社会有发展水平不高的问题。……我们促进公平正义，就要从最广大人民根本利益出发，多从社会发展水平、从社会大局、从全体人民的角度看待和处理这个问题。我国现阶段存在的有违公平正义的现象，许多是发展中的问题，是能够通过不断发展，通过制度安排、法律规范、政策支持加以解决的"②。习近平在这里阐发了关于公平正义的非常深刻的思想，对公平正义问题产生的根源和表现进行了全面深刻分析，并且指出了以人民为中心的发展思想在真正解决公平正义问题上的根本作用。二是认为就业是最大的民生，要突出就业这个重点，全方位解决教育、卫生等民生问题。"我们要坚持以人民为中心的发展思想，针对特定人群面临的特定困难，想方设法帮助他们解决

① 习近平．在中央经济工作会议上的讲话//习近平关于全面建成小康社会论述摘编．北京：中央文献出版社，2016：130.

② 习近平．切实把思想统一到党的十八届三中全会精神上来//十八大以来重要文献选编：上．北京：中央文献出版社，201：553.

实际问题”[①]。其实，困难群众的一个突出的问题一般与就业有关，所以，习近平反复要求，要把就业工作摆到突出位置，还指出，尤其是要解决好高校毕业生和化解产能过剩中出现的下岗人员的再就业问题。“要着力保障民生建设资金投入，全力解决好人民群众关心的教育、就业、收入、社保、医疗卫生、食品安全等问题，保障民生链正常运转。民生工作直接同老百姓见面、对账，来不得半点虚假，既要积极而为，又要量力而行，承诺了的就要兑现”[②]。三是全力实施脱贫攻坚战略，到2020年实现“两个确保”，即确保农村贫困人口实现脱贫，确保贫困县全部脱贫摘帽。这个目标意味着到2020年决不能落下一个贫困地区、一个贫困群众。能不能全面建成小康社会，一个根本的标志就是农村贫困人口能不能全部脱贫。习近平将这个问题提高到治国理政、社会主义本质和党的历史使命的高度来认识。他说：“反贫困是古今中外治国理政的一件大事。消除贫困、改善民生、逐步实现共同富裕，是社会主义的本质要求，是我们党的重要使命。”[③] 脱贫攻坚战略的目标要求是比较高的，这意味着我们要比世界银行确定的在全球消除绝对贫困的时间主动提前了10年。改革开放以来，中国使7亿多人摆脱贫困，占全球减贫人口的70%以上，为世界减贫事业做出了重大贡献。中国将继续为全球反贫困做出贡献。我们将更加注重公平公正，在做大发展蛋糕的同时分好蛋糕，从人民最关心最直接最现实的利益问题出发，让百姓有更多成就感和获得感[④]。

习近平经济思想理论体系不仅围绕着以人民为中心的发展思想而展开，而且整个理论体系的每一个部分也都充分体现着这一核心思想，整个思想

① 习近平．在党的十八届五中全会第二次全体会议上的讲话．求是，2016（1）．

② 习近平．在部分省区党委主要负责同志座谈会上的讲话//习近平关于全面建成小康社会论述摘编．北京：中央文献出版社，2016：152．

③ 习近平．在中央扶贫开发工作会议上的讲话//习近平关于全面建成小康社会论述摘编．北京：中央文献出版社，2016：155

④ 习近平．中国发展新起点　全球增长新蓝图：在二十国集团工商峰会开幕式上的主旨演讲．人民日报，2016－09－04．

理论体系都是以人民为中心发展思想的具体展开。

五、 创新意识和问题导向是习近平经济思想理论的发展逻辑

习近平经济思想理论之所以能够形成和发展而且正在不断的发展中，从理论逻辑的角度讲主要是因为这一理论创造具有强烈的创新意识和问题导向。

对于这个问题，习近平有着清醒的自我意识。他在谈到理论发展问题时明确指出："理论的生命力在于创新。创新是哲学社会科学发展的永恒主题，也是社会发展、实践深化、历史前进对哲学社会科学的必然要求。"① 党的十八大以来，以习近平同志为核心的党中央，面对2008年国际金融危机爆发以来我国经济发展面临的新挑战，审时度势，坚持以马克思主义的立场、观点和方法为指导来解决中国面临的现实矛盾和问题，以不断变化的国际经济政治格局为背景，以实现中华民族伟大复兴的中国梦为总体目标，不断总结改革开放近40年来经济发展实践中的经验和教训，创新治国理政的理念、思想和战略，为中国迈向现代化的历史征程规划着正确的道路。在经济领域，在判定经济形势、确定经济发展思路、采取一系列新的措施的同时，还不断从理论的层面提出和思考问题，创新性地提出了经济新常态、新发展理念、供给侧结构性改革等反映新的经济发展格局的崭新概念，为大家思考中国经济发展问题提供了新的理论框架和思维方式，为中国经济发展实践指明了更加符合实际的道路，在此基础上提出了建构中国特色社会主义政治经济学的理论任务。习近平经济思想理论体系的一大重要特色，就是充满了创新思维。

是从自我构建全新概念、自我营造全新逻辑体系出发，还是从分析、直面和解决实际问题出发，这是理论创新的完全不同的两种思维路径。一

① 习近平．在哲学社会科学工作座谈会上的讲话．人民日报，2016－05－19．

种是马克思主义极力批评的从原则出发的方法，一种是基于实践、立足现实的从实际出发的马克思主义方法。这两种方法实施的过程当然也会得出两种不同的创新结果。习近平指出："要有强烈的问题意识，以重大问题为导向，抓住重大问题、关键问题进一步研究思考，找出答案，着力推动解决我国发展面临的一系列突出矛盾和问题"[①]。很显然，习近平是把问题的发现、思考和解决当成理论创新的前提来看待的。这是因为问题必定以现实为基础，问题都是现实中的问题，但是，问题又不是完全根源于现实，它能够连接历史与未来，沟通已知与未知，寓于理论与实践。习近平正是在这种对问题的思考中把历史与未来、已知与未知、理论与实践联系起来，也正是在这种多重的联系中创新性地提出了治国理政的新理念新思想新战略。

"四个全面"的总体战略，从全面深化改革、全面依法治国到全面实现小康社会再到全面从严治党，为什么在每一项工作中都加上了"全面"两个字，这正是从问题出发而提出的战略任务。"改革是由问题倒逼而产生，又在不断解决问题中而深化"[②]。"党的十八大以来，我们提出要协调推进全面建成小康社会、全面深化改革、全面依法治国、全面从严治党，这'四个全面'是当前党和国家事业发展中必须解决好的主要矛盾"[③]。全面深化改革、全面依法治国都是为全面建成小康社会这个问题倒逼而不得不采取的措施，而全面从严治党更是全面建成小康社会、全面依法治国的组织保障，"四个全面"的提出根源于中国国情和中国现实存在的主要问题，习近平用了"必须解决好的主要矛盾"来表述这个问题，主要矛盾就是主要问题。正是必须解决的这些主要矛盾或者主要问题，倒逼着我们党的决策不

① 新华社．中共中央召开党外人士座谈会．人民日报，2013-11-14（1）．

② 习近平．在布鲁日欧洲学院的演讲//中共中央文献研究室．习近平关于协调推进"四个全面"战略布局论述摘编．北京：中央文献出版社，2015：84．

③ 习近平．在十八届中央政治局第二十次集体学习时的讲话//中共中央文献研究室．习近平关于协调推进"四个全面"战略布局论述摘编．北京：中央文献出版社，2015：15．

得不采取“四个全面”战略，不得不对“四个全面”进行理论思考，这种思考的结果就是“四个全面”理论的诞生，也就有了中国共产党治国理政理论的创新。所以，习近平经济思想理论的产生和发展都是解决问题的需要而推动的，绝不是将自己反锁于房间苦思冥想出的新概念、新框架，而是从放眼社会寻找问题入手进行理论创新的结果。习近平深刻地点明问题意识在理论创新中独特的地位和作用：“坚持问题导向是马克思主义的鲜明特点。问题是创新的起点，也是创新的动力源。只有聆听时代的声音，回应时代的呼唤，认真研究解决重大而紧迫的问题，才能真正把握住历史脉络、找到发展规律，推动理论创新。坚持以马克思主义为指导，必须落到研究我国发展和我们党执政面临的重大理论和实践问题上来，落到提出解决问题的正确思路和有效办法上来。”“理论思维的起点决定着理论创新的结果。理论创新只能从问题开始。从某种意义上说，理论创新的过程就是发现问题、筛选问题、研究问题、解决问题的过程”①。这段论述高度概括了理论创新与问题流程的关系，道破了创新思维的秘笈。习近平经济思想理论之所以充满创新思维，就是因为这一理论从一开始就是“逢山开路，遇水架桥”，始终从直面和解决我国改革开放和经济发展中的问题开始。

改革开放以来，我们用近 40 年时间，走完了发达国家几百年走过的路程，创造了世界发展的奇迹。虽然中国依然是世界上最大的发展中国家，但中国经济体量于世界来说已经举足轻重，某种程度上已经是“一怒而诸侯惧，安居则天下熄”。随着经济总量不断增大，我们在发展中又遇到了一系列新情况新问题，面对这些新情况新问题，人们纷纷寻找有益的药方，但这些药方鱼龙混杂，莫衷一是。有人简单地认为：中国经济发展经验，应归功于对西方经济学一般原理的应用，如发展私有经济、自由开放市场等；中国经济面临的问题，则源于对西方经济学一般原理的偏离，如国有经济、政府干预等，不解决这些问题，中国经济迟早会崩溃。这种药方就

---

① 习近平．在哲学社会科学工作座谈会上的讲话．人民日报，2016－05－19．

是要中国走西方资本主义道路。还有些人把改革开放中存在的问题归咎于改革开放本身，认为解决中国目前存在的问题就是要奉行传统社会主义模式。

面对这些鱼龙混杂、似是而非的论断，有魄力、有责任感的政治家除了需要在辨析中保持战略定力，更重要的是另辟蹊径，主动进行理论创新。习近平经济思想理论之所以产生和发展，主要是因为这一思想直面中国改革发展中的现实问题，继而试图通过全面深化改革来解决问题，并在解决问题中不断进行理论创新，以及时指导改革发展实践。他用“不能用改革开放后的历史时期否定改革开放前的历史时期，也不能用改革开放前的历史时期否定改革开放后的历史时期”①。这一科学论断，来诠释党的十八大提出的“既不走封闭僵化的老路、也不走改旗易帜的邪路”② 的重大战略思想。进一步强调了改革开放前和改革开放后这两个历史时期的历史连续性，用坚持和发展中国特色社会主义这个总论断，科学回答了大家对中国发展问题的疑问和担心，习近平治国理政新理念新思想新战略，就是围绕着这个总问题所做出的系统回答，这些系统的思想理论创新就是问题的答案。这些理论创新不仅是对中国道路过去、现在和未来的经验总结和未来筹划，是中国人民坚持和发展中国特色社会主义的理论指南，也是中国人民为世界的前途命运提出的解决世界问题的中国方案。习近平指出：“要深入研究世界经济和我国经济面临的新情况新问题，为马克思主义政治经济学创新发展贡献中国智慧。”③

（原载于《北京交通大学学报》2017 年第 2 期）

---

① 习近平．毫不动摇坚持和发展中国特色社会主义//中央文献研究室，中国外文局．习近平谈治国理政．北京外文出版社，2014：23.

② 胡锦涛．坚定不移沿着中国特色社会主义道路前进　为全面建成小康社会而奋斗．十八大以来重要文献选编：上．北京：中央文献出版社，2014：9.

③ 新华社．立足我国国情和我国发展实践　发展当代中国马克思主义政治经济学．人民日报，2015－11－25.

习近平经济思想的创新思维

党的十八大以来，以习近平为总书记的党中央创新治国理政的理念和战略，在经济领域，坚持以马克思主义的立场、观点和方法解决矛盾和问题，并及时将改革开放30多年来的经济发展实践和思想理念加以提炼、升华，形成了中国特色社会主义政治经济学。习近平经济思想的一大重要特色，是充满了创新思维。

一、问题导向：习近平经济思想的起点创新

习近平历来强调问题意识和问题导向。他指出："问题是事物矛盾的表现形式，我们强调增强问题意识、坚持问题导向，就是承认矛盾的普遍性、客观性，就是要善于把认识和化解矛盾作为打开工作局面的突破口。"①

全面深化改革是习近平的一个重要思想，而这个思想的产生就来自实践中问题的倒逼。经过改革开放30多年的实践，容易改革的对象改完了，剩下的都是难啃的骨头，改革必须注意系统性和协调性，改革在全面和深化上下功夫就成为实践的迫切需要。问题倒逼式的理论创新，目的就是解决实践中存在和不断产生的问题。习近平深刻地点明问题意识在理论创新中独特的地位和作用："理论思维的起点决定着理论创新的结果。理论创新

① 习近平在十八届中共中央政治局第二十八次集体学习时的讲话. 人民日报，2015-11-25.

只能从问题开始。从某种意义上说，理论创新的过程就是发现问题、筛选问题、研究问题、解决问题的过程。”①

习近平经济思想之所以充满创新思维，就是因为始终从直面和解决我国改革开放和经济发展中的问题开始。

改革开放以来，我们用30多年时间，走完了发达国家几百年走过的发展历程，创造了世界发展的奇迹。虽然中国依然是世界上最大的发展中国家，但中国经济体量对世界举足轻重。随着经济总量不断增大，我们在发展中遇到了一系列新情况、新问题。习近平形象而准确地总结为“三个节点”：经济发展面临速度换挡节点、结构调整节点、动力转换节点。从国际上看，2008年国际金融危机爆发以来，虽然各国相继出台措施试图纾缓经济危机，但全球性经济衰退没有得到有效扼制，世界经济陷入长时期的深度衰退，笼罩在危机的深度阴霾下难以自拔。由于全球贸易长期处于低迷状态，严重影响中国出口优势和参与国际产业分工模式。与世界经济紧密联系的中国经济，也不可避免地受到波及。

面对世界和中国经济出现的新情况、新问题，人们纷纷寻找药方。

习近平经济思想之所以脱颖而出，主要是因为这一思想直面中国改革发展中的问题，继而通过全面深化改革来解决问题，并在解决问题中不断进行理论创新，以及时指导改革发展实践。

正是在与时俱进的中国特色社会主义理论的指导下，我们不断探索出一条中国特色社会主义道路，不断完善中国特色社会主义制度，才使我们的经济在30多年的时间里成为世界第二大经济体。习近平始终强调坚持和发展中国特色社会主义这一重大主题，决心继续做好中国特色社会主义这篇大文章。

对经济发展新常态的战略判断，也是基于问题导向的：国内经济发展速度不可避免地慢了下来，低端产业产能过剩问题严重，低成本资源和要

---

① 习近平．在哲学社会科学工作座谈会上的讲话．人民日报，2016-5-19.

素投入难以为继，全球贸易发展进入低迷期带来的消极影响，等等。2015年底召开的中央经济工作会议将“结构性产能过剩比较严重”视为中国经济发展中面临的最大困难和挑战，并就此提出“在理论上做出创新性概括”，就是要引领经济发展新常态，要更加注重供给侧结构性改革。

党的十八届五中全会之所以将“创新”列为五大发展理念之首，也是问题导向使然。党的十八届五中全会还将“绿色”列为五大发展理念之一，还是问题导向使然。对资源的粗放式利用和对环境的掠夺式破坏，积累了大量的生态环境问题，环境的退化、恶化成为发展中明显的短板。党的十八届五中全会之所以将“协调”列为五大发展理念之一，就是为了解决中国发展中不平衡、不协调、不可持续的突出问题。

问题倒逼理论创新，理论创新从直面问题开始，又在解决问题中不断深化。习近平指出：“要深入研究世界经济和我国经济面临的新情况新问题，为马克思主义政治经济学创新发展贡献中国智慧。”[①] 也正是从问题开始，习近平意识到了学好、用好政治经济学的重要性，号召各级党委政府要用马克思主义政治经济学分析研究中国经济发展中存在的问题。同时，对经济学理论界提出了建构中国特色社会主义政治经济学的重大任务，要求必须坚持中国特色社会主义政治经济学的重大原则。

二、 唯物辩证法： 习近平经济思想的方法创新

唯物辩证法是马克思主义政治经济学的方法论武器。习近平经济思想，始终坚持用马克思主义立场、观点和方法来认识和指导经济实践，特别注意运用唯物辩证法结合中国的经济实践进行方法创新。习近平强调：“要学习掌握唯物辩证法的根本方法，不断增强辩证思维能力，提高驾驭复杂局面、处理复杂问题的本领。我们的事业越是向纵深发展，就越要不断增强

① 习近平在十八届中共中央政治局第二十八次集体学习时的讲话. 人民日报，2015-11-25.

辩证思维能力。”①

（一）以唯物辩证法关于全面系统的观点指导方法创新，把握整体和局部的辩证关系，部署推进全面深化改革

习近平强调“全面深化改革，全面者，就是要统筹推进各领域改革”，“这项工程极为宏大，零敲碎打的调整不行，碎片化修补也不行，必须是全面的系统的改革和改进，是各领域改革和改进的联动和集成”。② 全面，是和系统、统筹、整体等相联，以唯物辩证法的思维创新改革思路，全面深化改革就包含“统筹”推进、“系统”推进、联动集成。从思维创新的层面来讲，这显然是对“摸着石头过河”思维方式的重大超越和创新。

有鉴于此，习近平指出“全面深化改革，要突出改革的系统性、整体性、协同性”，善于处理局部和全局、当前和长远、重点和非重点的关系③。

习近平曾指出，全面深化改革“必须从纷繁复杂的事物表象中把准改革脉搏，把握全面深化改革的内在规律，特别是要把握全面深化改革的重大关系，处理好解放思想和实事求是的关系、整体推进和重点突破的关系、顶层设计和摸着石头过河的关系、胆子要大和步子要稳的关系、改革发展稳定的关系”④。

这是习近平用唯物辩证法的方法阐述改革宏观层面上的五大关系，其中提出的整体推进和重点突破、顶层设计和摸着石头过河，都已经涉及全面深化改革所需要的系统性、整体性。关于全面深化改革政策层面的五个关系，习近平指出：“要弄清楚整体政策安排与某一具体政策的关系、系统政策链条与某一政策环节的关系、政策顶层设计与政策分层对接的关系、

---

① 习近平在十八届中共中央政治局第二十次集体学习时的讲话．人民日报，2015－01－25.

② 2014年2月17日习近平在省部级主要领导干部学习贯彻十八届三中全会精神全面深化改革专题研讨班的讲话//中共中央文献研究室．习近平关于全面深化改革论述摘编，北京：中央文献出版社，2014.

③ 习近平在十八届中共中央政治局第二十次集体学习时的讲话．人民日报，2015－01－25.

④ 2013年7月21—23日习近平在湖北考察改革发展工作时的讲话．人民日报，2013－07－24.

政策统一性与政策差异性的关系、长期性政策与阶段性政策的关系。既不能以局部代替整体、又不能以整体代替局部，既不能以灵活性损害原则性、又不能以原则性束缚灵活性。”①

上述关于全面深化改革的十大关系，是习近平运用唯物辩证法进行经济学创新思维的范例。

（二）以唯物辩证法的“两点论”指导方法创新，深刻分析中国面临的开放环境，提高对外开放质量和水平

习近平在分析中国开放发展面临的更深层次的风险挑战时，娴熟地运用了唯物辩证法的“两点论”。他指出：西方发达国家在经济、科技、政治、军事上的优势地位尚未改变；不少新兴市场国家和发展中国家经济持续低迷，世界经济还没有找到全面复苏的新引擎；我国在世界经济和全球治理中的分量迅速上升，但我国经济大而不强问题依然突出；我国对外开放进入引进来和走出去更加均衡的阶段。“这就是说，我们今天开放发展的大环境总体上比以往任何时候都更为有利，同时面临的矛盾、风险、博弈也前所未有，稍不留神就可能掉入别人精心设置的陷阱”②。

理解了这样的“两点论”创新思维方法，我们也就能够深刻理解和领会习近平直强调的要提高利用国际国内两个市场、两种资源的能力问题，以提高把握国内国际两个大局的自觉性和能力，提高对外开放质量和水平。

不仅如此，习近平基于唯物辩证法关于对立统一的观点，深刻分析中国开放面临的经济全球化的大变局后认为，“20 年前甚至 15 年前，经济全球化的主要推手是美国等西方国家，今天反而是我们被认为是世界上推动贸易和投资自由化便利化的最大旗手，积极主动同西方国家形形色色的保

---

① 2014 年 2 月 17 日习近平在省部级主要领导干部学习贯彻十八届三中全会精神全面深化改革专题研讨班的讲话//中共中央文献研究室．习近平关于全面深化改革论述摘编．北京：中央文献出版社，2014.

② 2016 年 1 月 18 日习近平在省部级主要领导干部学习贯彻党的十八届五中全会精神专题研讨班上的讲话．人民日报，2016－05－10.

护主义做斗争。这说明，只要主动顺应世界发展潮流，不但能发展壮大自己，而且可以引领世界发展潮流”①。这一分析既鼓舞人心，也令人信服。对于中国来说，在全球化的世界格局中，由过去的被动全球化真正地转化为主动全球化，大大增强了全球化的国家主体性。

（三）以唯物辩证法的三大规律指导方法创新，深刻认识、适应、把握、引领经济发展新常态

中国现在处于并将长期处于社会主义初级阶段。这一基本国情的判断，根本上源自于我们对生产力和生产关系这一对矛盾的认识。社会主义初级阶段是基本国情，具体到经济领域，判断中国当前和今后一个时期处于什么样的状态，直接关系到如何正确分析当前及今后一段时期中国经济存在的主要问题以及如何应对和解决由此产生的一系列问题，应当确定哪些具体目标和举措。习近平以一个政治家特有的敏锐的眼光，准确地分析：“新常态是一个客观状态，是我国经济发展到今天这个阶段必然会出现的一种状态，是一种内在必然性。”② 为了澄清一些模糊认识，他说得更清楚直白：新常态不是一个事件，不要用好或坏来判断。

新常态不是事件，是一个客观状态。从对立统一规律来看，事物的发展运动是其内在矛盾相互作用的必然结果，中国经济发展新常态这一状态，是原有发展模式内在矛盾运动发展到今天的“一种内在必然性”，必然表现为新的矛盾、新的状态；从量变质变规律来看，之前高速增长的量的积累，带来了中国经济质的变化，这一量变和质变必然导入一个与之前不一样的经济发展新常态状态，而新常态下对经济发展的量和质也提出新的要求；从否定之否定规律来看，新常态不是对之前高速增长的简单否定，而是扬

① 习近平在省部级主要领导干部学习贯彻党的十八届五中全会精神专题研讨班上的讲话．人民日报，2016－05－10.

② 习近平在省部级主要领导干部学习贯彻党的十八届五中全会精神专题研讨班上的讲话．人民日报，2016－05－10.

弃之后进入一种新的发展状态。这些分析表明，习近平表现出了高超的领导艺术。

（四）以唯物辩证法的对立统一规律指导方法创新，把握供给和需求的辩证关系，推进供给侧结构性改革

“供给侧结构性改革”一出，引来各方关注。善意而敏锐的人们对这一全新思想非常重视，并寄予厚望；也有人因为搞不清楚而误读，担忧是不是不再重视需求了；也有人将“供给侧结构性改革”进行简单分拆，说“供给侧”就是供给经济学，“结构性”等同于结构主义，“改革”就是制度主义。

习近平用唯物辩证法的对立统一规律，对推进供给侧结构性改革做了阐述：“供给和需求是市场经济内在关系的两个基本方面，是既对立又统一的辩证关系，二者你离不开我、我离不开你，相互依存、互为条件。没有需求，供给就无从实现，新的需求可以催生新的供给；没有供给，需求就无法满足，新的供给可以创造新的需求。”①

推进供给侧结构性改革，是以习近平同志为总书记的党中央适应和引领经济发展新常态的重大理论创新和实践创新，是事关中国经济转型和经济发展的重大战略部署，是习近平经济思想的一大创新亮点。

推进供给侧结构性改革，当然也是基于问题导向，旨在解决当前的经济问题，但推进供给侧结构性改革，充满基于唯物辩证法的创新思维，不仅在于把握供给和需求的辩证关系，还涉及把握经济学中生产、分配、流通、消费四大环节。供给侧和需求侧是管理和调控宏观经济的两个基本手段，但供给侧结构性改革不只是一个税收和税率问题。因为社会主义的本质是解放生产力、发展生产力，而社会主义的生产目的是最大限度地满足

---

① 习近平在省部级主要领导干部学习贯彻党的十八届五中全会精神专题研讨班上的讲话. 人民日报，2016－05－10.

整个社会不断增长的物质和文化需要。所以习近平指出："供给侧结构性改革，重点是解放和发展社会生产力，用改革的办法推进结构调整，减少无效和低端供给，扩大有效和中高端供给，增强供给结构对需求变化的适应性和灵活性，提高全要素生产率。我们讲的供给侧结构性改革，既强调供给又关注需求，既突出发展社会生产力又注重完善生产关系，既发挥市场在资源配置中的决定性作用又更好发挥政府作用，既着眼当前又立足长远。从政治经济学的角度看，供给侧结构性改革的根本，是使我国供给能力更好满足广大人民日益增长、不断升级和个性化的物质文化和生态环境需要，从而实现社会主义生产目的。"①

（五）以唯物辩证法关于系统的观点和三大规律指导方法创新，对贯彻落实新发展理念进行科学设计和施工，推进落实创新、协调、绿色、开放、共享五大发展理念

五大发展理念的提出，当然是为了直面和解决原有发展模式存在的问题，但如何科学设计和施工，则颇费思量。

新发展理念的提出是运用唯物辩证法分析、研究中国经济发展问题的结果，新发展理念能不能在今后的经济实践中贯彻落实好，也必须运用唯物辩证法作指导。习近平从四个层面对这个问题进行了系统论述："要坚持系统的观点，依照新发展理念的整体性和关联性进行系统设计，做到相互促进、齐头并进，不能单打独斗、顾此失彼，不能偏执一方、畸轻畸重。要坚持'两点论'和'重点论'的统一，善于厘清主要矛盾和次要矛盾、矛盾的主要方面和次要方面，区分轻重缓急，在兼顾一般的同时紧紧抓住主要矛盾和矛盾的主要方面，以重点突破带动整体推进，在整体推进中实现重点突破。要遵循对立统一规律、质量互变规律、否定之否定规律，善

① 习近平在省部级主要领导干部学习贯彻党的十八届五中全会精神专题研讨班上的讲话. 人民日报，2016－05－10.

于把握发展的普遍性和特殊性、渐进性和飞跃性、前进性和曲折性，坚持继承和创新相统一，既求真务实、稳扎稳打，又与时俱进、敢闯敢拼。要坚持具体问题具体分析，‘入山问樵、入水问渔’，一切以时间、地点、条件为转移，善于进行交换比较反复，善于把握工作的时度效。”① 习近平的分析高屋建瓴，是指导我们推进中国特色社会主义建设的重要方法论。

中国特色社会主义的实践进入了一个崭新的历史阶段，国际国内的经济发展都显示出新的特征，国际和国内的各种问题和矛盾相互交织，非线性特征非常明显。在这种情况下，任何单打一的措施都无济于事，必须注意战略和策略的协调性、系统性和整体性。

三、坚持、继承、集成、突破：习近平经济思想的创新形态

（一）在坚持中创新

在特定的条件下，特别是在纷繁复杂的“浮云遮望眼”背景下，廓清迷雾之后的坚持，本身就是一种难得的创新思维。改革开放取得巨大成功的一条重要经验，就是坚持“一个中心，两个基本点”的党的基本路线不动摇，其中“两个基本点”（坚持四项基本原则，坚持改革开放）都是讲“坚持”。

习近平经济思想的创新思维，关键是坚持马克思主义关于政治经济学的原理，并将之发展为中国特色社会主义政治经济学的重大原则。

习近平曾深刻指出：“实际工作中，在有的领域中马克思主义被边缘化、空泛化、标签化，在一些学科中‘失语’、教材中‘失踪’、论坛上

---

① 习近平在省部级主要领导干部学习贯彻党的十八届五中全会精神专题研讨班上的讲话. 人民日报，2016-05-10.

‘失声’。这种状况必须引起我们高度重视。”①

这种不正常现象，在经济学领域表现得尤其突出。习近平对此非常关注。早在2012年6月，习近平考察中国人民大学时就指出：“《资本论》是最重要的马克思主义经典著作之一，经受了时间和实践的检验，始终闪耀着真理的光芒。”② 后来习近平又指出“有人说，马克思主义政治经济学过时了，《资本论》过时了。这个说法是武断的。远的不说，就从国际金融危机看，许多西方国家经济持续低迷、两极分化加剧、社会矛盾加深，说明资本主义固有的生产社会化和生产资料私人占有之间的矛盾依然存在，但表现形式、存在特点有所不同。”③ 习近平反复强调《资本论》对于理解当今世界的意义，就在于他始终坚持马克思主义的基本原理。在《资本论》中，马克思主义通过对资本主义生产方式的分析，通过对资本和雇佣劳动关系的揭示，透彻地剖析了资本主义固有的自身不可克服的矛盾，为世界社会主义运动指明了方向。

习近平在阐述中国经济发展思路时，从来不为各种光怪陆离的经济学思想所左右，也不为各种所谓时髦的经济学概念所影响，而是自觉地坚持用马克思主义的政治经济学思想、分析方法直至论述、概念，进行理论创新。例如，在分析经济全球化是我们谋划发展所要面对的时代潮流时，习近平指出：“‘经济全球化’这一概念虽然是冷战结束以后才流行起来的，但这样的发展趋势并不是什么新东西。”“《共产党宣言》指出‘资产阶级，由于开拓了世界市场，使一切国家的生产和消费都成为世界性的了。’马克思、恩格斯的这些洞见和论述，深刻揭示了经济全球化的本质、逻辑、过程，奠定了我们今天认识经济全球化的理论基础。”④ 在谈到绿色发展时，

① 习近平．在哲学社会科学工作座谈会上的讲话．人民日报，2016-5-19.

② 胡乃武，李佩洁．一本马克思经济学的简明读本．人民日报，2014-11-10.

③ 习近平．在哲学社会科学工作座谈会上的讲话．人民日报，2016-5-19.

④ 习近平在省部级主要领导干部学习贯彻党的十八届五中全会精神专题研讨班上的讲话．人民日报，2016-05-10.

习近平引用了恩格斯的名言："我们不要过分陶醉于我们人类对自然界的胜利。对于每一次这样的胜利，自然界都对我们进行报复。每一次胜利，起初确实取得了我们预期的结果，但是往后和再往后却发生完全不同的、出乎预料的影响，常常把最初的结果又消除了。"① 习近平对经典作家的这些经典著作的引用，都是对马克思主义基本观点的坚持，这种坚持又不是教条式地照搬，而是对中国目前经济发展现实的一种理论层面的根本分析和研究，把这些论述置于当下的语境中，显然超出了原有论述的语义学意义上的含义，而是具有了中国特色社会主义理论体系逻辑结构之中的特定的理论内涵，从而具有了理论创新的性质。例如，习近平援引的马克思、恩格斯关于经济全球化的论述，他看到的是这种论述对于资本主义主导下的全球化的本质、逻辑以及过程的揭示，这种揭示的意义是为我们今天认识全球化问题提供了一种认识论的基础。我们要做的是在这个基础上，结合当下的实践进行理论创新，并以高度理论自觉的姿态参与全球化进程。例如，对恩格斯关于人与自然关系论述的援引，也是要求我们在坚持马克思主义基本原理的前提下，推进中国特色社会主义"五位一体"的建设。"绿色"作为新发展理念的一个重要内容，就有了马克思主义的经典根基，奠定在这一理论根基上的是中国特色社会主义的根本理念，这无疑又是一项重要创新。

（二）在继承中创新

理论创新，就是对原有理论中合理部分进行肯定、接续，对过时的成分进行否定，取中有舍，辩证扬弃。这样的继承，为创新发展奠定了基础，甚至也会成为创新的一种类型。理论创新的实质，就是在继承的同时，以新理论代替旧理论，或者为旧理论赋予新的内容和生命力。

习近平在进行经济思想创新时，也秉持了"善于继承才能善于创新"

① 马克思恩格斯选集：第3卷．北京：人民出版社，2012：998.

的思维。习近平经济思想的理论来源可以概括为五个方面：马克思主义经典作家的著作、苏联东欧社会主义建设的理论遗产、中国传统文化的“基因”、非马克思主义经济学的文明成果和中国特色社会主义建设的理论成果。[①] 讲理论来源实际上就是讲理论的继承性。习近平经济思想的继承性，也主要体现在上述五个方面。

（三）在集成中创新

集成是指将某类事物中各个好的、精华的部分集中、组合在一起，达到整体最优的效果。理论创新中，借鉴和运用集成思维，常常会增强理论的集成价值和集成效应，但前提是，不能简单地将理论概念连入、叠加、汇聚、捆绑和包装，而是需要将各种创新要素进行创造性融合、综合、一体化，使理论价值具备独特的创新能力而发生质变。

党的十八届五中全会首次提出创新、协调、绿色、开放、共享的新发展理念，这是习近平经济思想进行集成创新的生动范例。创新、协调、绿色、开放、共享这五个词汇都不是新的概念。在20世纪50年代中国社会主义建设道路的探索过程中就已经意识到了协调的重要性，统筹兼顾是那个时期的一个非常重要的经济思想。开放这个概念在改革开放的初期就已提出并成为中国共产党发展经济的一个重要政策工具。创新这个概念在20世纪90年代就已经上升到国家决策的层面。绿色和共享成为决策中的关键词要相对晚一些。如果我们把这五个词汇分开来看，它们也仅仅是一般的理论要素，但基于问题导向的基础上，将这五个概念要素进行优化组合、创新性融合，形成新的发展理念后，理论创新发生了质变。五大关键词各有侧重，有机整合，破解了经济发展新常态下各种问题，构建了全新的发展话语、发展模式和发展理念。此后，习近平对每个“理念”均增添了一个动词：崇尚创新、注重协调、倡导绿色、厚植开放、推进共享。这是对五

---

① 王立胜，郭冠清．论中国特色社会主义政治经济学理论来源．经济学动态，2016（5）．

大发展理念的进一步集成和丰富。

（四）在突破中创新

习近平一直重视理论的主体性、原创性，反对理论跟在别人后面亦步亦趋。他指出“理论的生命力在于创新”，“社会总是在发展的，新情况新问题总是层出不穷的，其中有一些可以凭老经验、用老办法来应对和解决，同时也有不少是老经验、老办法不能应对和解决的。如果不能及时研究、提出、运用新思想、新理念、新办法，理论就会苍白无力，哲学社会科学就会‘肌无力’”[①]。

当老经验、老办法不能应对和解决新问题时，及时研究、提出、运用新思想、新理念、新办法，其实就是在突破中创新。

2013 年，党的十八届三中全会提出“使市场在资源配置中起决定性作用和更好发挥政府作用”。这是对政府与市场关系的突破性的理论表述。习近平曾就此说明：“理论创新对实践创新具有重大先导作用，全面深化改革必须以理论创新为先导。进一步处理好政府和市场关系，实际上就是要处理好在资源配置中市场起决定性作用还是政府起决定性作用这个问题。”“市场决定资源配置是市场经济的一般规律，市场经济本质上就是市场决定资源配置的经济。”[②]

使市场在资源配置中起决定性作用，是对“基础性作用”的重大突破。

党的十八届三中全会提出坚持和完善基本经济制度必须坚持“两个毫不动摇”，习近平指出：“在产权保护上，明确提出公有制经济财产权不可侵犯，非公有制经济财产权同样不可侵犯。”[③] 这也是一大突破性创新。

---

① 习近平. 在哲学社会科学工作座谈会上的讲话. 人民日报，2016－5－19.

② 习近平. 关于《中共中央关于全面深化改革若干重大问题的决定》的说明. 人民日报，2013－11－16.

③ 习近平. 关于《中共中央关于全面深化改革若干重大问题的决定》的说明. 人民日报，2013－11－16.

四、 中国梦： 习近平经济思想的目标创新

习近平经济思想之所以新意迭出，在于它有着鲜明的目标指向和强烈的使命意识。习近平经济思想的目标创新，归根结底就是中国梦。

2012 年 11 月，习近平和其他中央领导同志参观《复兴之路》展览时指出：“现在，大家都在讨论中国梦，我以为，实现中华民族伟大复兴，就是中华民族近代以来最伟大的梦想。”“我坚信，到中国共产党成立 100 年时全面建成小康社会的目标一定能实现，到新中国成立 100 年时建成富强民主文明和谐的社会主义现代化国家的目标一定能实现，中华民族伟大复兴的梦想一定能实现。”①

中国梦一经提出，举国振奋，世界关注。“中国梦”中“两个一百年”这一鲜明的时间节点，也伴随着确定的经济发展目标，中华民族伟大复兴当然也包括强大的经济复兴，这表明“中国梦”这一创新口号，蕴含明确的经济创新目标和经济创新使命。

但“中国梦”绝不单纯只是一个经济目标。“中国梦”的基本内涵，是实现国家富强、民族振兴、人民幸福。习近平经济思想的目标创新有一个清晰的逻辑：“人民对美好生活的向往，就是我们的奋斗目标。”②“中国梦是民族的梦，也是每个中国人的梦。中国梦归根到底是人民的梦，必须紧紧依靠人民来实现，必须不断为人民造福。”③ 围绕实现“中国梦”，在发展思想上要坚持以人民为中心；在发展理念上坚持发展成果与人民共享；在社会主义本质上要坚持实现共同富裕。

习近平经济思想的创新，从马克思主义政治经济学中汲取了精髓和力

---

① 习近平参观《复兴之路》展览时的重要讲话. 人民日报，2012－11－30.

② 习近平在十八届中共中央政治局常委同中外记者见面时的讲话. 人民日报，2012－11－16.

③ 习近平. 在第十二届全国人民代表大会第一次会议上的讲话. 人民日报，2013－3－18.

量：都把以人民为中心的发展思想，作为根本立场，把增进人民福祉、促进人民全面发展、朝着共同富裕方向前进，作为发展的出发点和落脚点。“人民”这两个字，充满于习近平经济思想讲话论述的字里行间。正如他指出的：“要坚持以人民为中心的发展思想，这是马克思主义政治经济学的根本立场。”①

（原载于《当代世界与社会主义》2016 年第 5 期）

① 习近平在十八届中共中央政治局第二十八次集体学习时的讲话. 人民日报，2015 - 11 - 25.

中国特色社会主义改革理论的新发展

———学习习近平关于全面深化改革的论述

党的十八大以来，习近平紧密结合我国改革发展面临的新形势、新情况，从推动中国特色社会主义事业发展的实际需要出发，围绕着改革议题，发表了一系列重要讲话。在论及中国新一轮改革时，习近平多次使用“全方位改革”、“全面深化改革”、“综合改革”等关键词；提出“改革开放是一个系统工程，必须坚持全面改革，在各项改革协同配合中推进”。可以说“全面深化改革”是习近平改革思想的核心内容和鲜明特点。习近平关于全面深化改革的一系列论述，提出了许多新思想、新观点、新论断和新要求，形成了比较系统的全面深化改革思想。本文拟对十八大以来习近平的系列讲话进行解读，在此基础上，对其全面深化改革思想进行初步的总结，这对于系统学习和全面了解习近平全面深化改革思想，坚定不移走改革开放的强国之路，更加注重改革的系统性、整体性和协同性，做到改革不停顿、开放不止步，具有重要意义。

一、改革功能论

对改革功能和作用的准确定位是充分认识改革的重要意义，自觉地推进改革，坚定不移地全面深化改革的重要前提。习近平立足改革开放的现实，以深邃的历史眼光和宏阔的战略眼光，回顾改革历史，放眼发展未来，在中国发展的“过去——现在——未来”的时间坐标中，揭示改革之于中国特色社会主义事业发展的功能和作用。指出，改革是坚持和发展中国特色社会主义的必由之路，是决定当代中国命运的关键抉择，是当代中国发展进步的活力之源，也是决定实现“两个一百年”奋斗目标，实现中华民族伟大复兴的关键一招。

第一，通过回顾和总结30多年的改革开放实践及其成就，从历史视角审视并揭示了改革的功能与作用。认为改革是发展中国、发展社会主义、发展马克思主义的活力和源泉。

历史是过去的现实，现实是未来的历史。习近平在主持中央政治局第二次集体学习时强调，要顺利推进改革，落实好中央关于改革开放的重大部署，就要认真回顾和深入总结改革开放的历程。在这里既提出了一个认识任务，也提供了一种思维方法。这就是历史的思维方法。将改革实践置于30多年的长时程进行考察，则其功能和作用会更加清晰和明显。习近平用历史的眼光审视改革，指出：改革开放是我们党的历史上一次伟大觉醒，正是这个伟大觉醒孕育了新时期从理论到实践的伟大创造。事实充分证明，改革开放是强国之路，是我们党、我们国家发展进步的活力源泉。改革开放是决定当代中国命运的关键一招，是发展中国特色社会主义、实现中华民族伟大复兴的必由之路①。从历史的视角看，改革的功能主要体现在两个方面：

首先，改革开放的伟大实践造就了日益强大的综合国力，实践证明，改革开放是我们国家发展进步的活力之源。改革开放这一创造性的伟大实践，深刻改变了中国经济社会的面貌。“我国经济总量从世界第六位跃升到第二位，社会生产力、经济实力、科技实力迈上一个大台阶，人民生活水

① 中央文献研究室编．习近平关于全面深化改革论述摘编．北京：中央文献研究室，2014：3，34，38－39，138.

平、居民收入水平、社会保障水平迈上一个大台阶，综合国力、国际竞争力、国际影响力迈上一个大台阶，国家面貌发生新的历史性变化”。

其次，改革开放的生动实践是发展社会主义、发展马克思主义的丰厚土壤和永恒源泉。中国特色社会主义理论体系最深层的根据，就是我国改革开放和社会主义现代化建设这一伟大实践。党的十一届三中全会以来，从农村改革到城市改革，从建立深圳等四个经济特区到全方位对外开放，从发展个体私营经济到国有企业改制，从计划经济到社会主义市场经济，这些都是中国人民的伟大创造。中国特色社会主义理论体系，正是在这些崭新实践提供的经验基础之上形成和发展起来的。正是在这样伟大而富有成效的实践中，我们党先后提出了社会主义本质理论、社会主义初级阶段理论、改革开放理论、社会主义市场经济理论、社会主义政治文明理论、社会主义先进文化理论、社会主义和谐社会理论等充满创新智慧的重大思想理论，不断为中国特色社会主义理论体系增添新鲜内容。

回顾30多年的改革开放历史，得出的结论就是，我国过去30多年的快速发展靠的是改革开放，只有改革开放才能发展中国，发展社会主义，发展马克思主义。

第二，通过客观分析当前我国发展中面临的一系列突出矛盾和挑战，认为全面深化改革是解决这些多面性、复杂性和艰巨性问题，实现经济社会持续健康发展的必由之路。

习近平指出：“改革是由问题倒逼而产生，又在不断解决问题中得以深化。”今天，当改革推进到深水区、攻坚期的时候，我们面临着一系列前所未有的新矛盾、新问题。

改革在推动了中国30多年的经济高速增长的同时，也使中国在发展道路上潜伏了一系列的矛盾和问题。发展中不平衡、不协调、不可持续问题突出，科技创新能力不强，产业结构不合理，农业基础依然薄弱，资源环境约束加剧，制约科学发展的体制机制障碍较多，深化改革开放和转变经济发展方式任务艰巨，两极分化严重，社会矛盾多发，国际环境也发生了巨大变化，催生中国经济高速增长的制度变迁的原生动力，即改革红利已经消耗殆尽，30 多年制度创新的动力已经惯性疲劳“改革”，等等。尤其是，经过 30 多年不断改革，很多容易改的问题已经得到有效解决，留下来的大都是比较难啃的硬骨头，甚至是牵动全局的敏感问题和重大问题，如经济发展方式转变、收入分配、教育、就业、医疗、住房、社会保障制度改革等。对此，习近平做了形象的比喻：“中国改革经过 30 多年，已进入深水区，可以说，容易的、皆大欢喜的改革已经完成了，好吃的肉都吃掉了，剩下的都是难啃的硬骨头。”

在此背景下，推进改革的复杂程度、敏感程度、艰巨程度不亚于 30 多年前。而且今天的改革面对的矛盾更带有深层次和系统性特征。所谓深层次，主要表现为利益的固化，甚至许多障碍不是来自体制外而是来自体制内，尤其是来自既得利益的羁绊；所谓系统性，主要表现为各个领域各个环节的关联性互动性明显增强。正如习近平指出的，任何一个领域的改革都会牵动其他领域，同时也需要其他领域改革密切配合。

要解决这一系列多面性、复杂性和艰巨性的问题，只能通过全面深化改革一途，舍此没有出路。破解发展中面临的难题、化解来自各方面的风险挑战，除了深化改革开放，别无他途。“改革开放中的矛盾只能用改革开放的办法来解决”。“应对当前我国发展面临的一系列矛盾和挑战，关键在于全面深化改革”。我们必须以更大的政治勇气和智慧，不失时机深化重要领域改革。实践发展永无止境，解放思想永无止境，改革开放也永无止境，停顿和倒退没有出路。

第三，着眼于中国社会发展的未来，认为全面深化改革是坚持和发展中国特色社会主义，实现中华民族伟大复兴的中国梦的必由之路。

习近平认为，改革开放是决定当代中国命运的关键一招，也是决定实现“两个百年”奋斗目标、实现中华民族伟大复兴的关键一招。我国未来发展必须坚定不移依靠改革开放，没有改革，就无法实现中国梦，就没有中国特色社会主义的未来。

首先，改革是实现中国梦的重要保障。实现中国梦必须坚持中国道路、弘扬中国精神、凝聚中国力量。改革的过程也是开辟中国道路、弘扬中国精神、凝聚中国力量的过程。改革开放开辟了中国特色社会主义道路，激发了以爱国主义为核心的民族精神的活力，彰显了以改革创新为核心的时代精神的价值，为实现中国梦提供了巨大精神动力和强大精神支撑。改革调动了人民群众的积极性主动性，激发了人民群众的创造、创业活力，促进了国内各族人民的团结，为实现中国梦积蓄了力量。

其次，改革是坚持和发展中国特色社会主义的必由之路。改革可以推动社会生产力大解放大发展，为坚持和发展中国特色社会主义奠定雄厚的物质基础。同时，改革可以为坚持和发展中国特色社会主义集聚强大的依靠力量。通过深化相关领域的改革，确保经济社会发展成果惠及全体人民，实现共同富裕；通过深化政治领域改革，确保人民群众当家做主，广大人民群众就会真正把中国特色社会主义作为自己共同的事业，广大人民群众的积极性、主动性和创造性才会最大限度地调动起来，汇聚起全社会全民族的智慧和力量，推动中国特色社会主义事业不断发展。

基于以上分析判断，习近平对在新的历史起点上推进改革的战略定位是：全面深化改革，而不是某个领域、某个方面的单项改革。

二、 改革方向论

要顺利推进改革，必须有正确的方向。“方向问题至关重要。坚持什么样的改革方向，决定着改革的性质和最终成败。全面深化改革，涉及经济体制、政治体制、文化体制、社会体制、生态文明体制和党的建设制度改革，其广泛性、深刻性前所未有。随着我国发展面临的国际国内环境发生深刻复杂变化，各种思想文化相互激荡，各种矛盾相互交织，各种诉求相互碰撞，各种力量竞相发声，开出各式各样的‘改革药方’，推进改革的敏感程度、复杂程度前所未有。在这种情况下，如何确保改革沿着有利于党和人民事业发展的方向前进，是我们党领导和推进改革必须解决的重大课题”①。为此，习近平强调，改革开放是一场深刻革命，必须坚持正确方向，沿着正确道路推进；中国是一个大国，不能出现颠覆性错误。这里所说的颠覆性错误，就是指根本性、方向性错误。那么，全面深化改革的根本方向是什么呢？习近平在十八届三中全会的报告中明确指出，必须坚持社会主义市场经济的改革方向。也就是要把社会主义和市场经济统一起来，建立和完善社会主义市场经济体制。

首先，坚持社会主义市场经济的改革方向，就是要在深刻而广泛的变革中始终坚持社会主义基本制度，走社会主义道路。“历史和现实都告诉我们，只有社会主义才能救中国，只有中国特色社会主义才能发展中国，这是历史的结论，人民的选择”②。中国特色社会主义是科学社会主义理论逻辑和中国社会发展历史逻辑的辩证统一，是根植于中国大地，反映中国人民意愿，适应中国和时代发展进步要求的科学社会主义。不管改什么、怎么改，科学社会主义的基本原则不能丢，丢了就不是社会主义了。必须坚定不移高举中国特色社会主义伟大旗帜，既不走封闭僵化的老路，也不走改旗易帜的邪路。因此，全面深化改革要牢牢把握改革正确方向，在涉及道路、理论、制度等根本性问题上，在大是大非面前，必须立场坚定、旗帜鲜明。在湖北考察时，习近平还明确指出，中国是一个大国，决不能在根本性问题上出现颠覆性错误，一旦出现就无法挽回、无法弥补。

其次，在社会主义条件下发展市场经济。市场经济作为发达商品经济的运行机制，是社会主义与资本主义都可以运用的发展生产的方法、调节

① 刘云山．加强和改善党的领导．人民日报，2013－11－9．

② 习近平．毫不动摇坚持和发展中国特色社会主义．人民日报，2013－1－6．

经济的手段。建立社会主义市场经济体制，有利于解放和发展生产力，调动各方面的积极性，促进社会生产力的发展。只有发展社会主义市场经济才符合我国国情，才能充分调动广大人民群众建设中国特色社会主义的积极性，才能使中国特色社会主义具有生机和活力，获得巩固和发展。

坚持社会主义市场经济的改革方向，就要紧紧抓住经济体制改革这个重点，使市场在资源配置中起决定性作用和更好发挥政府作用。坚持和完善公有制为主体、多种所有制经济共同发展的基本经济制度。改革收入分配制度，促进共同富裕。同时，也要看到“决定性作用”并非“全部作用”我国实行的是社会主义市场经济体制，仍然要坚持发挥社会主义制度的优越性，发挥党和政府的积极作用。

三、 改革依据论

习近平提出，建设中国特色社会主义，总依据是社会主义初级阶段。全面深化改革，必须立足于我国长期处于社会主义初级阶段这个最大实际。习近平在主持十八届中共中央政治局第一次集体学习时强调，社会主义初级阶段是当代中国的最大国情、最大实际。我们在任何情况下都要牢牢把握这个最大国情，推进任何方面的改革发展都要牢牢立足这个最大实际。不仅在经济建设中要始终立足初级阶段，而且在政治建设、文化建设、社会建设、生态文明建设中也要始终牢记初级阶段；不仅在经济总量低时要立足初级阶段，而且在经济总量提高后仍然要牢记初级阶段；不仅在谋划长远发展时要立足初级阶段，而且在日常工作中也要牢记初级阶段。

我国仍然处于社会主义初级阶段，依然是占世界人口五分之一的发展中国家。我们解决的主要问题还是人民日益增长的物质文化需求同落后的社会生产力之间的矛盾，我们的国家还是发展中国家。所有的改革都要从这个实际出发，不能够超越这个阶段。全面深化改革一定要基于这个基本国情，制定改革措施和政策，一定要立足于这个总依据。

不断深刻认识我国国情和所处的历史阶段，是我们党提出科学理论和制定正确路线方针政策的基本依据，也是做好各项工作的重要前提。要牢牢把握从社会主义初级阶段的基本国情出发来部署改革、推进改革。在中国，要全面深化改革，那就只能从社会主义初级阶段的实际出发，而不能从主观愿望出发，不能从这样那样的外国模式出发，不能从对马克思主义著作中个别论断的教条式理解和附加到马克思主义名下的某些错误论点出发。时刻牢牢记住，我国正处于并将长期处于社会主义初级阶段，生产力发展水平还不高，人均国内生产总值仍居于世界后列，人口多、底子薄、发展不平衡的状况将长期存在。全面深化改革一定要坚持从基本国情这个最大的实际出发，既增强工作的紧迫感，以只争朝夕的精神抓住机遇推进改革，又充分考虑社会主义现代化建设的长期性和艰巨性，防止和克服急于求成、急功近利的心态和做法，老老实实地艰苦创业，踏踏实实地艰苦奋斗。

四、 改革目标论

设定科学合理的改革目标，能够凝聚人心，明确方向，激起人们为之奋斗的热情和力量。习近平在十八届三中全会报告中既明确提出了全面改革的总目标和五位一体的具体目标，总目标和具体目标构成了全面深化改革的目标体系。

第一，全面深化改革的总目标，就是完善和发展中国特色社会主义制度、推进国家治理体系和治理能力现代化。这是坚持和发展中国特色社会主义的必然要求，也是实现社会主义现代化的应有之义。

首先，完善和发展中国特色社会主义制度。习近平认为，中国特色社会主义制度是特色鲜明、富有效率的，但还不是尽善尽美、成熟定型的，中国特色社会主义事业不断发展，中国特色社会主义制度也需要不断完善[①]。这是全面深化改革的重要目标。具体来说，就是通过全面深化改革，不断完善基本经济制度，巩固和发展公有制经济，鼓励、支持、引导非公有制经济发展；不断完善社会主义民主政治制度，围绕推动人民代表大会制度与时俱进、推进协商民主广泛多层制度化发展，推进法治中国建设，加快建设公正、高效、权威的社会主义司法制度；不断完善和健全中国特色社会主义文化、社会、生态文明建设和党的建设等方面的具体制度。使中国特色社会主义制度更加成熟更加定型，从而开拓中国特色社会主义事业更加广阔的发展前景。其次，推进国家治理体系和治理能力现代化。习近平指出，国家治理体系和治理能力是一个国家的制度和制度执行能力的集中体现，两者相辅相成。我们在国家治理体系和治理能力方面还有许多亟待改进的地方，在提高国家治理能力上需要下更大气力。只有以提高党的执政能力为重点，尽快把我们各级干部、各方面管理者的思想政治素质、科学文化素质、工作本领都提高起来，尽快把党和国家机关、企事业单位、人民团体、社会组织等的工作能力都提高起来，国家治理体系才能更加有效运转[②]。

第二，全面深化改革的具体目标，就是要建立和完善社会主义市场经济、民主政治、先进文化、和谐社会和生态文明。这是一个五位一体的子目标体系。

围绕总体目标，习近平提出了全面深化改革的具体目标，把完善和发展中国特色社会主义制度、推进国家治理体系和治理能力现代化的总体目标具体细化为加快建设社会主义市场经济、民主政治、先进文化、和谐社会和生态文明。这五个方面，是总目标在各个改革领域的具体体现，这既

---

① 习近平．紧紧围绕坚持和发展中国特色社会主义，学习宣传贯彻党的十八大精神．人民日报，2012－11－19.

② 习近平．坚定制度自信不是要固步自封．人民日报，2014－2－18.

是全面深化改革的具体目标，也是中国特色社会主义的建设和发展目标。所谓全面深化改革就是五位一体的全方位改革，具体来说，一是通过经济体制改革，加快建立富有活力的市场主导的经济运行机制，更大程度更广范围发挥市场在资源配置中的基础性作用，最终建成完善的社会主义市场经济体制。二是通过政治体制改革建立和完善民主政治，更加广泛、更加充分、更加健全地实现人民民主；建立能够提供优质公共服务、维护社会公平正义的服务型政府；健全权力运行制约和监督机制。保障人民的知情权、参与权、表达权、监督权。三是通过文化体制改革，促进文化大发展大繁荣，为人民提供广阔的文化舞台。建立现代文化市场体系，形成有利于创新创造的文化发展环境，让一切文化创造活力持续迸发出来。四是通过社会体制改革，建立健全基本公共服务体系，加强和创新社会管理，推动社会主义和谐社会建设。五是通过生态文明体制改革，推进生态文明建设。

五、 改革方法论

“治大国若烹小鲜”。在有着 13 亿人口的大国进行改革，是前无古人的崭新事业，就应既坚持正确方向，又讲求正确方法；既坚定改革勇气，又富于改革智慧；既敢闯敢试，又理性务实。否则，就可能“失之毫厘，差之千里”。而历史不允许我们犯这样的错误。为此，习近平强调，改革开放是前无古人的崭新事业，必须坚持正确的方法论[①]。对改革进程中已经出现和可能出现的问题，困难要一个一个克服，问题要一个一个解决，既敢于出招又善于应招，做到“蹄疾而步稳”。概括起来，习近平关于全面深化改革的方法论主要有以下几个方面的内容：

第一，要更加注重系统性、整体性和协同性。

---

① 中央文献研究室编．习近平关于全面深化改革论述摘编．北京：中央文献研究室，2014：3，34，38－39，138.

“不谋全局者，不足以谋一域”。2012 年 12 月，习近平在广东考察期间就强调“更加注重改革的系统性、整体性、协同性”。十八届三中全会的报告中又强调“必须更加注重改革的系统性、整体性、协同性”。改革开放是一个系统工程，需要统筹谋划深化改革各个方面、各个层次、各个要素，使改革相互促进、良性互动、协同配合。习近平指出，我们要在基本确定主要改革举措的基础上，深入研究各领域改革关联性和各项改革举措耦合性，深入论证改革举措可行性，把握好全面深化改革的重大关系，使各项改革举措在政策取向上相互配合、在实施过程中相互促进、在实际成效上相得益彰①。

其一，注重改革的系统性，就是真正把改革看成一个系统工程，针对当前改革中面临的问题和挑战，要分层次分领域进行一系列相关联改革的设计，以完善各方面的体制机制，解放和发展社会生产力，更好地发挥中国特色社会主义制度的优越性。其二，注重改革的整体性，就是使改革的思路与方案能够全面涵盖现行体制的各个领域和主要环节，实现各系统有机融合、形成合力。其三，注重改革的协同性，就是在全面深化改革中要统筹协调好各个领域之间的关系，使其能够相互配合、协同共进，从而激发出改革的“联动效益”和“共生效应”。

第二，要处理好全面深化改革中的五大关系。

2013 年 7 月，习近平在湖北调研时，对全面深化改革的经验和方法进行了科学概括，指出“必须从纷繁复杂的事物表象中把准改革脉搏，把握全面深化改革的内在规律，特别是要把握全面深化改革的重大关系”。这些关系概括起来就是“五大关系”，即解放思想和实事求是的关系、整体推进和重点突破的关系、顶层设计和摸着石头过河的关系、胆子要大和步子要稳的关系、改革发展和稳定的关系。

---

① 中央文献研究室编．习近平关于全面深化改革论述摘编．北京：中央文献研究室，2014：3，34，38－39，138.

一是处理好“解放思想和实事求是的关系”。只有解放思想，才能做到实事求是；只有坚持实事求是，才能真正解放思想。只有处理好这一关系，才能既警惕“右”又防止“左”。

二是处理好“整体推进和重点突破的关系”。一方面，要通过试点摸清规律，从实践中获得真知。另一方面，又要善于在深入调查研究的基础上提出全面深化改革的总体规划。

三是处理好“顶层设计和摸着石头过河的关系”。习近平指出：“摸着石头过河，是富有中国特色、符合中国国情的改革方法。摸着石头过河就是摸规律，从实践中获得真知。”“摸着石头过河和加强顶层设计是辩证统一的，推进局部的阶段性改革开放要在加强顶层设计的前提下进行，加强顶层设计要在推进局部的阶段性改革开放的基础上来谋划。”

四是处理好“胆子要大和步子要稳的关系”。胆子要大，就是要坚定改革的决心和勇气，坚定不移地执行改革开放的总方针总政策，敢于试验，敢冒风险，开拓前进。习近平指出，当前改革需要解决的问题格外艰巨，都是难啃的硬骨头，这个时候就要一鼓作气，瞻前顾后，畏葸不前，不仅不能前进，而且可能前功尽弃。“步子要稳”，就是在改革开放的具体步骤上要循序渐进，要统筹谋划、慎重考虑、科学决策，不能急于求成，避免犯大的错误。

五是处理好“改革发展稳定的关系”。改革是发展的动力，是实现长期稳定的基础；发展是改革的目的，是稳定最可靠的保证；稳定则是改革、发展的前提条件，也是发展的重要要求。处理好这一关系，我们就能总揽全局，保证经济社会持续健康发展；否则，就会吃苦头，付出代价。

第三，注重调查研究，狠抓落实。

调查研究是谋事之基、成事之道。没有调查，就没有发言权，更没有决策权。研究、思考、确定全面深化改革的思路和重大举措，刻舟求剑不行，闭门造车不行，异想天开更不行，必须进行全面深入的调查研究。

对已经推出的改革举措，要加强跟踪了解，及时总结经验、解决问题，巩固和发展改革成果。对新启动的改革举措或改革试点，要加大组织和协调工作力度，确保取得成效。对需要长期抓落实的项目和任务，要以抓铁有痕、踏石留印的劲头，坚持不懈抓下去。对今年条件不具备、暂不启动的改革任务，要创造条件，抓紧做好前期准备工作，争取适时启动。

第四，善于把握大势，抢抓机遇，顺势而为。

“世界潮流，浩浩荡荡，顺之者昌，逆之者亡。”善于把握大势，紧跟时代潮流，是我们全面深化改革的基础。习近平指出，领导工作必须“善于观大势、谋大事”，“事物都是不断发展、相互联系的，只有眼界非常宽阔，正确认识和积极顺应中国和世界发展大势，正确认识和妥善处理党和国家面临的大事，才能把握工作主动权，跟上时代前进步伐，推动事业顺利发展”①。

综合国际国内情况，习近平明确概括指出：我们“要善于把握和平、发展、合作、共赢的国际大势，善于把握富强、民主、文明、和谐的国内大势”，我们要“统筹好国内国际两个大局，在时代前进潮流中把握主动、赢得发展”。只要我们自觉顺应国际国内大势，紧紧抓住我国发展面临的新机遇，乘势而上，顺势而为，及时采取有力战略举措，就一定能推动我国改革发展不断上新台阶，顺利实现“两个一百年”的战略目标。

六、 改革主体论

社会主义在本质上是人民群众自己的事业，其强大动力来自人民群众，其深厚基础也在人民群众之中。人民群众既是社会主义的利益主体，也是社会主义的发展主体。改革开放是亿万人民自己的事业，必须坚持尊重人民首创精神。坚持人民主体地位，应明确“为谁改革”，始终把实现人民对

---

① 习近平主持召开中共中央政治局专门会议并发表重要讲话．人民日报，2013－6－25.

美好生活的向往作为目标，确保改革的正确方向；明确“靠谁改革”，发挥好人民的积极性、主动性、创造性；明确“用什么衡量改革”，始终把人民赞成不赞成、高兴不高兴作为衡量改革的基本标准。

第一，改革是亿万人民自己的事业，必须坚持尊重人民首创精神。习近平指出“改革开放在认识和实践上的每一次突破和发展，改革开放中每一个新生事物的产生和发展，改革开放每一个方面经验的创造和积累，无不来自亿万人民的实践和智慧”。进入全面深化改革新阶段，我们面临的矛盾日益复杂，全面深化改革必须加强和改善党的领导，必须保持党同人民群众的血肉联系，充分反映人民群众的意愿和利益诉求，充分体现人民群众的创新实践，充分汇聚人民群众的智慧，并使改革的成果最大程度地惠及亿万人民群众。

第二，改革的价值目标是为了人民。全面深化改革就是要通过不断解放思想、解放和发展社会生产力、解放和增强社会活力，把社会财富的蛋糕不断做大，满足人民日益增长的物质文化需要，让人民共享改革发展成果。习近平同志在十二届全国人大第一次全体会议上发表当选中华人民共和国国家主席感言时这样说：“我们要随时随刻倾听人民呼声、回应人民期待，保证人民平等参与、平等发展权利，维护社会公平正义，在学有所教、劳有所得、病有所医、老有所养、住有所居上持续取得新进展，不断实现好、维护好、发展好最广大人民根本利益，使发展成果更多更公平惠及全体人民，在经济社会不断发展的基础上，朝着共同富裕方向稳步前进。”

第三，改革得失成败的衡量标准是人民拥护不拥护、赞成不赞成、高兴不高兴、答应不答应。在全面深化改革的过程中，要认真倾听人民的呼声和诉求，认真采纳群众的意见和建议，努力实现好、维护好、发展好最广大人民群众的根本利益。习近平强调，遇到关系复杂、牵涉面广、矛盾突出的改革，要及时深入了解群众实际生活情况怎么样，群众诉求是什么，改革能给群众带来的利益有多少，从人民利益出发谋划思路、制定举措、推进落实。

七、改革条件论

条件是事物存在和发展的依据，直接影响着事物的产生、运动、发展乃至消亡。全面深化改革的条件就是同全面改革相关联并制约其发展的各种因素的总和。习近平论及的改革条件主要有以下几方面。

第一，党的领导是全面深化改革取得成功的根本保证。

我们党既是改革的领导者也是改革的推动者。没有党的坚强领导，改革开放就不可能走到今天，更不能取得如此辉煌的成就。没有党的坚强领导，改革开放就可能会迷失方向，尤其是中国的改革进入攻坚期和深水区后，更需要党的坚强有力的领导。为此，习近平在党的十八届三中全会的报告中明确提出："全面深化改革必须加强和改善党的领导，充分发挥党总揽全局、协调各方的领导核心作用，提高党的领导水平和执政能力，确保改革取得成功。"改革任务越繁重，越要加强和改善党的领导，越要确保党始终成为中国特色社会主义事业的坚强领导核心。

"打铁还需自身硬"，加强和改善党对全面深化改革的领导，必须始终保持党的先进性和纯洁性，大力加强组织建设、作风建设、制度建设，坚定理想信念，坚守共产党人精神追求。建设学习型、服务型、创新型的马克思主义执政党，提高党的领导水平和执政能力，确保改革取得成功。

第二，巩固各民族人民大团结，巩固和发展爱国统一战线，汇聚磅礴的改革力量。

民族团结是我们战胜一切困难的精神支柱。因此，只有加强民族大团结，才能汇聚起不可战胜的磅礴力量，才能顺利推进改革。2014 年 3 月，在全国政协十二届二次会议期间，习近平在少数民族界委员联组会上讲话中再次强调，要全面贯彻落实党的民族政策，坚持和完善民族区域自治制度，不断增强各族人民对伟大祖国的认同、对中华民族的认同、对中华文化的认同、对中国特色社会主义道路的认同，更好维护民族团结。

全面深化改革，还需要包括统一战线各界人士共同奋斗。必须充分发挥统一战线凝聚人心、汇聚力量的独特优势，调动一切积极因素，把各党派、各团体、各民族、各阶层和各界人士的智慧和力量凝聚起来。习近平在十二届全国人大一次会议闭幕会上的讲话中指出，我们要巩固和发展最广泛的爱国统一战线，加强中国共产党同民主党派和无党派人士团结合作，巩固和发展平等团结互助和谐的社会主义民族关系，发挥宗教界人士和信教群众在促进经济社会发展中的积极作用，最大限度团结一切可以团结的力量。

第三，加强军队和国防建设，为全面深化改革创造和平稳定的环境。

党的十八大以来，面对国际战略格局和国家安全形势的深刻变化，习近平反复强调，实现中华民族伟大复兴，必须坚持富国和强军相统一，努力建设巩固国防和强大军队。没有一个巩固国防，没有一支强大军队，全面深化改革就没有保障。围绕加强国防和军队建设，实现强军目标，习近平发表了一系列重要讲话，提出一系列重大战略思想和决策部署，一再强调要深刻认识军队在国家安全和发展战略全局的重要地位和作用，坚持把国家主权和安全放在第一位，为全面深化改革提供坚强力量保证。2013 年 3 月 11 日，习近平在出席十二届全国人大一次会议解放军代表团全体会议时明确指出，建设一支听党指挥，能打胜仗，作风优良的人民军队，是党在新形势下的强军目标，为新形势下加强国防和军队建设提供了根本遵循，指明了前进方向。

第四，积极构建新型大国关系，推动世界的和平与发展，是全面深化改革不可或缺的外部环境。

全面深化改革需要一个和平稳定的国际环境。习近平站在国内国际两个大局相互影响、相互作用的战略高度看待中国坚持和平发展问题，强调"没有和平，中国和世界都不可能顺利发展；没有发展，中国和世界也不可能有持久和平”。站在更高的历史起点上，以习近平同志为总书记的党中央坚定不移走和平发展道路，明确提出了“世界命运共同体”的理念和“合作共赢”等战略思想，积极推动建立以合作共赢为核心的新型国际关系。在金砖国家领导人第五次会晤时明确提出了推动建设“全球发展伙伴关系”的主张。在博鳌亚洲论坛年会上，又提出了“牢固树立命运共同体意识”的主张。提出构建新型大国关系、共建“丝绸之路经济带”、建设“海上丝绸之路”、打造中国——东盟自贸区升级版等一系列新倡议。

习近平关于全深化改革的一系列重要论述，汇集了全面深化改革的新思想、新论断、新举措，勾画了全面改革蓝图，揭示了新的历史起点上改革开放的方向、目标和任务，形成了改革理论和政策的一系列重大突破。我们要深入学习习近平同志关于全面深化改革的重要论述，全面贯彻落实习近平提出的重大改革部署，以经济体制改革为重点全面深化改革，不失时机推进深层次矛盾的攻坚克难，加快重要领域和关键环节改革，承担起新时期改革开放的历史责任。把改革蓝图一步步变为现实。

（原载于《东岳论丛》2014 年 7 月第 35 卷第 7 期）

从全面小康看毛泽东防止两极分化思想的时代价值

到2020年全面建成小康社会是党的十八大确定的“两个一百年”的奋斗目标之一。全面建成小康社会必须贯彻习近平总书记提出的新发展理念。新发展理念倡导的“协调发展”“共享发展”理念对全面建成小康社会至关重要，防止两极分化应该贯穿全面建成小康社会全过程。在这个历史背景下，重新学习毛泽东关于防止两极分化的思想十分必要。

一、 防止两极分化是全面建成小康社会的题中应有之义

中国共产党作为执政党的根本执政目标是最大限度为人民群众谋利益，人民利益是党的工作的出发点和落脚点。在领导中国人民进行经济建设、发展生产力的过程中，防止贫富差距拉大尤其是防止两极分化始终是党的政策的重要关注点。全面小康的政策目标本身就内含防止两极分化的思想导向。

（一）全面小康的社会主义性质决定了在建成全面小康过程中必须防止两极分化

我们要建成的全面小康不是别的小康，是社会主义的全面小康，这是与资本主义小康和历史上其他社会形态下小康的本质区别。这就决定了全

面小康必须体现社会主义的本质，对此，邓小平曾讲，“不坚持社会主义，中国的小康社会形成不了”①。也就是说，全面建成小康就是一个坚持社会主义道路，不断实现社会主义本质，人民生活水平逐步普遍提高的社会发展过程。

追求共同富裕，防止两极分化是社会主义本质的具体体现。邓小平明确指出：“社会主义不是少数人富起来，大多数人穷，社会主义最大的优越性是共同富裕，这是体现社会主义本质的一个东西。”“社会主义与资本主义不同的特点就是共同富裕，不搞两极分化。”② 这样，全面小康必须以消灭剥削、消除两极分化，最终达到共同富裕为目标。

（二）全面小康的全面性决定了我们追求的是多领域均衡协同发展、不分地域、不让一个人掉队、不断发展的小康社会

全面小康，核心就在全面。这可以从三个方面来看。

一是从习近平总书记一系列重要讲话精神的逻辑结构来看，“四个全面”作为实现中华民族伟大复兴中国梦的战略布局和战略举措，突出体现了发展和治理的系统性、整体性和协同性，其着重点和着眼点都在全面上。

“四个全面”战略布局是一个密不可分的有机整体，其中全面建成小康社会是目的，其他“三个全面”是手段。对于“四个全面”的内在联系，习近平总书记曾经指出：“全面建成小康社会是我们的战略目标，全面深化改革、全面依法治国、全面从严治党是三大战略举措。”③ 也就是说，“四个全面”的总和是战略总体的全面，其中既有目标又有举措，既有全局又有重点，各个“全面”又都有自己的目标、重点和途径。“发展是时代的主题和世界各国的共同追求，改革是社会进步的动力和时代潮流，法治是国家

---

① 邓小平文选：第3卷．北京：人民出版社，1993.

② 邓小平文选：第3卷．北京：人民出版社，1993.

③ 习近平．弘扬丝路精神深化中阿合作．人民日报，2014-06-06.

治理体系和治理能力现代化的重要保障，从严治党是执政党加强自身建设的必然要求。四者不是简单并列关系，而是有机联系、相互贯通的顶层设计。建成小康社会、焕发改革精神、增强法治观念、落实从严治党，‘四个全面’的主线，勾绘出的是社会主义中国的未来图景”①。在“四个全面”中，“全面建成小康社会”是目标，是“一鸟”，是“一车”，“全面深化改革”和“全面依法治国”，是“鸟之两翼、车之两轮”，“全面从严治党”是根本组织保障。正是因为有了“建成小康社会”的全面的要求，才有了随之而来的其他“三个全面”。

二是从改革开放的进程来看，把“全面”确定为“小康社会”的核心目标要求是历史的必然，是我们党在带领全国人民奔小康的过程中，对小康内涵的认识不断深化、小康实践不断拓展，从而推动小康目标不断升级的必然结果。

1979 年 12 月 6 日，邓小平在会见日本首相大平正芳时首次使用了“小康”概念，并提出了在20 世纪末我国达到“小康社会”的构想。1984 年 3 月 25 日，邓小平在与日本首相中曾根康弘的谈话中明确提出了“小康社会”的概念，并将它称为“新概念翻两番，国民生产总值人均达到八百美元，就是到本世纪末在中国建立一个小康社会。这个小康社会，叫中国式的现代化。翻两番、小康社会、中国式的现代化，这些都是我们的新概念”②。从此以后，对小康社会的理解，突破了描述生活水平的界限，小康社会成为一个更加具有理论内涵的描述中国现代化发展战略的、体现经济和社会全面协调发展的新概念。

党的十二大正式引用了这一概念，并把它作为 20 世纪末的战略目标。1997 年江泽民在党的十五大报告中提出了“建设小康社会”的历史新任务。按《全国人民小康生活水平的基本标准》指标测算，到 1999 年我国总体已

---

① 人民日报评论员. 引领民族复兴的战略布局：论协调推进“四个全面”. 人民日报，2015 - 02 - 25.

② 邓小平文选：第 3 卷. 北京：人民出版社，1993.

走完温饱阶段94.6%的路程，2001年我国人均GDP突破900美元，实现了总体小康的目标。但是，总体小康是低水平的、不全面的、发展很不平衡的小康。所谓低水平，就是虽然我国经济总量已经达到一定规模，但人均水平还比较低。所谓不全面，就是当时的小康基本上还处于生存性消费的满足，而发展性消费还没有得到有效满足，社会保障还不健全，环境质量还有待提高。所谓发展很不平衡，是指地区之间、城乡之间，发展水平差距不小。

要推进小康社会建设，超越低水平、不全面、不均衡的小康阶段，我们建设小康社会的目标就必然升级为全面小康。在总体小康实现后，全面小康就理所当然地成为新目标。进入21世纪，随着总体小康的实现，我国的小康建设也进入了一个新阶段，这就是由实现总体小康升级到建设全面小康的阶段。

在这种形势下，2002年党的十六大提出了到2020年全面建设小康社会的奋斗目标，并做出具体的战略部署。经过10年的努力，到2012年，全面建设小康社会取得巨大成就。

党的十八大在总结10年经验的基础上提出了全面建成小康社会的新的战略任务，以习近平同志为核心的党中央将全面建成小康社会作为党确定的“两个一百年”奋斗目标的第一个百年奋斗目标，无论在认识上还是行动上都更加自觉。

由20世纪末的总体小康到21世纪头10年的全面建设小康再到21世纪第二个10年的全面建成小康，小康目标要求也由不均衡、不全面到比较均衡比较全面再到完全均衡和真正的全面，小康目标体系不断升级。如果说总体小康是1.0版（1979－2000），那么本世纪头10年的小康目标就是2.0版（2001－2010），第二个10年尤其是十八大以来的小康是3.0版（2011－2020）。可见，全面小康是我们党在改革开放进程中，在建设小康的实践中，遵循认识逻辑和实践逻辑，对小康目标进行不断探索和升级的必然结果。

三是从党的十八届五中全会的精神来看，会议所提出的“五大发展理念”，尤其是其中的“协调发展”和“共享发展”的理念正是强调了“全面”的精神实质，并将这种精神贯彻在《中共中央关于制定国民经济和社会发展第十三个五年规划的建议》中，这是在实际操作层面解决发展的不平衡、不协调和不可持续问题，也就是实现发展的“全面”问题。

这一点从习近平在中共十八届五中全会上关于《中共中央关于制定国民经济和社会发展第十三个五年规划的建议》的说明中可以看到。大家一致认为，建议稿体现了“四个全面”战略布局和“五位一体”总体布局，反映了党的十八大以来党中央决策部署，顺应了我国经济发展新常态的内在要求，有很强的思想性、战略性、前瞻性、指导性。建议稿提出创新、协调、绿色、开放、共享的发展理念，在理论和实践上有新的突破，对破解发展难题、增强发展动力、厚植发展优势具有重大指导意义。建议稿坚持问题导向，聚焦突出问题和明显短板，回应人民群众诉求和期盼，提出一系列新的重大战略和重要举措，对保持经济社会持续健康发展具有重要推动作用。可以说，十八届五中全会的建议就是针对这些年全面小康社会建设过程中的一些“不全面”发力的。无论是“新发展理念”的确定，还是“聚焦突出问题和明显短板”的要求，都明确体现了这方面的特点。

全面建成小康社会的核心在于“全面”，这个“全面”具体体现在哪些方面呢?

第一，从领域来看，“全面”首先表现在涉及的领域是全面的，是经济、政治、文化、社会、生态文明建设五位一体的全面小康。具体来说，我们要建成的全面小康，是“干部清正、政府清廉、政治清明”，“找到全社会意愿和要求的最大公约数”的全面小康；是“破除城乡二元结构，建设农民幸福生活的美好家园”的全面小康；是“国家物质力量和精神力量都增强，全国各族人民物质生活和精神生活都改善”的全面小康；是“让人民群众在每一个司法案件中都感受到公平正义”的全面小康，是“望得见山、看得见水、记得住乡愁”的全面小康，领域的全面性集中体现于发展中国特色社会主义事业五位一体总体布局。

第二，从区域来看，全面小康的“全面”体现在到2020年全国各个地区都要迈入小康社会，不是一部分地区进入小康社会，而其他地区还处在贫困状态。尽管这个过程有先有后，有快有慢，但是，在整个社会经济持续健康发展的情况下，通过产业接替、结构转型升级，区域间的发展差距越来越小，所有地区按时全面建成小康社会。

第三，从人群来看，“全面”体现在覆盖的人群是全面的。它是不让一个人掉队的全面小康。

概括起来，就是各领域全面发展、各地区全面发展、各人群全面发展，消除各行业、各区域、各个人群之间的发展差距，防止出现两极分化，最终达到共同富裕。

（三）小康社会的人本性决定了全面小康必须以人为本、全面满足最广大人民群众物质文化需要和实际利益

全面小康是以人为本的小康，以人为本是小康社会的核心理念、本质要求和重要保证。其根本目的是实现最广大人民群众的利益。全面小康是“以实现人的全面发展为目标，从人民群众的根本利益出发谋发展、促发展，不断满足人民群众日益增长的物质文化需要，切实保障人民群众的经济、政治和文化权益，让发展的成果惠及全体人民”①。习近平说：“我们将坚持以人为本，全面推进经济建设、政治建设、文化建设、社会建设、生态文明建设，促进现代化建设各个方面、各个环节相协调，建设美丽中国。”② 这些论述都是对全面小康人本性的突出强调。

坚持以人为本，就是要把人的全面发展视为全面小康的价值目标，始

① 胡锦涛．在中央人口资源环境工作座谈会上的讲话．人民日报，2003－10－02.

② 习近平．携手合作共同发展：在金砖国家领导人第五次会晤时的主旨讲话．人民日报，2013－03－28.

终把最广大人民群众的根本利益作为一切工作的出发点和落脚点，把促进人的全面发展贯穿于全面小康建设的全过程，落实到经济、政治、文化、社会建设的各方面，推进人的自然素质、社会素质和精神素质共同提高。具体来说，一是要尽快地使全国人民都过上殷实的小康生活，并不断向更高水平前进。二是要充分发挥人民群众的主观能动性和伟大创造精神，保证人民群众依法管理好自己的事情，实现自己的愿望和利益。三是要努力提高全民族的思想道德素质和科学文化素质，实现人们思想和精神生活的全面发展。四是要促进人和自然的协调与和谐，使人们在优美的生态环境中工作和生活。也就是在物质生活、精神文化和自然生态等方面，全面发展，共有共享，不断缩小现有差距，防止出现两极分化。

（四）小康社会的均衡性决定了全面小康必须不断缩小行业、地区和人群之间的差距，最终实现共同富裕

全面小康是均衡发展的小康，是社会各个领域如经济、社会、文化、生态的整体推进，是不同区域、行业和人群的均衡发展。由于我国各地区自然环境、资源条件、经济基础、文化背景存在着极大差别，地区之间的发展不均衡，加之我们是在非均衡发展的基础上实现总体小康目标的，而依靠非均衡发展实现的总体小康是低水平、不全面、不均衡的。仅仅是温饱有余，解决了衣食问题，在住房、交通、教育、医疗、卫生、环境等方面还有很大差距，东西之间、城乡之间、贫富之间还存在着很大的差距。要建成全面小康，我们的发展战略必须从原来的非均衡发展转向均衡发展，着重解决城乡之间、区域之间、阶层之间发展的不平衡，缩小地区经济发展差距，改变东、中、西部发展不平衡的状况，改变城乡二元经济结构，缩小城乡经济发展差距。其着眼点就在于消除局部贫困、少数贫困，在使贫困人口首先解决了温饱问题的基础上，进而达到小康生活水平，使全国人民走向共同富裕。

实现均衡发展，体现了社会主义本质要求，反映了中国最广大群众的

最根本利益，体现了社会主义制度的优越性。

总之，无论是社会主义的本质要求，还是全面小康的全面性、人本性和均衡性，决定了全面小康是惠及最广大人民的、协调发展、共同富裕的小康，防止两极分化是全面小康的题中应有之义。

正因如此，邓小平反复强调，在小康社会建设中要防止出现贫富不均、贫富差距，要防止两极分化，不能出现两极分化。他指出："我们是允许存在差别的。像过去那样搞平均主义，也发展不了经济。但是，经济发展到一定程度，必须搞共同富裕。"① "如果搞两极分化，情况就不同了，民族矛盾、区域间矛盾、阶级矛盾都会发展，相应地中央和地方的矛盾也会发展，就可能出乱子。"② 他把"消除两极分化"提到社会主义本质的高度来把握。

可见，在邓小平的小康社会构想中，根本的方向是社会主义的，根本的目的是通过先富带动后富来激发各阶层的积极性发展生产力，但必须防止两极分化，实现共同富裕。全面小康是不能容忍两极分化存在的，如果出现了两极分化，那就意味着我们走到了邪路上去了。

二、 防止在建成全面小康社会进程中"两极分化自然出现"

经过21世纪头10年的奋斗，全面建设小康社会取得重大进展。但是，全面建设小康社会存在的问题也是显而易见的。这表现在全面小康社会实现程度区域差距很大，东部地区为88.0%，中部地区77.7%，西部地区71.4%，东北地区82.3%。从10年来的年平均增长速度来看，东部地区增幅最高，提高23.7个百分点；中部地区次之，提高22.1个百分点；东北地区再次之，提高22.0个百分点，西部地区最低，提高18.2个百分点；同

---

① 中共中央文献研究室. 邓小平年谱（1975—1997）：下卷. 北京：中央文献出版社，2004.

② 邓小平文选：第3卷. 北京：人民出版社，1993.

时，产业结构不合理，农业基础薄弱，资源环境约束加剧。①

那么，如何看待这些差距，在全面建设小康社会过程中，会不会出现我们不希望看到的“两极分化”？目前是否已经出现了“两极分化”？对这个问题，理论界存在两种不同的看法。一种看法认为，中国现阶段确实存在着很大的贫富差距，出现贫富差距拉大的现象，但尚未达到两极分化的程度。

这种观点认为：“两极分化具有特定的内涵，即少数一部分人占有大量的生产资料，并作为统治生产者和剥削生产者的手段无偿占有别人创造的剩余劳动；同时，广大劳动者失去生产资料，除了出卖劳动力之外一无所有。从而形成财富向少数人集中和积累、绝对贫困和相对贫困向多数人集中和积累的两极分化。两极分化是收入差距扩大并进一步发展的结果。如果用国际上比较流行的基尼系数来衡量的话，一般认为，基尼系数在0.3～0.4之间，说明收入差距比较合理，数值0.5以上说明收入差距过大，0.6被定为两极分化的警戒线，表明已经出现两极分化。但按照中国社会科学院经济研究所课题组的调查，包括各种集体福利和非正常收入的差距在内，我国目前的基尼系数为0.445。而据世界银行的测算，认为我国基尼系数已达到0.467。这两组数据都告诉我们，我国现阶段的贫富差距，总体上处于合理差距向过大差距过渡的过程中，并没有出现两极分化。”“现阶段我国贫富差距是在居民总体收入水平提高的基础上产生的收入差距，是在全面建设小康社会的过程中，人民生活水平普遍提高的伴生现象，而不是以牺牲一部分人、一部分地区的利益，降低一部分人、一部分地区的收入为代价的。因此，这种差距是相对差距而不是绝对差距，在本质上与全面建设小康社会的实践活动是一致的。”②

另一种观点认为随着贫富差距的拉大，中国已经出现了两极分化。这

---

① 邓小平文选：第3卷．北京：人民出版社，1993．

② 赵晓辉．全面建设小康社会过程中的贫富差距问题．内蒙古民族大学学报（社会科学版），2005（5）．

种结论一般是从经济学的角度进行实证性研究得出的。比如，经济学家李炳炎教授就认为中国基尼系数持续上升，已连续10年超过了国际警戒线。“自改革开放以来，基尼系数变化巨大，1978年为0.18，1981年为0.29（此前被国际上认为是世界上分配最公平的国家），2000年达到0.417超出国际公认的0.4的警戒线，此后一直居高不下，2005年中国基尼系数为0.458，2008年高达0.469，近两年持续攀升，实际已超过了0.5。超过世界所有发达国家和包括印度在内的所有周边国家。基尼系数的迅速扩大，表明我国居民收入分配差距呈现加速扩大趋势。”“财富集中度急剧上升。20世纪50~60年代，我国最高收入的20%人口在全部收入中占的比例大约为36%~37%，最低收入的20%人口约占7%~8%。到1995年，中国最富裕的20%家庭的收入占全部收入的比例达47.5%，而收入最低的20%家庭的收入占全部收入的比例则仅为5.5%，中国最上层20%家庭收入是最下层20%家庭收入的8.49倍。到1997年，中国最富裕的20%家庭的收入占全部收入的比例上升到50.4%，而收入最低的20%家庭的收入占全部收入的比例则下降到4.06%，最富裕的20%家庭与收入最低的20%家庭的收入之比达到12.41。2005年中国占总人口20%的最贫困人口占总收入或总消费的份额只有4.7%，而占总人口20%的最富裕人口占总收入或总消费的份额高达50%。另外，从1988年至2007年，收入最高的10%人群和收入最低的10%人群的收入差距，已从7.3倍上升到23倍。最新的世界银行报告指出，美国是5%的人口掌握了60%的财富，而中国则是1%的家庭掌握了全国41.4%的财富。”①

持此观点的人普遍认为，我国财富聚集在少数人手中，全社会形成了一个财富分配的金字塔形结构，中国的财富集中度甚至远远超过了美国，成为全球两极分化最严重的国家。②

---

① 李炳炎，袁灏．当前我国业已出现两极分化问题的实证分析．探索，2010（5）．

② 丛亚平，李长元．中国基尼系数实际已超0.5 财富两极分化．经济参考报，2010-05-02．

到底有没有出现两极分化，应该允许争鸣。

两极分化是收入差距扩大并进一步发展的结果。我们认为，现阶段虽然出现贫富差距拉大的现象，但尚未达到两极分化的程度。但这绝不意味着可以忽视贫富差距的拉大。因为，收入差距或贫富差距的过分悬殊必然导致两极分化。也就是现实中存在着两极分化的趋势和可能。

邓小平也承认这一点，他认为两极分化会自然出现。1997 年他石破天惊地做出了一个论断："我们讲要防止两极分化，实际上，两极分化自然出现。""少部分人获得那么多财富，大多数人没有，这样发展下去总有一天会出问题。分配不公，会导致两极分化，到一定时候问题就会出来。"① 这个结论基于对改革开放以来实践发展历程的敏锐观察，也是对未来社会发展的一种科学预测，同时也是对中国未来决策的一种警醒。

所以，邓小平始终高度重视贫富差距问题，不断强调要防止两极分化，一再指出："这个问题要解决。过去我们讲先发展起来。现在看，发展起来以后的问题不比不发展时少。""要利用各种手段、各种方法、各种方案来解决这些问题。"②"现在，沿海地区先发展起来了，发展到一定程度，就要注意内地的发展，否则社会稳定不了。中国情况是非常特殊的，即使 51% 的人先富裕起来了，还有 49%，也就是 6 亿多人仍处于贫困之中，也不会有稳定。"③"可以设想，在本世纪末达到小康水平的时候，就要突出地提出和解决这个问题。"④

我们党在实践中也始终高度重视这一问题。党的十八大更是明确指出，目前我国"城乡区域发展差距和居民收入分配差距依然较大；社会矛盾明显增多"，"必须坚持走共同富裕道路，共同富裕是中国特色社会主义的根本原则。要坚持社会主义基本经济制度和分配制度，调整国民收入分配格

① 中共中央文献研究室. 邓小平年谱（1975—1997）：下卷. 北京：中央文献出版社，2004.

② 中共中央文献研究室. 邓小平年谱（1975—1997）：下卷. 北京：中央文献出版社，2004.

③ 中共中央文献研究室. 邓小平年谱（1975—1997）：下卷. 北京：中央文献出版社，2004.

④ 邓小平文选：第 3 卷. 北京：人民出版社，1993.

局，加大再分配调节力度，着力解决收入分配差距较大问题，使发展成果更多更公平地惠及全体人民，朝着共同富裕方向稳步前进。”

三、毛泽东防止两极分化思想

在毛泽东看来，社会主义制度的建立，就是要消除剥削，消除两极分化，让广大人民都从革命和社会发展中得到好处。这是中国共产党领导中国革命的目的以及毛泽东和所有共产党人的理想。毛泽东认为，中国社会出现两极分化和平均主义这两种有损社会公平的现象，都是社会主义所不能容忍的。

（一）要防止两极分化必须走社会主义道路

共同富裕是生产力发展的结果，但生产力的发展，并不意味着必然导致共同富裕。社会主义的最终目标是实现劳动人民的共同富裕，反对两极分化，这是由社会主义的本质决定的。因此，要实现共同富裕，必须要有社会主义制度作保证。

毛泽东深刻地认识到了这一点，他多次强调，共同富裕必须走社会主义道路。1955 年 7 月，他在《关于农业合作化问题》的报告中明确指出：“全国大多数农民，为了摆脱贫困，改善生活，为了抵御灾荒，只有联合起来，向社会主义大道前进，才能达到目的。对于他们说来，除了社会主义，再无别的出路。”① 1962 年，毛泽东在北戴河中央扩大会议上讲：“单干势必引起两极分化。两年都不要，一年多就会出现阶级分化。其中有的还是共产党的支部书记，贪污多占，讨小老婆，放高利贷买地；另一方面是贫困农民破产，其中有四属户（指军、烈、工、干四属——笔者注）、五保户，这恰恰是我们的社会基础，是我们的依靠。”②

为此，他主张要逐步地实现对于整个农业的社会主义改造，“在农村中

---

① 毛泽东文集：第 6 卷．北京：人民出版社，1999.

② 中共中央文献研究室．毛泽东传．北京：中央文献出版社，2003.

消灭富农经济制度和个体经济制度，使全体农村人民共同富裕起来”①。他还从巩固工农联盟的高度强调指出：“要巩固工农联盟，我们就得领导农民走社会主义道路，使农民群众共同富裕起来，穷的要富裕，所有农民都要富裕，并且富裕的程度要大大地超过现在的富裕农民。”②

可见，毛泽东是把两极分化问题置于走社会主义道路还是走资本主义道路的高度来认识。他认为，如果出现了两极分化，中国就走到资本主义道路上去了。

毛泽东是从马克思关于财富的积累和贫困的积累这两极的共生角度来看待两极分化现象的。其理论假设是，在资本主义制度下，必定会出现这样一种社会现象：一极是财富的积累，另一极是贫困的积累。这种现象就是两极分化。马克思科学地分析了这种社会现象的根源，指出资本主义私有制造成了资本与劳动的对立，在这种对立的基础上产生了资本主义积累的一般规律，而两极分化则是资本主义积累一般规律发挥作用的必然结果。马克思主义的这一结论成为毛泽东观察中国问题的根本方法论。随着土地改革的完成，他发现：“现在农村中存在的是富农的资本主义所有制和像汪洋大海一样的个体农民所有制。大家已经看见，在最近几年中间，农村中的资本主义自发势力一天一天地在发展，新富农已经到处出现，许多富裕中农力求把自己变为富农。许多贫农，则因为生产资料不足，仍然处于贫困地位，有些人欠了债，有些人出卖土地，或者出租土地。这种情况如果让它发展下去，农村中向两极分化的现象必然一天一天地严重起来。”③

（二）大力发展生产力是消除两极分化的根本途径

新中国成立之初，毛泽东就指出，我们国家不富又不强。“我们还是一

---

① 毛泽东文集：第6卷. 北京：人民出版社，1999.

② 中共中央文献研究室. 建国以来重要文献选编：第7册. 北京：中央文献出版社，1993.

③ 毛泽东文集：第6卷. 北京：人民出版社，1999.

个农业国。在农业国的基础上，是谈不上什么强的，也谈不上什么富的”①。“我们的基本情况就是一穷二白。所谓穷就是生活水平低。为什么生活水平低呢？因为生产力水平低”②。为了迅速实现人民共同富裕，消除贫穷，毛泽东提出要大力发展社会生产力。

1956 年 1 月，他在最高国务会议第六次会议上的讲话中创造性地提出“社会主义革命的目的是解放生产力”，并指出对农业、手工业和资本主义工商业的社会主义改造“必然使生产力大大地获得解放”。“只有完成了由生产资料的私人所有制到社会主义所有制的过渡，才利于社会生产力的迅速向前发展……满足人民日益增长着的需要，提高人民的生活水平”。在党大的八大上，他明确指出：“要把一个落后的农业的中国改变成为一个先进的工业化的中国。”③

（三）必须从所有制层面上消除产生两极分化的根源

毛泽东认为，两极分化是资本主义私有制的产物，在本质上是资本主义生产关系的反映。只有从分析经济关系入手，才能抓住问题的实质，而在经济关系中，最根本的是所有制关系。消灭资本主义生产关系，重构所有制基础，才能从根本上防止两极分化。

在《关于农业合作化问题》中，毛泽东在点出问题的实质之后，接着给出了解决问题的方法：“这就是在逐步地实现社会主义工业化和逐步地实现对于手工业、对于资本主义工商业的社会主义改造的同时，逐步地实现对于整个农业的社会主义的改造，即实行合作化，在农村中消灭富农经济制度和个体经济制度，使全体农村人民共同富裕起来。”④ 1965 年毛泽东重上井冈山，在 5 月 25 日送湖南省委书记张平化下山的时候，毛泽东对张平

① 毛泽东文集：第 6 卷. 北京：人民出版社，1999.

② 毛泽东文集：第 6 卷. 北京：人民出版社，1999.

③ 毛泽东文集：第 7 卷. 北京：人民出版社，1999.

④ 毛泽东文集：第 6 卷. 北京：人民出版社，1999.

化说："我为什么把包产到户看得那么严重，中国是个农业大国，农村所有制的基础如果一变，我国以集体经济为服务对象的工业基础就会动摇，工业品卖给谁嘛！工业公有制有一天也会变。两极分化快得很，帝国主义从存在的第一天起，就对中国这个大市场弱肉强食，今天他们在各个领域更是有优势，内外一夹攻，到时候我们共产党怎么保护老百姓的利益，保护工人、农民的利益?！怎么保护和发展自己民族的工商业，加强国防？中国是个大国、穷国，帝国主义会让中国真正富强吗，那别人靠什么耀武扬威？仰人鼻息，我们这个国家就不安稳了。"①

毛泽东上述论述含有深刻的内涵。他认为，如果走了资本主义道路，不仅两极分化消除不了，而且在中国资本主义和外国帝国主义的内外夹攻下，中国也不会富强起来。所以，毛泽东进一步论证道："事情不是那么简单，人家资本主义制度发展了几百年，比社会主义制度成熟得多，但中国走资本主义道路走不通。中国的人口多，民族多，封建社会历史长，地区发展不平衡，近代又被帝国主义弱肉强食，搞得民不聊生，实际上四分五裂。我们这样的条件搞资本主义，只能是别人的附庸。帝国主义在能源、资金等许多方面都有优势。美国对西欧资本主义国家既合作又排挤，怎么可能让落后的中国独立发展，后来居上？过去中国走资本主义道路走不通，今天走资本主义道路，我看还是走不通。要走，我们就要牺牲劳动人民的根本利益，这就违背了共产党的宗旨。国内的阶级矛盾、民族矛盾都会激化，搞不好，还会被敌人利用。"②

（四）实行按劳分配制度，但又要反对"资产阶级法权"

生产决定分配，生产方式决定分配方式，这是马克思主义的一个基本原理，也是毛泽东考虑经济问题所坚持的一个基本原则。据此，在社会主

---

① 马社香．前奏：毛泽东1965年重上井冈山．北京：当代中国出版社，2006.

② 马社香．前奏：毛泽东1965年重上井冈山．北京：当代中国出版社，2006.

义公有制的条件下，中国只能实现按劳分配的分配制度。这是因为在社会主义公有制的条件下，生产资料归全体劳动者共同所有，劳动者都是平等的生产资料所有者。这种生产资料公有制，使得人们向社会提供的，除了自己的劳动，谁都不能提供其他任何东西，同时，除了个人的消费资料，没有任何东西可以转为个人的财产。在这种条件下，人们不可能不劳而获，只能依靠自己的劳动从社会领得消费品。当然，在社会主义条件下由于生产力还没有达到充分满足社会全体成员的生活需要和生产需要的程度，因而消费品还不可能按照劳动者的实际需要进行分配。劳动还不能成为人们生活的第一需要，而仅仅是谋生的手段。在这种条件下，要以劳动为尺度来分配个人消费品。也就是说，劳动者获得消费品的多少，不是根据他实际生活的需要，而是与他向社会提供的劳动量成比例。这是同共产主义分配原则不同之处。

在强调实行按劳分配原则的前提下，毛泽东还提出要“限制资产阶级法权”的思想。在毛泽东看来，按劳分配，在形式上是平等的，但实际上却不平等，是形式上的平等掩盖了事实上的不平等。在生产资料公有制的条件下，每一个人只能按照自己劳动的数量和质量来获取消费品，排除了剥削，这是平等的。但是，每一个人的劳动能力不一样，存在着体力、智力、学力以及劳动熟练程度的不同，再加上每个人赡养的人口的差异，如果按劳动数量和质量进行分配，每个人的实际生活水平肯定是不一样的，也就是说，实际上还是不平等的。

由此看来，按劳分配原则确实存在形式上平等掩盖着事实上不平等的现象，还存在资产阶级法权。在这个意义上，毛泽东提出要“限制资产阶级法权”，认为如果只讲按劳分配，人们由于先天条件、家庭负担的差别，久而久之难免两极分化。他一度主张取消薪金制、恢复供给制，提出“绝不要实行对少数人的高薪制度。应当合理地逐步缩小而不应当扩大党、国家、企业、人民公社的工作人员同人民群众之间的个人收入的差距。防止一切工作人员利用职权享受任何特权”[①]。

（五）全国一盘棋，推动区域平衡协调发展

新中国建立之初，为了改变我国区域经济发展极端不平衡这一不合理的状况，防止区域之间、行业之间的发展差距越拉越大，实现共同富裕，毛泽东提出要做到“全国一盘棋”，实现均衡发展，在生产力的布局上实施均衡发展的战略方针。

在《论十大关系》中，毛泽东最早提出“利用和发展沿海工业”以促进内地工业的发展和生产力布局的合理化，处理好沿海与内地工业的关系，把国家经济建设的重心放在内地，其实质是内地（主要是西部）重点开发，其目的是缩小内陆与沿海的差距。“沿海的工业基地必须充分利用，但是，为了平衡工业发展的布局，内地工业必须大力发展”[②]。“新的工业大部分应当摆在内地，使工业布局逐步平衡，并且利于备战”[③]。在区域产业结构调整方面，毛泽东指出，“在优先发展重工业的条件下，发展工业和发展农业同时并举”[④]，使二者保持适当的比例。

为促进沿海与内地的平衡发展，毛泽东亲自制定执行国民经济发展计划并实施区域投资倾斜政策来平衡分布人力、物力和财力，从而实现区域生产力的合理布局，“一五”计划（1953—1957 年）的制定和实施，充分体现了这一战略。

均衡发展战略的实施促进了内地的经济发展，改善了沿海与内地严重失衡的工业布局，缩小了东西部地区的经济差距。“从新中国成立起至 1978 年的 30 年间，以现价计算，国民经济总值增长速度，东西部之比为 7.08 比 7.52，西部地区高于东部地区 0.44 个百分点；1978 年，东西部年人均收入

① 中共中央文献研究室. 建国以来重要文献选编：第 19 册. 北京：中央文献出版社，1998.

② 毛泽东文集：第 7 卷. 北京：人民出版社，1999.

③ 毛泽东文集：第 7 卷. 北京：人民出版社，1999.

④ 中共中央文献研究室. 建国以来重要文献选编：第 11 册. 北京：中央文献出版社，1995.

差距已缩小到 200 元左右”[①]。

（六）必须走共同富裕的道路

共同富裕是两极分化的反面。毛泽东反复强调要从根本上杜绝土地改革后农村出现两极分化，必须实现全体农民的共同富裕。

1953 年 12 月，中共中央发布的《关于发展农业生产合作社的决议》指出：“为着进一步地提高农业生产力，党在农村中工作的最根本的任务，就是要善于用明白易懂而农民所能接受的道理和办法去教育和促进农民群众逐步联合组织起来，逐步实行农业的社会主义改造，使农业能够由落后的小规模生产的个体经济变为先进的大规模生产的合作经济，以便逐步克服工业和农业这两个经济部门发展不相适应的矛盾，并使农民能够逐步完全摆脱贫困的状况而取得共同富裕和普遍繁荣的生活。”[②]

共同富裕包括社会各阶级，包括社会所有成员，“而这个富，是共同的富，这个强，是共同的强，大家都有份，也包括地主阶级”[③]。“对地主，在一定时期要剥夺他们的政治权利，改变成分后才可恢复公民权，加入合作社，那时就不叫地主而叫农民。对地主来说，这事实上是解放了他们。他们在全国总共三千万人，以后要同大家一起共同富裕起来”[④]。共同富裕是社会主义制度的根本要求，“将来农民的生活要超过现在的富农。资本家如果将来饿肚子，这个制度就不好。如果大家生活不提高，革命就没有必要，因此生活福利都要逐步提高”[⑤]。

（七）反对两极分化并不是要绝对平均

虽然毛泽东在社会主义建设实践过程中有时过分强调分配上的平均，

---

① 东西部差距到底有多大. 瞭望新闻周刊，1999（48）.

② 中共中央文献研究室. 建国以来重要文献选编：第 4 册. 北京：中央文献出版社，1993.

③ 毛泽东文集：第 6 卷. 北京：人民出版社，1999.

④ 毛泽东文集：第 6 卷. 北京：人民出版社，1999.

⑤ 毛泽东文集：第 6 卷. 北京：人民出版社，1999.

但是，从理论上来看毛泽东绝对不是平均主义者。从红军时代直至20世纪六七十年代，毛泽东经常批判绝对平均主义，认为这是农民小资产者的一种幻想。所以，在毛泽东那里，反对两极分化并不是追求绝对的平均主义。

在人民公社成立之初，针对部分人的错误认识，毛泽东指出："他们误认人民公社一成立，各生产队的生产资料、人力、产品，就都可以由公社领导机关直接支配。他们误认社会主义为共产主义，误认按劳分配为按需分配，误认集体所有制为全民所有制。他们在许多地方否认价值法则，否认等价交换。因此，他们在公社范围内，实行贫富拉平，平均分配。"[①] 毛泽东对于各种"共产风"也持批评的态度。1959年，他在《在郑州会议上的讲话》一文中就指出，否认各个生产队和各个个人的收入应当有所差别的所谓平均主义是绝对平均主义的分配办法，是否认按劳分配、多劳多得的社会主义原则，是无偿占有别人的一部分劳动成果，这是十分不对的。在对待平均主义和两极分化的问题上，毛泽东运用辩证的方法来分析问题。他指出："反对平均主义，是正确的；反对过头了，会发生个人主义。过分悬殊也是不对的，我们的提法是既反对平均主义也反对过分悬殊。"毛泽东对当时社会建设中出现的两极分化和平均主义两种社会现象都给予了充分关注，并为反对两极分化和平均主义提出了一些具体原则，这是值得我们认真学习和挖掘的宝贵思想资源。

（八）坚持人民利益高于一切，牢固树立群众观念

在毛泽东看来，人民为本，人民至上，是中国共产党人一切工作的出发点和最终归宿。坚持人民的利益高于一切，是共产党员一切言行的最高准绳。"共产党员无论何时何地都不应以个人利益放在第一位，而应以个人利益服从于民族的和人民群众的利益"[②]。"我们共产党人区别于其他任何政

---

① 毛泽东文集：第8卷. 北京：人民出版社，1999.

② 毛泽东选集：第2卷. 北京：人民出版社，1991.

党的又一个显著的标志，就是和最广大的人民群众取得最密切的联系。全心全意地为人民服务，一刻也不脱离群众，一切从人民的利益出发”①。

坚持人民利益高于一切，就要实现和维护最大多数人的利益，努力使工人、农民、知识分子和其他劳动群众共同享受到经济社会发展的成果，要求各级领导机关和领导干部在想问题、办事情时，都要以满足最大多数人的利益为根本出发点，始终代表人民群众的利益、实践人民群众的利益，使人民从贫穷落后的困境中解放出来，走向共同富裕的生活。

毛泽东要求党和政府的各级领导，在制定政策和实施政策的过程中，“必须以合乎最广大人民群众的最大利益，为最广大人民群众所拥护为最高标准”。② 广大干部要有“人民利益高于一切”和对人民负责的意识。杜绝以权谋私的犯罪勾当、阻遏“率先致富”的可耻行为。

（九）重视理想信念和精神因素在实现共同富裕、防止两极分化中的作用

社会贫富两极分化的根本原因有两个：一是制度因素，主要指经济运行制度，包括财产所有制和财富分配制度；二是人的因素，主要指经济人的自私本性。

在毛泽东看来，树立坚定的共产主义理想信念、弘扬集体主义、艰苦奋斗等高尚精神是克服自私自利的念头、坚持共同富裕方向的精神支撑，是人民以主人翁态度从事社会主义经济建设，正确处理个人和集体、获取和奉献关系的精神动力。所以，毛泽东非常强调社会主义集体精神、无私奉献精神，倡导大公无私，强调思想政治工作的作用。他指出：“政治工作是一切经济工作的生命线，在社会经济制度发生根本变革的时候，尤其是

---

① 毛泽东选集：第3卷．北京：人民出版社，1991.

② 毛泽东读社会主义政治经济学批注和谈话（简本）．北京：中华人民共和国国史学会，2000.

这样。”[①]“只要我们的思想工作和政治工作稍微一放松，经济工作和技术工作一定会走到邪路上去。”[②]

毛泽东指出：“社会主义社会要有‘物质鼓励’和‘精神鼓励’。”[③] 社会主义建设必须把物质作用与精神作用统一起来，两者不可偏废。提出要用崇高的共产主义理想和艰苦奋斗的精神，使人们超越由于按劳分配形成的对物质利益的追求。他认为，“在社会主义社会里，每个人进学校，学文化，学技术，首先应该是为了建设社会主义社会，为了巩固工业化，为了为人民服务，为了集体利益，而不应该是为了提高工资”[④]。他还强调：“把共产主义引导到平均主义是不好的，过分强调物质刺激也不好。报酬以不死人，维持人民健康为原则。这话是对党内讲，对先进分子讲的。国家建设也好，革命也好，要有一部分先锋分子、积极分子。我们为革命死了多少人，头都不要了，还给什么报酬。天天讲物质刺激，就会麻痹人的思想。写文章要多少稿费，钱多了，物质刺激也不起作用了。要培养共产主义风格，不计报酬，为建设事业而奋斗。”[⑤]“我们要提倡艰苦奋斗，艰苦奋斗是我们的政治本色。”[⑥] 针对少数人争名誉，争地位，比吃穿等，毛泽东号召：“我们要保持过去革命战争时期的那么一股劲，那么一股革命热情，那么一种拼命精神，把革命工作做到底。”[⑦]

毛泽东认为，反复强调物质刺激，就会“引导人走向个人主义”，就会导致人民追逐物质利益，从而产生两极分化。“应当强调艰苦奋斗，强调扩大再生产，强调共产主义前途、远景，要用共产主义理想教育人民。要强调个人利益服从集体利益，局部利益服从整体利益，眼前利益服从长远利

① 毛泽东文集：第6卷．北京：人民出版社，1999.

② 毛泽东文集：第7卷．北京：人民出版社，1999.

③ 毛泽东读社会主义政治经济学批注和谈话（简本）．北京：中华人民共和国国史学会，2000.

④ 毛泽东读社会主义政治经济学批注和谈话（简本）．北京：中华人民共和国国史学会，2000.

⑤ 李锐．庐山会议实录（增订本）．郑州：河南人民出版社，1999.

⑥ 毛泽东文集：第7卷．北京：人民出版社，1999.

⑦ 毛泽东文集：第7卷．北京：人民出版社，1999.

益。要讲兼顾国家、集体和个人，把国家利益、集体利益放在第一位，不能把个人利益放在第一位”①。

（十）反对特权，防止权力腐败，杜绝各种非法致富

所谓干部特权，是指某些领导干部把人民赋予的权力私有化，在政治、经济等方面为个人或小集团谋取私利的行为，权力腐败与非法致富是孪生的。反对特权，是毛泽东对领导干部的一贯要求。

新中国成立以后，毛泽东经常警告全党不要滋长官僚主义作风，不要形成一个脱离人民的“贵族阶层”。1958 年 8 月 30 日毛泽东在中央政治局扩大会议上的讲话中指出：发薪水都要分等级，分将、校、尉，结果是脱离群众，兵不爱官，民不爱干，因为这一点和国民党差不多，衣分三色，食分五等，办公桌、椅子也分等，工人、农民不喜欢我们。不仅如此，毛泽东还提出党内不少领导干部享受着卫生、文艺、医疗等各个方面的好处，自觉高人一等。

毛泽东认为，干部特权产生的现实基础是资产阶级法权，一部分拥有权力的人群获取大大多于普通群众的利益，这样与生产资料直接结合的干部将不可避免地从拥有特权发展到剥削工人、农民，最终形成一个官僚特权阶层。为了限制资产阶级法权来达到消除干部特权，毛泽东从分配制度和干部与群众之间的关系两方面着手解决问题。在分配制度上，毛泽东强调反对干部高薪制，主张缩小收入差距。他明确表示：“绝不要实行对少数人的高薪制度。应当合理地逐步缩小而不应当扩大党、国家、企业、人民公社的工作人员同人民群众之间的个人收入的差距，防止一切工作人员利用职权享受特权。”②

建国后，毛泽东提倡实行干部低薪、节俭保廉制度，因为他认为高薪、

① 毛泽东读社会主义政治经济学批注和谈话（简本）. 北京：中华人民共和国国史学会，2000.

② 中共中央文献研究室. 建国以来重要文献选编：第 19 册. 北京：中央文献出版社，1998.

特权进而生活奢侈是干部腐败赖以产生的物质基础，并多次批评有些党员干部争名誉、争地位、比薪水、比吃穿、比享受的错误思想，要求党员干部应当注意，不要靠官，不要靠职位高，不要靠老资格吃饭。“要保持过去革命战争时期的那么一股劲，那么一股革命热情，那么一种拼命精神，把革命工作做到底”①。针对新中国成立后一些党员干部执政后经不起资产阶级糖衣炮弹的打击、以权谋私、搞腐败的现象，毛泽东主张坚决打击，绝不手软，及时开展并始终坚持了反贪污腐败的斗争。

四、 毛泽东防止两极分化思想的当代启示

防止两极分化是贯穿小康社会全过程的一项根本任务。如上所述，毛泽东关于防止两极分化的思想形成了一个系统的科学体系，它必将成为新时期中国共产党在领导全面建成小康社会过程中防止两极分化实践的重要思想资源。毛泽东防止两极分化思想对于目前的防止两极分化实践具有重要的启示。据初步梳理，我们可以归结为十大启示。

第一，坚持中国特色社会主义道路是防止两极分化的根本途径。

在毛泽东那里，所谓的两极分化，与资本主义道路就是同义词，在社会主义建设过程中，如果出现了两极分化，就等于走了资本主义道路。所以，他对两极分化的根本判断是在中国道路的选择这个层面做出的。在这一点上，邓小平与毛泽东的认识是一样的。邓小平曾经认为社会主义不可能出现两极分化，他甚至认为，如果出现两极分化，改革就失败了。改革开放近40年来，中国共产党领导中国人民，不断解放思想，开拓创新，探索出一条中国特色社会主义道路，这条道路是实现中华民族伟大复兴的具有中国特色的社会主义道路。这条道路引领着中国人民取得了辉煌的成就，既取得了经济、政治、文化、社会和生态各方面的巨大发展，又成功地坚

---

① 毛泽东文集：第7卷．北京：人民出版社，1999．

持了社会主义的根本方向，形成了西方学术界称为“北京共识”的区别于“华盛顿共识”的“中国模式”或者“中国道路”。尽管目前还存在着这样那样的一些问题，但这些问题都是发展中的问题，是在全面建成小康社会的过程中可以克服的问题。所以，党的十八大做出了明确的结论：“我们坚定不移高举中国特色社会主义伟大旗帜，既不走封闭僵化的老路、也不走改旗易帜的邪路。中国特色社会主义道路，中国特色社会主义理论体系，中国特色社会主义制度，是党和人民 90 多年奋斗、创造、积累的根本成就，必须倍加珍惜、始终坚持、不断发展。”① 党的十八大号召大家要树立理论自信、道路自信、制度自信和文化自信。在新的实践中，防止两极分化必须坚持中国特色社会主义道路，这是历史的经验，也是未来的途径。

第二，大力发展生产力是防止两极分化的物质基础。

要从根本上防止两极分化，就要大力发展生产力。“以经济建设为中心是兴国之要，发展仍是解决我国所有问题的关键。只有推动经济持续健康发展，才能筑牢国家繁荣富强、人民幸福安康、社会和谐稳定的物质基础。必须坚持发展是硬道理的战略思想，决不能有丝毫动摇”②。社会主义建设的实践也证明：不发展生产力、不增强国家的经济实力就难以缩小贫富差距，实现共同富裕。

第三，毫不动摇地坚持公有制主体地位是防止两极分化的基本经济制度基础。

毛泽东历来是从所有制的角度看两极分化问题的。他认为，要从根本上防止两极分化的出现，只有建立生产资料的社会主义公有制度。也正是因为这个根本的观察问题的方法论原则，在整个社会主义建设过程中，他一直高度警惕所有制方面的变化，哪怕是一些细微的变化，比如，对包产

---

① 胡锦涛．坚定不移沿着中国特色社会主义道路前进 为全面建成小康社会而奋斗：在中国共产党第十八次全国代表大会上的报告．求是，2012（22）．

② 胡锦涛．坚定不移沿着中国特色社会主义道路前进 为全面建成小康社会而奋斗：在中国共产党第十八次全国代表大会上的报告．求是，2012（22）．

到户的态度。邓小平也说过："只要我国经济中公有制占主体地位，就可以避免两极分化。"① 改革开放以来，适应中国生产力发展的要求，我们探索建立了公有制为主体、多种所有制经济共同发展的基本经济制度。这项制度是中国特色社会主义制度的重要支柱，也是社会主义市场经济体制的根基。党的十八大重申："要毫不动摇巩固和发展公有制经济，推行公有制多种实现形式，深化国有企业改革，完善各类国有资产管理体制，推动国有资本更多投向关系国家安全和国民经济命脉的重要行业和关键领域，不断增强国有经济活力、控制力、影响力。毫不动摇鼓励、支持、引导非公有制经济发展，保证各种所有制经济依法平等使用生产要素、公平参与市场竞争、同等受到法律保护。"② 在这一所有制结构政策的指导下，巩固和发展公有制经济是防止两极分化的根本经济制度基础，但问题在于随着非公有制经济的发展，出现这种两极分化的内在趋势还是存在的。所以防止这种趋势转变为现实是我们必须高度警惕的。在社会主义初级阶段我们必须坚持这样一种所有制结构，毫不动摇地支持发展非公有制经济，目的是促进生产力发展。所以，在目前情况下，我们既不能彻底消除两极分化现象，又不能听任贫富差距扩大所引发的社会矛盾的积累和发展。

根据毛泽东观点的启示，我们的现实选择有两方面。一方面必须强调要毫不动摇巩固和发展公有制经济，坚持和增强公有制的主体地位，使资本主义性质的经济成分始终处于辅助地位，以此为基础把贫富差距拉大现象限制在一定范围内，杜绝其蔓延到全社会。因为，如果公有制主体地位丧失，贫富差距现象必然扩大到全社会，社会矛盾势必激化，社会稳定的局势就会发生质的变化。另一方面我们还必须毫不动摇地鼓励、支持、引导非公有制经济发展，尤其要注意引导非公有制经济朝着有利于社会主义

① 邓小平文选：第3卷．北京：人民出版社，1993.

② 胡锦涛．坚定不移沿着中国特色社会主义道路前进　为全面建成小康社会而奋斗：在中国共产党第十八次全国代表大会上的报告．求是，2012（22）.

的方向发展，保障非公有经济中工人阶级的社会经济地位。这两条是根本性的措施，相互促进，相互制约，缺一不可。目前，社会上存在的所谓私有化主张和限制非公有经济发展的主张都是错误的。

第四，坚持按劳分配在分配结构中的主体地位是防止两极分化的分配制度保障。

改革开放以来，适应公有制为主体、多种所有制经济共同发展的基本经济制度，我们探索建立了按劳分配为主体、多种分配方式并存的分配制度。由于所有制结构的多元化特点，决定了分配结构的多元化样态。党的十八大重申："完善按劳分配为主体、多种分配方式并存的分配制度，更大程度更广范围发挥市场在资源配置中的基础性作用。"① 按照毛泽东的观点，只要是坚持了按劳分配在分配结构中的主体地位，就为防止收入差距拉大奠定了分配制度基础。又由于中国目前处于社会主义初级阶段，非公有经济还必须鼓励和支持，所以，其他多种分配方式的存在也是必然的，但必须是居于辅助的地位。

第五，区域均衡发展是防止两极分化出现的空间战略安排。

党的十八大报告指出："继续实施区域发展总体战略，充分发挥各地区比较优势，优先推进西部大开发，全面振兴东北地区等老工业基地，大力促进中部地区崛起，积极支持东部地区率先发展。采取对口支援等多种形式，加大对革命老区、民族地区、边疆地区、贫困地区扶持力度。"②

第六，追求共同富裕是防止两极分化的必然要求。

消灭阶级，消灭剥削，实现共同富裕，这是社会主义的本质要求。这是毛泽东的思想，也是邓小平的观点。共同富裕是两极分化的反面。防止两极分化必然追求共同富裕。但是，如何理解共同富裕呢？怎么样去追求

---

① 胡锦涛．坚定不移沿着中国特色社会主义道路前进 为全面建成小康社会而奋斗：在中国共产党第十八次全国代表大会上的报告．求是，2012（22）．

② 胡锦涛．坚定不移沿着中国特色社会主义道路前进 为全面建成小康社会而奋斗：在中国共产党第十八次全国代表大会上的报告．求是，2012（22）．

共同富裕呢？这里的本质分歧是共同富裕的基础是什么。

按照毛泽东和邓小平的理解，共同富裕不仅仅是一个分配领域的概念，它更重要的是体现了一种本质的经济关系，其制度基础就是社会主义公有制。党的十八大报告指出："共同富裕是中国特色社会主义的根本原则。要坚持社会主义基本经济制度和分配制度，调整国民收入分配格局，加大再分配调节力度，着力解决收入分配差距较大问题，使发展成果更多更公平惠及全体人民，朝着共同富裕方向稳步前进。"[①] 十八大报告把共同富裕提到中国特色社会主义根本原则的高度来认识，并且把"坚持社会主义基本经济制度和分配制度"作为实现共同富裕和防止两极分化的前提来论述。

现在的问题是，有很多人离开了这个前提来谈共同富裕问题，把生活水平的提高看成是共同富裕，这也是那些主张民主社会主义的人的一个思想认识根源，他们离开社会主义所有制来谈共同富裕问题，看到的只是国家的分配政策，而看不到背后的剥削实质。于是他们就把瑞典等北欧国家的福利主义看作共同富裕的典型。正是据此，他们喊出了"只有民主社会主义才能救中国"的口号，希望中国走民主社会主义道路。他们没有认识到，北欧国家搞"福利社会主义"的实质和目的，是资产阶级缓和阶级矛盾进而巩固自己统治地位所采取的政策措施而已。共同富裕的制度基础是公有制，要从根本上实现共同富裕，必须大力发展公有制经济。

第七，追求绝对平均主义是防止两极分化的错误认识。

平均主义天然不是分化主义，平均就不是两极分化，这是没有疑义的。但是，为了防止两极分化，就走向了平均主义尤其是绝对平均主义，是中国共产党一直予以坚决反对的观点。况且那会背离了我们追求共同富裕的价值目标，导致的结果必定是共同贫穷。"人民公社化"和"文化大革命"的教训极其鲜明地说明了这一点。毛泽东在一定的时间和空间中也确实有

---

① 胡锦涛. 坚定不移沿着中国特色社会主义道路前进 为全面建成小康社会而奋斗：在中国共产党第十八次全国代表大会上的报告. 求是，2012（22）.

这方面的失误甚至错误。但是，我们也知道，从全局看，从毛泽东的整个思想体系来看，从毛泽东革命和建设的整体实践看，毛泽东是极力反对平均主义尤其是绝对平均主义的。就这种主张来说，在改革开放以来的实践中，虽然有这种思潮存在，但始终处于非主流地位。一些被称为“老左派”的人物，以反对两极分化的名义，极力主张回到“人民公社化”和“文化大革命”那种社会氛围中去，这种思想在民间也在某种程度上容易引起社会底层群众的共鸣，时下暗流涌动的民粹主义倾向，在一定程度上也是对这种思潮的一种回应。这些我们必须予以时刻警惕，不能因为防止两极分化而使平均主义回潮。

第八，树立以人民为中心的发展观是防止两极分化的思想基础。

推动经济发展是党的中心工作，是第一要务，但我们的发展不是为了发展而发展，发展的终极目的是为了最大限度满足人民群众的日益增长的物质文化生活需要。相对于人民的需要来讲，发展是手段而不是目的。最终的标准是要看为谁发展，发展的目的是为了谁。树立为人民而发展的发展观就为防止两极分化奠定了世界观和价值观基础。

第九，注重精神文明建设，弘扬高尚的道德情操，树立共产主义理想信念，是防止两极分化的精神动力。

加强精神文明建设，树立倡导社会主义荣辱观，构建社会主义思想道德体系，发挥精神、道德的力量对缩小贫富差距的作用，大力提倡援助、带动、赞助高尚行为。市场竞争无情人有情，扶贫济困是中华民族团结互助的传统美德。这种精神是超出市场机制与政府调节力量之外的又一种可以影响分配的重要力量。

习近平总书记多次强调树立共产主义理想、坚定马克思主义信念的重要性，他把理想信念比喻为“精神上的钙’”，没有理想信念就会得“软骨病”，一到关键时刻是会导致亡党亡国的。在分配领域，只讲物质激励，不讲思想政治工作；只讲个人利益，不讲国家利益、集体利益，长此以往，形成一种惯性，“一切向钱看”，把个人获得物质利益看作人生的根本目的，看作社会发展的根本动力，其后果会是十分严重的。

第十，坚决反对特权，建立和完善法制体系是防止两极分化的机制保障。

当代中国的贫富分化，不完全是市场化作用的结果，法制不健全、执行不力、维权成本太高、对各种非法致富的手段制裁不力等都对贫富分化起直接或间接作用。为此，需要全面推进依法治国，形成完备的法律规范体系、高效的法治实施体系、严密的法治监督体系、有力的法治保障体系，形成完善的党内法规体系。实现科学立法、严格执法、公正司法、全民守法，促进国家治理体系和治理能力现代化。进一步落实预防反腐败条例等等，让官员不敢腐、不能腐，逐步实现官民平等、城乡平等、公平竞争、和谐发展。应当说，党的十八大以后的强力反腐在这个方面起到了强烈的震撼和推动作用，在党的制度建设方面也向前迈进了一大步。尤其是党的十八届六中全会在深刻总结十八大以来管党治党新经验的基础上，制定了《关于新形势下党内政治生活的若干准则》，修订了《中国共产党党内监督条例（试行）》，必将巩固党的十八大以来从严治党所取得的辉煌成果，并将为新形势下加强和规范党内政治生活、强化党内监督提供新的制度遵循，也必将在反对特权、推动法制体系建设方面起到引领作用，这就从体制和机制方面为防止两极分化提供了长效性的保障。

（原载于《中国浦东干部学院学报》2017 年 3 月第 11 卷第 2 期）

平等、富裕、公平正义：中国共产党核心执政理念的时代转换

王立胜　王清涛

从1949年中华人民共和国建立到2049年的100年时间，可以划分为三个时间段，粗略地分为三个三十年。从1949年到1978年党的十一届三中全会的召开，可以看作第一个三十年，从1978年到2012年党的十八大召开，可以看作第二个三十年，从2012年到2049年，可以看作第三个三十年。第一个三十年，我们把它称为毛泽东时代；第二个三十年，我们把它称为邓小平时代；第三个三十年，我们把它称为新时代。应当说，毛泽东缔造了新中国，实现了马克思主义中国化，是社会主义的奠基人；邓小平发动了改革开放，发展了中国化的马克思主义，是中国特色社会主义理论体系的创造者；习近平作为毛泽东和邓小平的继承者，从当代中国的客观实际出发，用马克思主义的基本原理解剖中国社会现实问题，并且把这种解剖置于中国传统文化的深厚土壤之中，加以综合性的创新，创生了中国马克思主义，是新型社会主义理论的开拓者。正是从这个意义上来说，毛泽东是新中国的缔造者，邓小平是改革开放的总设计师，习近平是新设计师。

新中国成立65年来，在不同的历史时期，我党都根据该时期经济社会发展的主要问题确立执政理念。尽管在每一个时期我党都面对着政治、经济、文化、社会等方方面面的多种矛盾，这些矛盾必然要求我党在确立执政理念时必须统筹各方，综合布局，所确立的执政理念也必然是面面俱到

的、总体性的，但在每一个时期的多种矛盾中，总有一对矛盾是主要矛盾，总需要我党针对主要矛盾确立核心执政理念来解决主要问题。概括说来，在新中国所走过的65个岁月中，第一个三十年，平等是我党的核心执政理念；第二个三十年，富裕是我党的核心执政理念；在第三个三十年之开局，我党所确立的核心执政理念是公平正义。应当说，在不同的历史时期，我党都根据中国经济社会发展的实际情况，根据时代课题提炼出核心执政理念，在核心理念统领下，我党确立了基本政治经济制度并制定了一系列相应的路线、方针、政策，充分履行历史使命，有效地解决了时代问题，有力地推动了社会历史的发展。第一个三十年和第二个三十年为第三个三十年的探索奠定了基础，提供了宝贵经验。习近平总书记作为改革开放的新设计师，一定不会简单地重复过去60年走过的老路，一定会带领中国人民走出一条更加符合当代中国客观现实、符合当代中国社会主义建设的新情况、新特点的全新道路，这条道路，将全面检视中国共产党执政60多年来的经验教训，继承我党在第一个三十年以追求平等为核心执政理念的社会主义建设经验，继承我党在第二个三十年以创造富裕为核心执政理念的改革开放历史经验，同时，也汲取第一个三十年片面追求生产关系纯粹性，忽视经济发展，取而代之以群众运动、阶级斗争为主要方式推动社会发展、破坏民主法治的教训，汲取我党在第二个三十年以片面追求GDP数量，忽视道德文化建设，忽视生态文明建设，造成社会分化严峻，社会矛盾重重，公平正义丧失的教训，习近平设计的道路——套用甘阳的一个判断："孔夫子的传统，毛泽东的传统，邓小平的传统，是同一个中国历史文明连续传统，套用从前中国公羊学的一个说法，就是要达成新时代的'通三统'"①，习近平的新常态的理论支撑将是以马克思主义为根本指导原则，是中国传统文化、毛泽东的红色文化和邓小平改革开放思想的完美结合。

---

① 新时代的"通三统"：三种传统的融会与中华文明的复兴. 书城，2005（7）.

一、毛泽东时代：以平等为核心执政理念的第一个三十年

新民主主义革命胜利后，新中国将建立一个怎样的国家，中国将走一条怎样的道路，鲜明地摆在毛泽东和中国共产党面前。这个国家怎么建设，这条道路怎么走？路漫漫其修远兮，第一代领导人上下求索。在新中国成立的第一个三十年里，毛泽东的平等思想成为我党的核心执政理念。改变旧中国人剥削人、人压迫人的局面，实现无产阶级与劳动群众的解放是毛泽东的毕生追求。新中国的成立推翻了三座大山，劳动人民翻身做了主人，人民享有广泛的参政议政权利，并建立了无产阶级专政，但仍然没有消灭生产资料私有制，仍然没有消灭剥削。为建立平等社会的社会制度，毛泽东领导中国共产党先后实施了三大改造、创办人民公社、推行计划经济、发动“文化大革命”……在社会主义基本国家制度建立之后，毛泽东的平等社会建设着力点在经济领域。在历史唯物主义看来，经济决定政治，经济基础决定上层建筑，要想保持政治上、文化上以及社会地位上的平等，必须以对生产资料的平均占有为先决条件，所以，中国共产党在第一个三十年追求平等的实践逻辑是：无产阶级政权的建立——平等地占有生产资料——以确保经济、政治、文化、社会地位的平等。毛泽东的努力最终达到了一定程度的平等——尽管这种平等以牺牲效率为代价，并且在改革话语中被描述为大锅饭和平均主义。

（一）建立新中国为平等社会的建设奠定了政治制度基础

确立新中国的国体和政体。1949 年 9 月，在建国前夕，毛泽东领导制定了《共同纲领》，为新中国确立了人民代表大会制度、中国共产党领导的多党合作和政治协商制度、民族区域自治制度，明确规定了中华人民共和国国体，即“实行工人阶级领导的，以工农联盟为基础的、团结各民主阶

级和国内各民族的人民民主专政”①。从《共同纲领》的内容可以看出，毛泽东建立的新中国，是一个多党合作、民族自治、各阶级联合执政的新型政权，《共同纲领》基本是新民主主义性质的，但同时又在实际上把社会主义方向从国体和政体上确定了下来。1949 年 10 月 1 日，毛泽东主席在北京天安门城楼向全世界庄严宣告了中华人民共和国的成立，中国人民从此站起来了。新中国成立后，中国共产党领导全国人民建立了基本的社会主义政治制度、经济制度、文化制度，确立了人民当家做主的社会主义民主制度，实现了民族平等和阶级平等，“中华人民共和国的成立，从根本上结束了 100 多年来中华民族遭受帝国主义侵略压迫的历史”，中华人民共和国“是中国历史上从未有过的人民当家做主的新型政权。它根本上结束了极少数剥削者统治广大劳动人民的历史，劳动人民真正成了新国家新社会的主人。这是中国人民社会政治地位的根本变化”②。

制定 1954 年宪法，确立社会主义和人民民主原则，把平等从国家根本制度上确立起来，“中华人民共和国的一切权力属于人民。人民行使权力的机关是全国人民代表大会和地方各级人民代表大会”。制定民族区域自治制度，“各少数民族聚居的地方实行区域自治。各民族自治地方都是中华人民共和国不可分离的部分”③。发扬光大中国共产党领导的多党合作和政治协商制度，“今后在动员和团结全国人民完成国家过渡时期总任务和反对内外敌人的斗争中，我国的人民民主统一战线将继续发挥它的作用”④。在《中国人民政治协商会议章程》中对此做了进一步规定：“中国人民政治协商会议，作为团结全国各民族、各民主阶级、各民主党派、各人民团体、国外华侨和其他爱国民主人士的人民民主统一战线的组织，仍然需要存在。”⑤

---

① 建国以来重要文献选编：第 1 册. 北京：中央文献出版社，1992：2.

② 中共中央党史研究室. 中国共产党历史第二卷（1949—1978）：上册. 北京：中共党史出版社，2011：16.

③ 建国以来重要文献选编：第 5 册. 北京：中央文献出版社，1993：522，51，705.

④ 建国以来重要文献选编：第 5 册. 北京：中央文献出版社，1993：522，51，705.

⑤ 建国以来重要文献选编：第 5 册. 北京：中央文献出版社，1993：522，51，705.

1954 年宪法从法律上保障了国家民主化的发展，加强了民族平等、团结和融合[①]。确立了人民民主专政制度。中华人民共和国的国家性质决定了我们要实行人民民主专政，我国是人民民主专政的社会主义国家，其本质是人民当家做主，我国的人民民主具有广泛性和真实性，是真正的大多数人的统治。要实现社会平等，必须坚持人民民主专政。毛泽东对中国革命全部经验的总结概括中，提出人民民主专政学说，“对人民内部的民主方面和对反动派的专政方面，互相结合起来，就是人民民主专政”[②]。人民民主专政是中国特色社会主义民主政治的奠基石。

社会主义基本政治制度的建立，为人民的政治平等奠定了坚实的制度基础。

（二）进行三大改造为平等社会的建设奠定了经济制度基础

消灭旧的剥削阶级的生产关系是建立社会主义制度，实现人人平等的重要步骤，中华人民共和国成立后，对于生产关系的社会主义改造分为两个步骤，首先，没收封建地主阶级的土地归农民所有，没收官僚资产阶级的垄断资本归新民主主义的国家所有[③]。由国家来控制经济命脉。在城市，没收官僚资产阶级的垄断资本，搬掉了压在中国人民头上的大山，给中国人民的站立创造了条件；在农村，中央人民政府委员会第八次会议于 1950 年 6 月 28 日通过了《土地改革法》，实行土地改革。土改“为无地、少地农民提供了拥有和使用土地的权利，实现了耕者有其田”，“为绝大多数人口提供激励机制来发展生产力”[④]。中华人民共和国的成立，土改和对官僚资产阶级垄断资本的没收后，一个为人民所拥护的人民趋向平等、妇女获

① 胡鞍钢．中国政治经济史论（1949—1976）．北京：清华大学出版社，2007：192.

② 毛泽东选集：第 4 卷．北京：人民出版社，1991：1475.

③ 毛泽东制定的新民主主义革命的三大经济纲领是：“没收封建阶级的土地归农民所有，没收蒋介石、宋子文、孔祥熙、陈立夫为首的垄断资本归新民主主义的国家所有，保护民族工商业。”（《毛泽东选集》第 4 卷，北京：人民出版社，1991 年，第 1253 页）

④ 胡鞍钢．中国政治经济史论（1949—1976）．北京：清华大学出版社，2007：175.

得解放的新社会诞生了，对此，费正清讲："现在的新中国是一个人人感觉自豪的国家——控制了通货膨胀，废除了外国人的特权，铲除了腐化，公民都参加了各种有益的社会活动，如修理公共设施，开展扫盲运动等。对于妇女，这是一个新纪元。"①

三大改造是所有制变革的第二个阶段，为平等社会建设奠定了生产关系基础，土改之后，中国的现实是：在工业生产领域，仍然还存在着生产资料所有者对工人阶级的剥削，在农村，两极分化极为严重，"许多贫农，则因为生产资料不足，仍然处于贫困地位，有些人欠了债，有些人出卖土地，或者出租土地。这种情况如果让它发展下去，农村中向两极分化的现象必然一天一天地严重起来"②。无论是城市还是农村的剥削和压迫根源于旧的剥削阶级的生产关系，而要消灭这种关系，建立新的人人平等的生产关系，必须实行社会主义，消灭资本主义和私有制。1953 年 8 月，毛泽东提出过渡时期的总路线向全党下发，"在逐步地实现社会主义工业化和逐步地实现对于手工业、对于资本主义工商业的社会主义改造的同时，逐步地实现对于整个农业的社会主义的改造，即实行合作化"③。"三大改造的核心是在农村实行集体化和在城市实行国有化，将个体经济、私人经济改造为全民所有制和集体所有制经济，并将使国有经济成为整个经济的主体"④，到 1956 年，社会主义三大改造基本完成，为社会主义制度的建立奠定了生产关系基础，"合作化完成了，这就解决了我国社会主义工业化同个体农业经济之间的大矛盾。"⑤

在社会主义三大改造的同时，从 1953 年起，我国开始了以 156 项重点建设项目为重点的第一个五年计划，到 1957 年中国经济得到了快速的恢复

---

① 费正清．伟大的革命：1800—1985 年．刘尊棋译．北京：世界知识出版社，2000：331.

② 建国以来毛泽东文稿：第 5 册．北京：人民出版社，1997：254.

③ 建国以来毛泽东文稿：第 5 册．北京：人民出版社，1997：254.

④ 胡鞍钢．中国政治经济史论（1949—1976）．北京：清华大学出版社，2007：185，223，657.

⑤ 毛泽东文集：第 7 卷．北京：人民出版社，1999：219.

和发展，这一时期是中国发展的第一个黄金时期，“这是中国历史上‘千年未有大变局’的开端。中国现代化的巨变第一次遍及整个中国社会，第一次惠及全中国人口”①。在经济发展的同时，当时中国的大部分社会问题得到解决，“储蓄率和投资率急剧提高；由于实现了阻止传染病和寄生虫病蔓延的公共卫生计划，人的寿命已开始延长”②，经济发展、公共卫生、医疗建设为社会平等创造了物质条件。

（三）创办人民公社为平等社会建设奠定了社会制度基础

在毛泽东看来，人民公社化运动是旨在打破工农差别、城乡差别和脑力劳动与体力劳动的差别，为共产主义奠定物质基础的运动。人民公社是集农业、工业于一体的基本单元，“把一个合作社变成一个既有农业合作又有工业合作的基层组织单位，实际上是农业和工业相结合的人民公社”③；人民公社是社会主义社会通向共产主义社会最好的过渡形式，在“社会主义时期还不得不保存的旧社会遗留下来的工农差别、城乡差别、脑力劳动与体力劳动的差别，都逐步地消失了，反映这些差别的不平等的资产阶级法权的残余，也逐步地消失了，国家职能只是为了对付外部敌人的侵略，对内已经不起作用了，在这种时候，我国社会就将进入各尽所能，各取所需的共产主义时代”④，因而在农村和城市都要大办人民公社。毛泽东设想通过人民公社化运动，“在中国十分落后的、分散的农村创建一个工、农、商、学、兵无所不包，农、林、牧、副、渔无所不有的‘政社合一的人民公社’，‘从而构成我国社会的基本单位’。他试图通过人民公社实现他美好

---

① 胡鞍钢．中国政治经济史论（1949—1976）．北京：清华大学出版社，2007：185，223，657.

② R. 麦克法夸尔，费正清．剑桥中华人民共和国史（1949—1965），北京：中国社会科学出版社，1990：150.

③ 全新的社会　全新的人．红旗，1958（3）.

④ 中共中央关于在农村建立人民公社问题的决议．人民日报，1958－9－10.

的社会理想”[①]。

农村的人民公社化运动。农业虽然进行了合作化改造，但“资产阶级法权”仍然存在，只有通过人民公社化运动，才能逐步消灭这种不平等的社会现象，才能为共产主义准备条件。1956年完成的高级农业合作社，每社平均200户左右，这种小规模的合作社在1957年冬和1958年春的农田水利建设高潮中暴露出不足，于是又出现了联队、联社。为实施大规模的社会建设事业，毛泽东提出要办大社。1958年3月，中共中央政治局成都会议通过了《关于把小型的农业合作社适当地合并为大社的意见》，指出："为了适应农业生产和文化革命的需要，在有条件的地方，把小型的农业合作社有计划地适当地合并为大型的合作社是必要的。”于是，“人民公社”出现了。8月的北戴河会议通过了《中共中央关于在农村建立人民公社问题的决议》，认为人民公社是“指导农民加速社会主义建设，提前建成社会主义并逐步过渡到共产主义所必须采取的基本方针”。此后，全国农村一哄而起，在一个多月的时间里，基本上实现了公社化。人民公社化运动是通过在农村建立生产资料集体所有制，并最终过渡到公有制，实现平均分配，建立“公共食堂、幼儿园、托儿所、缝衣组、理发室、公共浴室、幸福院、农业中学、红专学校等等”[②]，消灭农村的不平等现象，创造农民平等幸福的生活方式。

城市人民公社化运动。紧随农村人民公社化运动之后，城市人民公社也建立起来。毛泽东在1958年8月中共中央政治局扩大会议上强调城市也要办人民公社，“将来城市也要搞，学校、工厂、街道都办成公社。不要几年工夫，就把大家组成大公社”[③]。城市、乡村一律叫公社，如鞍钢叫鞍山公社，不叫工厂。在1958年12月中共八届六中全会上，毛泽东又讲“人民

① 胡鞍钢．中国政治经济史论（1949—1976）．北京：清华大学出版社，2007：185，223，657.

② 中共中央关于在农村建立人民公社问题的决议．人民日报，1958－9－10.

③ 汪海波．汪海波文集：第5卷，北京：经济管理出版社，2011：255，256.

公社现在在各民族农村中（除西藏和某些个别地区以外）已经普遍地建立起来了，在城市中也在开始进行一些试验。城市中的人民公社，将来也会以适合城市特点的形式，成为改造旧城市和建设社会主义新城市的工具，成为生产、交换、分配和人民生活福利的统一组织者，成为工农商学兵相结合和政社合一的社会组织。① 在这种思想指导下，“1958 年上半年，中国城市中开始出现了人民公社。人民公社是按照‘共产主义原则和思想’组织城市居民的社会生活和生产活动的‘政社合一’的社会组织。城市人民公社一般以行政街道为单位，一街一社；有的公社是以区为单位，一区一社，下设若干分社”②。“到了 1958 年下半年至 1959 年，大城市重点试办城市人民公社”。1960 年 3 月 9 日，中共中央发出《关于人民公社问题的指示》，决定在全国普遍推广城市人民公社，要求各省、直辖市、自治区党委采取积极态度，放手发动群众组织城市人民公社，此后，很快形成了全国城市人民公社化的高潮。到 1960 年 7 月底，全国各大中城市基本上实现了人民公社化。

人民公社化运动建立了集体所有制的公有制基本形式，从制度上确立了人民的平等地位，奠定了人人平等的制度基础。但无论是城市人民公社还是农村人民公社，都是“左”的思想的产物，并非经济社会发展必然规律，缺乏物质条件和群众基础，“一大二公”的人民公社化运动在经济上实现了完全的平均，在生活上达到了基本的单一，也因此初步“消除”了差别，但事实上人民公社化运动对我国城市和农村刚刚恢复的生产是一种极大的破坏，“人民公社制度的最大弊端就是极大地强化了城乡居民两种截然不同的身份制度、就业制度、教育制度、公共卫生制度、财政转移支付制度等，严禁农村劳动力跨地区之间的自由流动，严禁他们向城镇流动，极

---

① 中国共产党第八届中央委员会第六次全体会议通过《关于人民公社若干问题的决议》（一九五八年十二月十日）

② 汪海波．汪海波文集：第 5 卷．北京：经济管理出版社，2011：255，256.

大地限制了中国城镇化的发展，极大地束缚了广大农民的积极性和社会生产力的发展。'大跃进'和'人民公社化运动'造成了1949年以来最大的一次经济危机，国民经济比例严重失调，陷入严重的经济困境之中"①。

（四）推行计划经济为平等社会奠定体制机制基础

在毛泽东等党和国家领导人看来，计划经济是社会主义制度的本质特征，"中华人民共和国建国前夕，在论述新中国的经济制度时，毛泽东、刘少奇、张闻天等都提出新民主主义经济是有计划的经济"②，相反，市场经济是资本主义制度的本质特征。《共同纲领》就规定了中国要搞计划经济，"中央人民政府争取早日制定恢复和发展全国公私经济和各重要部门的总计划，规定中央和地方在经济建设上分工合作的范围，统一调剂中央各部门和地方各经济部门的相互联系"③。但新成立的中华人民共和国和刚刚建立的计划经济只是"一个'大计划、小市场'的混合经济模式，即大工业等是计划经济，而小工业等则是市场经济"④，可以说"1949—1956年是由新民主主义经济向社会主义计划经济过渡的阶段"⑤。

随着国民经济的恢复，1951年2月，毛泽东在中共中央政治局扩大会议上提出"三年准备、十年计划经济建设"⑥的思想，认为社会主义国家必须实行计划经济。1952年11月，中共中央正式成立国家计划委员会，并于12月发出《关于编制1953年计划及长期计划纲要的指示》。1955年7月的一届全国人大二次会议才正式批准了"一五"计划。1953年之后，中国正式建立了计划经济体制。"从1953年起，我国已按照社会主义的目标进入

---

① 胡鞍钢. 中国政治经济史论（1949—1976）. 北京：清华大学出版社，2007：501，235.

② 董辅礽. 中华人民共和国经济史：上卷. 北京：经济科学出版社，1999：228.

③ 中共中央文献研究室. 建国以来重要文献选编：第1册. 北京：中央文献出版社，1992：8.

④ 胡鞍钢. 中国政治经济史论（1949—1976）. 北京：清华大学出版社，2007：501，235.

⑤ 武力. 中国发展道路：下. 长沙：湖南人民出版社，2012：821.

⑥ 毛泽东文集：第6卷. 北京：人民出版社，1999：143.

有计划的经济建设时期”[①]，1954 年《宪法》第十五条规定“国家用经济计划指导国民经济的发展和改造”[②]，中国的计划经济正式确定。计划经济是推进社会平等的重要步骤。“因为只有实行计划经济体制，以国家指令性计划来配置资源，才能保证人人就业，分配平均，避免两极分化。而这些正是平等的体现，也是社会主义的本质要求”[③]。同时，计划经济也可以有效地集中全国的资源，确保一些特大建设项目的顺利进行。

但计划经济也存在对经济统得过死的弊端，造成企业没有灵活性，劳动者没有积极性，价格没有指导性，严重地助长了分配的平均主义、决策的官僚主义和主观主义的作风，不利于经济快速地发展。

（五）推行单位制，初步建立文化教育、医疗卫生保障制度

在推行计划经济和人民公社化运动中建成的城市单位制成为公平的基本保障手段。单位制是具有“中国特色”的城市管理制度，是计划经济的基本实现形式，在计划经济体制下，单位制被赋予了全面管理单位成员的职能和全面负责单位成员生活的义务，在资源配置、社会动员、满足人们的需求、实现社会的稳定等方面发挥了重要的作用。单位不仅对职工的生老病死负责，而且为职工的子女和家属的前途着想。“单位和家一样，也是一个功能多元化的事业组织或社群”[④]。单位向其成员提供均等的生活福利保障，为单位人在单位内部的平等提供了可能。

教育公平。毛泽东时代为了实现人民的教育平等，采取了多种制度措施：从上个世纪 50 年代开始在农村实行民办教师制度，到 1977 年，全国民办教师人数多达 491 万，为农村义务教育普及做出了重大贡献；1971 年 8 月 13 日，中共中央批转了《全国教育工作会议纪要》，提出“民办公助的

---

① 刘少奇文选：下卷．北京：人民出版社，1985：144.

② 中共中央文献研究室．建国以来重要文献选编：第 5 册．北京：中央文献出版社，1993：524.

③ 赵国江，万理．建国后毛泽东的平等实践探析，宜宾学院学报，2008（9）.

④ 李汉林．中国单位社会．上海：上海人民出版社，2004：61.

学校和民办教师，国家补助应是主要的”，“争取在第四个五年计划期间，在农村普及小学五年教育，有条件的地区普及七年教育”[①]。

医疗卫生平等。毛泽东时代，为了实现医疗卫生均等，大力发展农村医疗卫生事业，创造了赤脚医生和农村合作医疗制度。1968 年 9 月，《红旗》杂志发表了《从“赤脚医生”的成长看医学教育革命的方向》的文章，随后《人民日报》刊载，“赤脚医生”的名称随即享誉全国。“赤脚医生”是农村合作医疗制度的产物，是农村社员对“半农半医”卫生员的亲切称呼。合作医疗是随着新中国成立后农业互助合作化运动的兴起而逐步发展起来的，到 1977 年底，全国有 85% 的生产大队实行了合作医疗，赤脚医生数量一度达到 150 多万名。为发展农村医疗卫生事业，“毛泽东和中共中央根据农村医疗卫生落后的状况提出‘把医疗卫生的重点放到农村去’后，城市卫生部门组织医疗队下乡和培养赤脚医生，对农村防病治病、保障农民健康、发展卫生事业起到了一定的促进作用，为具有中国特色的农村合作医疗制度的形成、完善和发展积累了经验”[②]。

文化教育、医疗卫生保障制度的建立，成为教育、医疗平等的重要保障。“新中国结束了旧中国文盲半文盲占人口绝大多数、中国人被称为‘东亚病夫’的历史，教育、科学、文化、卫生、体育等各项事业得到很大发展”[③]。

（六）发动“文化大革命”，建立毛泽东的理想社会——共产主义大学校”

“文化大革命”是指 1966 年 5 月至 1976 年 10 月在中国由毛泽东错误发动和领导，被林彪和江青两个反革命集团利用，给中华民族带来严重灾难的政治运动。1966 年 5 月 16 日召开的中共中央政治局扩大会议通过了康

① 王年一．大动乱的年代．北京：人民出版社，2009：257.

② 齐鹏飞，杨凤城．当代中国编年史（1949．10—2004．10）．北京：人民出版社，2007：311.

③ 中共中央党史研究室．中国共产党历史第二卷（1949—1978）：下册．北京：中共党史出版社，2011：1064.

生、陈伯达起草、毛泽东修改的《中国共产党中央委员会通知》（即《五一六通知》），标志着“文化大革命”的正式开始，1977 年中国共产党第十一次全国代表大会上华国锋宣布“文革”结束。

“文化大革命”在经济上，是为了“使人口众多、经济落后、地区发展不平衡的中国不仅要尽快摆脱贫穷落后的面貌，而且还要建立一个世界上发展独特的理想的社会主义模式，即共产主义大学校”，政治上，是为了“反修防修，防止资本主义复辟，防止社会分化，建立‘纯而又纯’的社会主义社会”[①]。在“文化大革命”之初，毛泽东“大胆地提出在全国各行各业都要办成亦工、亦农、亦文、亦武的革命化‘共产主义大学校’”[②]。这所大学校在经济上限制和逐步消灭商品和货币关系，追求封闭的产品经济模式；在分配上推行平均主义，限制按劳分配；在教育上提出工农兵上大学，取消大学的考试制度等等，从而“逐步缩小三大差别，即工农差别、城乡差别、脑力劳动和体力劳动差别，全面造就亿万‘共产主义新人’”[③]。

无疑，毛泽东发动“文化大革命”的主观愿望是好的，“文化大革命”成为毛泽东消灭社会分配不公和社会分化问题，限制资产阶级法权，从经济上铲除修正主义和资本主义的土壤的手段。毛泽东发动“文化大革命”“以‘人民为本’，特别是以广大工农群众为本”[④]，是他始终追求的政治理想和经济理念，但“文化大革命”的理论与实践从根本上来说都是错误的，“文化大革命”对经济、对国家制度建设、对人力资本、对科学技术和文化事业、对公民权的破坏都是空前的，对此，《关于建国以来党的若干历史问

---

① 胡鞍钢．中国政治经济史论（1949—1976）．北京：清华大学出版社，2007：656，657，662，670，682，706，724，737.

② 胡鞍钢．中国政治经济史论（1949—1976）．北京：清华大学出版社，2007：656，657，662，670，682，706，724，737.

③ 胡鞍钢．中国政治经济史论（1949—1976）．北京：清华大学出版社，2007：656，657，662，670，682，706，724，737.

④ 胡鞍钢．中国政治经济史论（1949—1976）．北京：清华大学出版社，2007：656，657，662，670，682，706，724，737.

题的决议》有明确评价。“文化大革命”是毛泽东的历史悲剧，“文化大革命”成为邓小平发动改革开放的直接动因，也是中国能够在 1978 年后保持政治稳定和社会稳定的根本原因”①。

社会主义制度的建立、三大改造的完成、人民公社化运动、推行计划经济与社会保障制度的建立，初步解决了社会平等问题，1979 年，中国农村基尼系数为 0.26，远低于其他东亚国家（0.30 - 0.35）②，“1949—1976 年的 27 年，中国社会发展最重要的成就，就是创造了一个比现代历史上任何时期都更为平等的社会，广大人民群众，特别是工人、农民群众获得了社会主人的地位”③，马克·雪尔顿对毛泽东时代人民地位的平等与职业、医疗卫生、教育等领域取得的显著成就给予高度评价，“毛泽东取得的重要发展成果是消灭了所有重要的以财产为基础的不平等，同时将农村内部以及城市内部的不平等大大缩小。工人阶级取得了终身职业安全、优厚的津贴和福利，社会地位提高，人均家庭收入略为提高。就全国来说，营养、平均寿命以及教育与健康水平都大为提高”④。

但毛泽东为了社会平等的目的所采取的制度措施却带来了一系列问题，主要表现在：其一，为了保障平等却走向了平均主义，丧失了效率；其二，保障平等的方式方法上也存在问题。毛泽东用群众运动与阶级斗争而不是用法治与经济的手段来实现社会平等，必然使法律遭受践踏，使经济发展遭到破坏。毛泽东“频繁地发动各种各样的政治运动。毛泽东不是通过有效的、基于规则（如党和国家的制度安排）的措施来治理国家，而是通过发动各种政治运动来实现对全社会的控制”，“1949 年至 1976 年中国开展

---

① 胡鞍钢．中国政治经济史论（1949—1976）．北京：清华大学出版社，2007：656，657，662，670，682，706，724，737.

② 世界银行 1984 年经济考察团．中国：长期发展的问题和方案（主报告）．北京：中国财政经济出版社，1985：42.

③ 胡鞍钢．中国政治经济史论（1949—1976）．北京：清华大学出版社，2007：656，657，662，670，682，706，724，737.

④ 马克·雪尔顿．中国社会主义的政治经济学（中文版）．台北：台湾社会研究丛刊，1991：1.

大、小政治运动多达67次”[①]，从“共产党的哲学是斗争哲学”出发，毛泽东把党内不同意见之争阶级斗争化，使党内领导人不能表达自己的不同意见，“毛泽东从一个伟大的成功者变为失败者，因为他不能自我纠正错误，其他领导人也无法纠正他的错误”[②]。

正如恩格斯所指出的那样，“没有哪一次巨大的历史灾难不是以历史的进步为补偿的”[③]，毛泽东失败是邓小平成功之母，‘文化大革命’成为邓小平发动改革开放的直接动因，也成为中国能够在1978年后保持政治稳定和社会稳定的根本原因”[④]。不仅毛泽东的失败是邓小平成功之母，从最终意义上来说，毛泽东的成功是邓小平成功之母，正因为如此，邓小平通过改革开放发展经济，恢复法律尊严，以弥补第一个三十年的不足；习近平反对割裂前后两个三十年之间的关系，更多的是从连续性和统一性中来理解和继承中国共产党六十多年来的执政经验，力图通过法治中国的建设来实现社会的公平正义，并最终实现中华民族的伟大复兴。

二、 邓小平时代： 以富裕为核心执政理念的第二个三十年

到1979年中华人民共和国成立30年之际，尽管中国的国民生产总值达3624亿元，但是人民依然贫苦，技术比较落后，1978年农村绝对贫困人口2.5亿。为了彻底改变贫困落后面貌，结束短缺经济，从党的十一届三中全会开始，中国开启了改革开放的三十年。在这三十年里，中国共产党从经济体制改革入手，逐步展开了经济、政治、文化、社会等全方位的执政方

① 胡鞍钢．中国政治经济史论（1949—1976）．北京：清华大学出版社，2007：656，657，662，670，682，706，724，737.

② 邓小平文选：第2卷，北京：人民出版社，1994：348.

③ 马克思恩格斯全集：第39卷．北京：人民出版社，1974：149.

④ 胡鞍钢．中国政治经济史论（1949—1976）．北京：清华大学出版社，2007：656，657，662，670，682，706，724，737.

略，但其核心执政理念是富裕，富裕理念贯彻在党的一系列方针政策中。

解放思想是正确认识毛泽东时代的错误，拨乱反正，摆脱以阶级斗争为纲的错误路线，以恢复和发展经济为先导。在实践是检验真理唯一标准的大讨论中，中国人民逐步从毛泽东时代极"左"路线中解放出来，恢复了实事求是的思想路线，"我们粉碎'四人帮'，结束了'文化大革命'，然后深刻地检讨了我们的历史，提出解放思想，恢复毛泽东同志的实事求是的思想路线的任务"①。解放思想就是实事求是，"解放思想，就是使思想和实际相符合，使主观和客观相符合，就是实事求是。今后，在一切工作中要真正坚持实事求是，就必须继续解放思想"②。当时中国最大的实际就是人民群众的物质文化生活得不到满足，部分群众的温饱没有解决，而毛泽东时代，把财富同资本主义相联系，把对财富的追求当作是资产阶级腐朽没落的东西，"宁要社会主义的草，不要资本主义的苗"，造成了社会主义和人民群众的普遍贫穷，所以，解放思想首先就要明确社会主义和富裕的关系。邓小平断言"贫穷不是社会主义，发展太慢也不是社会主义"③，社会主义就是要以经济建设为中心，实现共同富裕。

改革开放是中国经济社会发展的发动机。1978 年召开的中国共产党十一届三中全会制定了"对内改革、对外开放"的基本国策，此后改革开放成为国家发展的主基调。改革是要发展生产力，更是解放生产力，是要打破生产力发展的各种束缚，改革是中国的"第二次革命"。改革分为农村经济体制改革和城市经济体制改革两大领域、两个阶段，改革是启动我国社会生产力高速发展的引擎，是最终实现中国人民共同富裕的动力之源。对外开放扭转了中国自 1949 年后逐渐对外封闭的态势，国家积极主动地扩大对外经济技术交往，同时放宽政策，放开或者取消各种限制，不再采取封

---

① 邓小平文选：第 3 卷．北京：人民出版社，1993：254，254－255，373.

② 邓小平文选：第 2 卷．北京：人民出版社，1994：364.

③ 邓小平文选：第 3 卷．北京：人民出版社，1993：254，254－255，373.

锁国内市场和国内投资场所的保护政策，发展开放型经济；大力引进资金和技术，促进了经济快速发展。

经济特区和沿海开放城市战略是开辟致富道路的试验田。1979 年 7 月，党中央、国务院决定对广东、福建两省的对外经济活动实行特殊政策和优惠措施，并在深圳、珠海、汕头、厦门设置经济特区，作为吸收外资、学习国外先进技术和经营管理方法的窗口；1984 年 4 月，又进一步开放 14 个港口城市；1985 年 2 月，增开长江三角洲、珠江三角洲、闽南三角区为经济开放区。特区、沿海开放城市、经济开放区成为中国对外开放、吸引外资、引进先进技术与管理经验的前沿，成为首批富起来的地区。

“一个中心、两个基本点”是党的基本路线的核心内容。1987 年中国共产党第十三次全国代表大会把十一届三中全会以来的路线概括为“一个中心、两个基本点”。一个中心，是指以经济建设为中心；两个基本点，是指坚持四项基本原则，坚持改革开放。以经济建设为中心的确立，是在对我国社会主义建设经验教训科学总结的基础上做出的正确选择，充分体现了社会主义本质的要求，是解决我国现阶段社会主要矛盾的根本途径。

社会主义本质理论把富裕同社会主义本质相联系。1992 年初，邓小平在“南方谈话”中提出“社会主义的本质，是解放生产力，发展生产力，消灭剥削，消除两极分化，最终达到共同富裕”①。生产力是人类社会历史发展中的最终决定力量，从生产力来概括社会主义本质，无疑抓住了社会主义的核心问题。在社会主义本质问题上，不仅讲发展生产力，更要讲解放生产力，“社会主义基本制度确立以后，还要从根本上改变束缚生产力发展的经济体制，建立起充满生机和活力的社会主义经济体制，促进生产力的发展，这是改革，所以改革也是解放生产力。过去，只讲在社会主义条件下发展生产力，不完全，应该把解放生产力和发展生产力两个讲全了”②。

① 邓小平文选：第 3 卷. 北京：人民出版社，1993：254，254 - 255，373.

② 邓小平文选：第 3 卷. 北京：人民出版社，1993：370，346，254 - 255，372，23.

而解放和发展生产力的最终目的就是实现共同富裕，“社会主义最大的优越性就是共同富裕，这是体现社会主义本质的一个东西”[①]。邓小平断言，“整个社会主义历史阶段的中心任务是发展生产力”[②]。总之，在邓小平看来，社会主义本质就是发展生产力，实现共同富裕。

“三个有利于”核心是发展经济。在1992年的南方谈话中，邓小平针对当时不少人在改革开放问题上不敢闯、迈不开步子，以及理论界对“姓资姓社问题的争论”，明确提出社会主义的判断标准，“应该主要看是否有利于发展社会主义社会的生产力，是否有利于增强社会主义国家的综合国力，是否有利于提高人民的生活水平”[③]。“三个有利于”被邓小平用来作为判断是否是社会主义、社会主义的优劣以及社会主义经济政策的正确与否的标准。此前，邓小平就曾指出，‘社会主义经济政策对不对，归根到底要看生产力是否发展，人民收入是否增加。这是压倒一切的标准”[④]。“各项工作都要有助于建设有中国特色的社会主义，都要以是否有助于人民的富裕幸福，是否有助于国家的兴旺发达，作为衡量做得对或不对的标准”[⑤]。三个有利于标准其核心是发展生产力，提高人民群众的生活水平，走富裕之路，它跟姓社姓资的争论是一个问题的两个方面。

建立社会主义市场经济体制是发展经济的制度保障。党的十四大明确提出要建立社会主义市场经济体制。1993年，党的十四届三中全会通过的《中共中央关于建立社会主义市场经济体制若干问题的决定》，对社会主义市场经济体制的基本框架做了规定，“社会主义市场经济体制是同社会主义基本制度结合在一起的。建立社会主义市场经济体制，就是要使市场在国

---

① 邓小平文选：第3卷．北京：人民出版社，1993：370，346，254－255，372，23.

② 邓小平文选：第3卷．北京：人民出版社，1993：370，346，254－255，372，23.

③ 邓小平文选：第3卷．北京：人民出版社，1993：370，346，254－255，372，23.

④ 邓小平文选：第2卷．北京：人民出版社，1994：314.

⑤ 邓小平文选：第3卷．北京：人民出版社，1993：370，346，254－255，372，23.

家宏观调控下对资源配置起基础性作用”[①]。建立社会主义市场经济体制，就是要使经济活动遵循价值规律要求，适应供求关系的变化；通过价格杠杆和竞争机制的功能，把资源配置到效益较好的环节中去，并给企业以压力和动力，实现优胜劣汰；运用市场对各种经济信号比较灵敏的优点，促进生产和需求的及时协调；针对市场自身的弱点和消极方面，国家对市场进行有效的宏观调控。

“三个代表”重要思想第一位的是代表先进生产力。“三个代表”重要思想，是江泽民2000年2月25日在广东省考察工作时，从全面总结党的历史经验和如何适应新形势新任务的要求出发提出的，他指出：“我们党所以赢得人民的拥护，是因为我们党在革命、建设、改革的各个历史时期，总是代表着中国先进生产力的发展要求，代表着中国先进文化的前进方向，代表着中国最广大人民的根本利益。”[②] 三个代表重要思想集中概括了党和国家全部理论活动、实践活动，包括一切工作的根本方向、根本准则、根本依据，三个代表第一位的是发展生产力，提高人们的物质文化水平。

科学发展观第一要义是发展生产力。胡锦涛在2003年7月28日的讲话中提出“坚持以人为本，全面、协调、可持续的发展观”，这就是科学发展观。科学发展观的“第一要义是发展，核心是以人为本，基本要求是全面协调可持续，根本方法是统筹兼顾”[③]。科学发展观仍然坚持以经济建设为中心，并且“要始终把实现好、维护好、发展好最广大人民的根本利益作为党和国家一切工作的出发点和落脚点”[④]，不断满足人们的多方面需求和促进人的全面发展，还要保证经济社会发展的全面、协调、可持续。

在所有制问题上，早在党的十三大报告中，就肯定了在以公有制为主体的前提下，承认多种所有制形式的存在和发展，此后个体经济、私营经

① 中共中央关于建立社会主义市场经济体制若干问题的决定．人民日报，1993－11－17.

② 江泽民文选：第3卷．北京：人民出版社，2006：2.

③ 中国共产党第十七次全国代表大会文件汇编．北京：人民出版社，2007：14，15.

④ 中国共产党第十七次全国代表大会文件汇编．北京：人民出版社，2007：14，15.

济、外资经济得到了空前发展。在生产力发展要素方面，1988 年邓小平明确提出“科技是第一生产力”[①] 的著名论断，强调科技在促进生产力发展中的首要作用。在发展问题上，邓小平在南方谈话中就讲“发展才是硬道理”[②]。这一切，都是以经济建设为中心，目的是实现人民群众的共同富裕，是解决人民群众日益增长的物质文化需求同落后的社会生产力之间的矛盾。

改革开放三十年，我国经济社会发展成绩辉煌，党的十六大报告指出，中国已经基本实现小康社会，进入全面建设小康社会的新时期。1978 年，我国 GDP 总量为 3645.2 亿元，人均 381 元，2009 年我国 GDP 现价总量为 340903 亿元，人均 25545 元。在三十年里，我国 GDP 年均增长近 10%，重要工农业产品的产量跃居世界前列。1978 年，中国还是贫困国家，温饱还没有解决，农村家庭的恩格尔系数约 68%，城镇家庭约 59%，平均计算超过 60%，至 2009 年，城镇居民恩格尔系数 36.2%，接近中等收入国家水平，农村居民家庭为 43.2%。2010 年中国 GDP 超过日本成为世界第二大经济体。“农村绝对贫困人口从 1978 年的 2.5 亿下降到 2007 年的 1479 万，贫困发生率从 1978 年的 30% 下降到 2007 年的 1.6%”[③]。

改革开放三十年取得了举世瞩目的成就，但也产生了一些问题，对此，邓小平早就有清醒的认识，“现在看，发展起来以后的问题不比不发展时少”[④]：

其一，长期奉行唯经济主义的指导思想、唯 GDP、唯招商引资、唯财政收入的政绩观，导致拜金主义盛行，资源环境遭到严重的破坏；国有垄断行业凭借垄断地位获取超额利润，严重损害市场公平，致使居民收入差距、地区差距、城乡差距越来越大，国民收入分配严重畸形；住房、医疗、教育推向市场，改革变成收费，形成住房、医疗、教育新的“三座大山”，民生问题日益突出。

---

① 邓小平文选：第 3 卷. 北京：人民出版社，1993：374，377.

② 邓小平文选：第 3 卷. 北京：人民出版社，1993：374，377.

③ 苏国霞. 扶贫开发是中国特色社会主义的伟大实践. 经济研究参考，2008（31）.

④ 赵智奎. 改革开放 30 年思想史：上卷. 北京：人民出版社，2008：430.

其二，法治国家建设迟滞，缺乏对宪法应有的尊重，导致形式主义、官僚主义、享乐主义和奢靡之风问题严重，一方面特权盛行，官员财产不透明，腐败与“三公”消费、公共资金的浪费现象十分严重，行政开支巨大，民生支出过小。另一方面弱势群体问题严峻，社会缺乏应有的公平、正义，仍然存在歧视性的法律、政策与制度，二元户籍制度依然存在。在社会基本保障领域缺失公平，就业、失业保障、教育、医疗、住房、养老等方面没有实行公民平等的制度。

其三，经济中心主义与道德建设一手硬、一手软，“精神文明建设”流于形式，人们道德滑坡、信用危机、信仰危机日益侵蚀社会肌体，对弱势群体、社会底层的人文关怀缺乏，对困难群众的同情、怜悯之情淡漠，中华文明形象受损。

其四，改革开放三十年，中国的财富收入、财产保有量悬殊，社会分化严重，2013 年国家统计局披露 2012 年全国居民基尼系数为 0.474，2008 年达到 0.491 峰值，均远高于 0.4 的国际警戒线。2012 年 12 月，中国人民银行与西南财经大学共同创立的中国家庭金融调查与研究中心对 8438 个家庭所做的调查显示，2010 年中国家庭收入的基尼系数为 0.61，这一数值显示中国贫富差距比产生社会动荡的水平要高 50%。报告警告说“当前中国的家庭收入差距巨大，世所少见”①。“中国社会的贫富差距已经突破了合理的限度，总人口中 20% 的最低收入人口占收入的份额仅为 4.7%，而总人口中 20% 的最高收入人口占总收入的份额高达 50%。突出表现在收入份额差距和城乡居民收入差距进一步拉大、东中西部地区居民收入差距过大、高低收入群体差距悬殊等方面”②。居民收入差距扩大，贫富悬殊日益明显，社会公平正义受到严峻挑战。

“从 1978 年起，随着改革开放的推行和社会主义市场经济的发展，中

① 报告称中国家庭基尼系数达 0.61 收入差距世所少见. 京华时报，2012-12-10.

② 李劲. 公民社会与社会层级结构重塑. 北京：中国社会出版社，2012：27，26，27.

国的社会结构也发生了烈度、速度、深度和广度比任何时期都要深刻的社会分化”[①]。社会分化的根本标志是社会群体间的差距拉大，由此导致的社会分化是全方位的，“不仅是领域的分化和区域的分化，而且包括阶层分化、组织分化、利益分化和观念分化”[②]。社会阶层分化必然加剧社会矛盾，“一个就是劳资矛盾；另外是政府与民众之间的矛盾”[③]。

对此，胡锦涛在党的十八大报告中总结十七大以后五年来的情况时指出，当前“社会矛盾明显增多，教育、就业、社会保障、医疗、住房、生态环境、食品药品安全、安全生产、社会治安、执法司法等关系群众切身利益的问题较多，部分群众生活比较困难”[④]。社会分配不均，弱势群体、底层群众利益得不到保障，社会分化、阶级分化、固化严重是当前的主要社会现实，公平正义丧失，这与社会主义建设的初衷相背离。

社会利益集团的分化意味着社会利益差别表达的明晰化，意味着社会利益矛盾的公开化，正因如此，缩小收入差距，消灭特权，维护社会公平正义，成为现时代的迫切任务。十八大之后我党开始反思三十年改革开放的问题和不足，以中华民族的伟大复兴为基本目标，把法治中国建设、社会公平与正义、民生与社会保障放到应有的地位上来抓，致力于社会公平、正义的重建。

三、 新时代之开局： 以公平正义为核心执政理念的第三个三十年之开端

改革开放三十年我国经济社会得以长足发展，中国人民逐渐摆脱了贫

---

① 李劲．公民社会与社会层级结构重塑．北京：中国社会出版社，2012：27，26，27.

② 文军，朱士群．社会分化与整合及其对中国社会稳定的影响．理论与现代化，2000（2）.

③ 李劲．公民社会与社会层级结构重塑．北京：中国社会出版社，2012：27，26，27.

④ 胡锦涛．坚定不移沿着中国特色社会主义道路前进　为全面建成小康社会而奋斗：在中国共产党第十八次全国代表大会上的报告．北京：人民出版社，2012：5.

困，但同时也带来一系列问题，其中贫富分化严峻，利益集团、官僚主义、特权等都制造社会不公正，引发各类社会矛盾，所有这些问题、矛盾的产生都根源于公平正义的旁落，对公平正义的诉求正成为时代的强音。公平正义是中国优秀传统文化的精髓，是社会发展的基石，也是当下时代价值的体现，崇尚公平正义是中华民族的传统，公平正义成为人之所以成为人的基本品质和崇高选择，是主体的社会活动对真善美的价值追求，也是主体自我尊严维护的道德规范和原则，是群体内聚力的活水和追求实效群体奋进目标的动力；公平正义也是马克思主义的核心价值追求，公平正义是马克思主义衡量一个社会的历史进步性的价值尺度，是建构未来社会的指导性原则。公平正义的丧失是马克思批判资本主义的重要根据，相反，共产主义则是无产阶级埋葬了非正义的人类社会的史前时期的正义社会。习近平总书记作为中国传统文化的继承者和马克思主义红色文化的继承者，作为改革开放的新设计师，他一定会把公平正义放在其思想体系的核心位置。因此，树立社会公平正义，是以习近平为总书记的党中央的核心执政理念。

党的十八大之后，我党核心执政理念向公平正义转向，新理念得以全面贯彻实施，以实现中华民族伟大复兴的中国梦为统领的公平正义理念在理论和实践两个领域同时全面展开。2012 年 11 月 29 日，习总书记指出“实现中华民族伟大复兴，就是中华民族近代以来最伟大梦想”①，实现中国梦就是要“团结带领全党全国各族人民，在中国共产党成立 100 年时全面建成小康社会，在新中国成立 100 年时建成富强民主文明和谐的社会主义现代化国家，赢得中国人民和中华民族更加幸福美好的未来”②，实现中华民族的伟大复兴。在中国梦统领下，以公平正义为核心的党的执政理念在法

① 习近平总书记深情阐述“中国梦”．人民日报，2012－11－30.

② 习近平．紧紧围绕坚持和发展中国特色社会主义学习宣传贯彻党的十八大精神：在十八届中共中央政治局第一次集体学习时的讲话．北京：人民出版社，2012：2.

治中国建设、党的群众路线教育实践活动、消灭特权、反对腐败等在各个领域展开。

（一）公平正义理念成为新时代的执政原则

党的十八大报告明确提出“新世纪新阶段”，“中国特色社会主义事业总体布局”，要“着力保障和改善民生，促进社会公平正义”，强调“必须坚持维护社会公平正义。公平正义是中国特色社会主义的内在要求”，要“逐步建立以权利公平、机会公平、规则公平为主要内容的社会公平保障体系，努力营造公平的社会环境，保证人民平等参与、平等发展权利”。深化行政制度改革，推动政府职能转变，就是要“提供优质公共服务、维护社会公平正义”，强化“道德建设”，就是要“教育引导党员、干部”“做社会主义道德的示范者、诚信风尚的引领者、公平正义的维护者”[①]。

十八大以后，公平正义成为习近平面向新时代的宣言书，成为中国共产党在第三个三十年之开局的核心执政理念。在十八届中共中央政治局第一次集体学习时的讲话中，习近平总书记就强调“公平正义是中国特色社会主义的内在要求，所以必须在全体人民共同奋斗、经济社会发展的基础上，加紧建设对保障社会公平正义具有重大作用的制度，逐步建立社会公平保障体系”[②]。在首都各界纪念现行宪法公布施行 30 周年大会上的讲话中，习近平强调要从司法上保障公平正义，“我们要依法公正对待人民群众的诉求，努力让人民群众在每一个司法案件中都能感受到公平正义，决不能让不公正的审判伤害人民群众感情、损害人民群众权益”[③]，要坚持依法治国，“维护社会公平正义，实现国家和社会生活制度化、法制化”[④]。在第

① 坚定不移沿着中国特色社会主义道路前进　为全面建成小康社会而奋斗．人民日报，2012－11－9.

② 习近平．紧紧围绕坚持和发展中国特色社会主义　学习宣传贯彻党的十八大精神：在十八届中共中央政治局第一次集体学习时的讲话．北京：人民出版社，2012：9.

③ 习近平．在首都各界纪念现行宪法公布施行30周年大会上的讲话．北京：人民出版社，2012：10，8.

④ 习近平．在首都各界纪念现行宪法公布施行30周年大会上的讲话．北京：人民出版社，2012：10，8.

十二届全国人民代表大会第一次会议上的讲话中，习近平指出，“我们要随时随刻倾听人民呼声、回应人民期待，保证人民平等参与、平等发展权利，维护社会公平正义，在学有所教、劳有所得、病有所医、老有所养、住有所居上持续取得新进展，不断实现好、维护好、发展好最广大人民根本利益，使发展成果更多更公平惠及全体人民，在经济社会不断发展的基础上，朝着共同富裕方向稳步前进”①。他在出席第三届核安全峰会并访问欧洲四国和联合国教科文组织总部、欧盟总部时的演讲中指出，“改革开放以后，在邓小平先生领导下，我们从中国国情和时代要求出发，探索和开拓国家发展道路，形成了中国特色社会主义，提出要建设社会主义市场经济、民主政治、先进文化、和谐社会、生态文明，维护社会公平正义，促进人的全面发展，坚持和平发展，全面建成小康社会，进而实现现代化，逐步实现全体人民共同富裕”②。他在2014年新年贺词中指出，“我们推进改革的根本目的，是要让国家变得更加富强、让社会变得更加公平正义、让人民生活得更加美好”③。在党的十八届四中全会上，习近平同志讲，“全面推进依法治国，是解决党和国家事业发展面临的一系列重大问题，解放和增强社会活力、促进社会公平正义、维护社会和谐稳定、确保党和国家长治久安的根本要求”④。

从习近平总书记的一系列讲话中我们可以看出，主张公平正义迫在眉睫，公平正义理念将是中国共产党在执政第三个三十年的主基调。

（二）全面深化改革是推动社会公平正义的发动机

如何缩小贫富差距、如何摆脱粗放型经济、如何摆正政府和市场关系，

---

① 习近平．在第十二届全国人民代表大会第一次会议上的讲话．北京：人民出版社，2013：6.

② 习近平．出席第三届核安全峰会并访问欧洲四国和联合国教科文组织总部、欧盟总部时的演讲．北京：人民出版社，2014：43.

③ 国家主席习近平发表2014年新年贺词．人民日报，2014－1－1.

④ 习近平．关于《中共中央关于全面推进依法治国若干重大问题的决定》的说明．人民日报（海外版），2014－10－29.

这些都是大难题。十八大之后，我党拉开了全面深化改革的序幕，2013 年 11 月 12 日中国共产党第十八届中央委员会第三次全体会议通过《中共中央关于全面深化改革若干重大问题的决定》，标志着全面深化改革正式启动。全面深化改革是构建公平正义社会的动力。为“形成企业自主经营、公平竞争，消费者自由选择、自主消费，商品和要素自由流动、平等交换的现代市场体系”，启动“加快完善现代市场体系”建设；为确保“非公有制经济的社会主义市场经济重要组成部分”和“经济社会发展重要基础”的地位，提出“坚持和完善基本经济制度”；为“转变政府职能，深化行政体制改革，创新行政管理方式，增强政府公信力和执行力，建设法治政府和服务型政府”，启动“加快转变政府职能”的改革；为“优化资源配置、维护市场统一、促进社会公平、实现国家长治久安”，启动“深化财税体制改革”；为消灭城乡二元结构，提出“健全城乡发展一体化体制机制”；为“保证人民当家做主”，提出“加强社会主义民主政治制度建设”；为“维护人民权益，让人民群众在每一个司法案件中都感受到公平正义”，提出“推进法治中国建设”；为“让人民监督权力，让权力在阳光下运行”，“把权力关进制度笼子”，提出“强化权力运行制约和监督体系”①。应当说，全面深化改革是构建公平正义社会的基本步骤。

应该讲，十八大之后的改革与邓小平时代的改革是有所不同的。邓小平时代的改革以富裕为目标选择，以变革生产关系领域不合理的环节和方面促进经济发展为主题，而习近平主导的改革却以塑造社会的公平正义为目标选择，是全方位改革。这场改革“不是推进一个领域改革，也不是推进几个领域改革，而是推进所有领域改革”②，这就必须深入研究全面深化体制改革的顶层设计和总体规划，加强对各项改革关联性的研判，把经济、政治、文化、社会、生态各方面的体制改革有机结合。

---

① 中共中央关于全面深化改革若干重大问题的决定．人民日报，2013－11－16.

② 习近平．切实把思想统一到党的十八届三中全会精神上来．求是，2014（1）.

（三）坚持经济建设的中心地位，夯实实现公平正义的物质基础

社会公平正义离不开生产力的发达，离不开物质资料的充裕和人民的富足，发展是解决一切问题的关键，坚持经济建设的中心地位，始终是我党的首要目标选择。习近平讲，“中国目前的中心任务依然是经济建设，并在经济发展的基础上推动社会全面进步”①。在经济发展上，习近平重申发展是硬道理，重申中国共产党是先进生产力的代表，重申坚持科学发展观，尤其是充分肯定了社会主义市场经济在经济建设中的地位和作用，“改革开放以后，在邓小平先生领导下，我们从中国国情和时代要求出发，探索和开拓国家发展道路，形成了中国特色社会主义，提出要建设社会主义市场经济、民主政治、先进文化、和谐社会、生态文明，维护社会公平正义，促进人的全面发展，坚持和平发展，全面建成小康社会，进而实现现代化，逐步实现全体人民共同富裕”②。经济发展离不开科学技术进步和人才的培养，所以必须树立终生学习的理念，“有人说，在农耕时代，一个人读几年书，就可以用一辈子；在工业经济时代，一个人读十几年书，才够用一辈子；到了知识经济时代，一个人必须学习一辈子，才能跟上时代前进的脚步”③。

十八大以后，中国经济改革、创新迎来了新纪元，2013 年 8 月，国务院正式批准设立中国（上海）自由贸易试验区；2013 年 9 月 7 日，习近平在哈萨克斯坦纳扎尔巴耶夫大学做重要演讲，提出共同建设“丝绸之路经济带”，同年秋，习近平主席向世界描绘了我国与有关国家共建“一带一路”的蓝图，APEC 经济体与“一带一路”的目标区域虽然高度重合，是中

---

① 习近平．出席第三届核安全峰会并访问欧洲四国和联合国教科文组织总部、欧盟总部时的演讲．北京：人民出版社，2014：44，43.

② 习近平．出席第三届核安全峰会并访问欧洲四国和联合国教科文组织总部、欧盟总部时的演讲．北京：人民出版社，2014：44，43.

③ 习近平．在中央党校建校 80 周年庆祝大会暨 2013 年春季学期开学典礼上的讲话．北京：人民出版社，2013：5.

国应对世界经济中心向亚洲转移和加强对外合作的务实之举，是推动中国乃至亚太、亚欧国家经济发展的重要方案。

经济发展的目的是维护社会公平正义，造福人民，回馈社会，“一切非公有制经济人士和其他新的社会阶层人士，要发扬劳动创造精神和创业精神，回馈社会，造福人民，做合格的中国特色社会主义事业的建设者”①。

（四）治理体系和治理能力现代化是在治国理政的总体思路层面为实现公平正义提供体制机制保障

治理体系和治理能力现代化是指在政治实践过程本身也必须以追求公平正义为目标，治理体系和治理能力现代化是保障公平正义的能力和手段。党的十八届三中全会明确提出“全面深化改革的总目标是完善和发展中国特色社会主义制度，推进国家治理体系和治理能力现代化”②。推进国家治理体系和治理能力现代化，要求“加快形成科学有效的社会治理体制，确保社会既充满活力又和谐有序”。推进国家治理体系和治理能力现代化，要求“改进社会治理方式”③，创新社会治理。“创新社会治理，必须着眼于维护最广大人民根本利益”。中国共产党召开的十八届三中全会，“对未来中国改革开放做出了顶层设计，提出了改革的路线图和时间表，我们的总目标是完善和发展中国特色社会主义制度、推进国家治理体系和治理能力现代化，为中国长远发展奠定更好的制度基础”④。

（五）法治中国建设确保公平正义法治化制度化

法治中国建设是公平正义理念得以实现的根本保障，它是一项立法、

---

① 习近平．在第十二届全国人民代表大会第一次会议上的讲话．北京：人民出版社，2013：7.

② 中共中央关于全面深化改革若干重大问题的决定．人民日报，2013－11－16.

③ 中共中央关于全面深化改革若干重大问题的决定．人民日报，2013－11－16.

④ 习近平．出席第三届核安全峰会并访问欧洲四国和联合国教科文组织总部、欧盟总部时的演讲．北京：人民出版社，2014：35.

执法、司法和守法共同推进的综合性系统工程。从党的十五大确立依法治国基本方略，到十八大阐述全面推进依法治国重要思想，到十八届三中全会提出推进法治中国建设目标任务，再到十八届四中全会建设社会主义法治国家目标的确立，一整套适应现代化建设需要的治理体系加紧构建，法治中国建设得以全面推进。

党的十八大以来，针对法治中国建设，习近平提出了一系列新思想新观点新论断新要求，为推进国家治理体系和治理能力现代化指明了路径方向。奉法者强则国强，"'国无常强，无常弱。奉法者强则国强，奉法者弱则国弱。'经过长期努力，中国特色社会主义法律体系已经形成，我们国家和社会生活各方面总体上实现了有法可依，这是我们取得的重大成就，也是我们继续前进的新起点。形势在发展，时代在前进，法律体系必须随着时代和实践发展而不断发展"①。法律不因领导人的改变而改变，"发展人民民主必须坚持依法治国、维护宪法法律权威，使民主制度化、法律化，使这种制度和法律不因领导人的改变而改变，不因领导人的看法和注意力的改变而改变"②。重大改革都要于法有据，"凡属重大改革都要于法有据。在整个改革过程中，都要高度重视运用法治思维和法治方式，发挥法治的引领和推动作用，加强对相关立法工作的协调，确保在法治轨道上推进改革"③。法律不能有效实施就成了废纸。"现在，我们的工作重点应该是保证法律实施，做到有法必依、执法必严、违法必究。有了法律不能有效实施，那再多法律也是一纸空文，依法治国就会成为一句空话"④。挺直脊梁，只

---

① 毫不动摇坚持和完善人民代表大会制度　坚持走中国特色社会主义政治发展道路：习近平在庆祝全国人民代表大会成立60周年大会上发表重要讲话强调．人民日报，2014－9－6.

② 毫不动摇坚持和完善人民代表大会制度　坚持走中国特色社会主义政治发展道路：习近平在庆祝全国人民代表大会成立60周年大会上发表重要讲话强调．人民日报，2014－9－6.

③ 把抓落实作为推进改革工作的重点　真抓实干蹄疾步稳务求实效：习近平主持召开中央全面深化改革领导小组第二次会议强调．人民日报，2014－3－1.

④ 坚持严格执法公正司法深化改革　促进社会公平正义保障人民安居乐业：习近平在中央政法工作会议上强调．人民日报，2014－1－9.

服从事实，只服从法律，“‘公生明，廉生威。’要坚守职业良知、执法为民，教育引导广大干警自觉用职业道德约束自己，做到对群众深恶痛绝的事零容忍、对群众急需急盼的事零懈怠，树立惩恶扬善、执法如山的浩然正气。要信仰法治、坚守法治，做知法、懂法、守法、护法的执法者，站稳脚跟，挺直脊梁，只服从事实，只服从法律，铁面无私，秉公执法”[①]。维护公平正义，司法机关是最后一道防线，“促进社会公平正义是政法工作的核心价值追求。从一定意义上说，公平正义是政法工作的生命线，司法机关是维护社会公平正义的最后一道防线”[②]。不要去行使依法不该由自己行使的权力，“各级领导干部要带头依法办事，带头遵守法律，牢固确立法律红线不能触碰、法律底线不能逾越的观念，不要去行使依法不该由自己行使的权力，更不能以言代法、以权压法、徇私枉法”[③]。维护稳定，强化法律在化解矛盾中的权威地位，“要处理好维稳和维权的关系，要把群众合理合法的利益诉求解决好，完善对维护群众切身利益具有重大作用的制度，强化法律在化解矛盾中的权威地位，使群众由衷感到权益受到了公平对待、利益得到了有效维护”[④]。法外无权：共产党员永远是劳动人民普通一员，“各级领导干部都要牢记，任何人都没有法律之外的绝对权力，任何人行使权力都必须为人民服务、对人民负责并自觉接受人民监督”。“反腐倡廉建设，必须反对特权思想、特权现象。共产党员永远是劳动人民的普通一员，除了法律和政策规定范围内的个人利益和工作职权以外，所有共产党员都

---

① 坚持严格执法公正司法深化改革 促进社会公平正义保障人民安居乐业：习近平在中央政法工作会议上强调．人民日报，2014－1－9.

② 坚持严格执法公正司法深化改革 促进社会公平正义保障人民安居乐业：习近平在中央政法工作会议上强调．人民日报，2014－1－9.

③ 坚持严格执法公正司法深化改革 促进社会公平正义保障人民安居乐业：习近平在中央政法工作会议上强调．人民日报，2014－1－9.

④ 坚持严格执法公正司法深化改革 促进社会公平正义保障人民安居乐业：习近平在中央政法工作会议上强调．人民日报，2014－1－9.

不得谋求任何私利和特权"[①]。宪法受破坏，人民权利和自由就无法保证，"我们可以清楚地看到，宪法与国家前途、人民命运息息相关。维护宪法权威，就是维护党和人民共同意志的权威。捍卫宪法尊严，就是捍卫党和人民共同意志的尊严。保证宪法实施，就是保证人民根本利益的实现。只要我们切实尊重和有效实施宪法，人民当家做主就有保证，党和国家事业就能顺利发展"。"反之，如果宪法受到漠视、削弱甚至破坏，人民权利和自由就无法保证，党和国家事业就会遭受挫折。这些从长期实践中得出的宝贵启示，必须倍加珍惜。我们要更加自觉地恪守宪法原则、弘扬宪法精神、履行宪法使命"[②]。

党的十八届四中全会是法治中国建设的里程碑，全会提出，全面推进依法治国，总目标是建设中国特色社会主义法治体系，建设社会主义法治国家。坚持依法治国、依法执政、依法行政共同推进，坚持法治国家、法治政府、法治社会一体建设，实现科学立法、严格执法、公正司法、全民守法，促进国家治理体系和治理能力现代化。会议审议通过《中共中央关于全面推进依法治国若干重大问题的决定》。

《决定》提出依法治国六项任务："完善以宪法为核心的中国特色社会主义法律体系，加强宪法实施；深入推进依法行政，加快建设法治政府；保证公正司法，提高司法公信力；增强全民法治观念，推进法治社会建设；加强法治工作队伍建设；加强和改进党对全面推进依法治国的领导。"第一，强调依法执政首先需要依宪执政，"坚持依法治国首先要坚持依宪治国，坚持依法执政首先要坚持依宪执政"。要尊重宪法的国家根本大法的地位，"将每年十二月四日定为国家宪法日"。"建立宪法宣誓制度，凡经人大及其常委会选举或者决定任命的国家工作人员正式就职时公开向宪法宣

---

① 更加科学有效地防治腐败　坚定不移把反腐倡廉建设引向深入：在第十八届中央纪律检查委员会第二次全体会议上的讲话．人民日报，2013－1－23.

② 恪守宪法原则弘扬宪法精神履行宪法使命　把全面贯彻实施宪法提高到一个新水平：习近平在首都各界纪念现行宪法公布施行30周年大会上发表重要讲话强调．人民日报，2014－12－5.

暂”。第二，强调良法善治，“法律是治国之重器，良法是善治之前提”。“加强备案审查制度和能力建设，把所有规范性文件纳入备案审查范围，依法撤销和纠正违宪违法的规范性文件，禁止地方制发带有立法性质的文件”。“加强市场法律制度建设，编纂民法典”。“实现立法和改革决策相衔接，做到重大改革于法有据、立法主动适应改革和经济社会发展需要”。“对部门间争议较大的重要立法事项，由决策机关引入第三方评估，充分听取各方意见，协调决定”。“明确地方立法权限和范围，依法赋予设区的市地方立法权”。“探索委托第三方起草法律法规草案”。第三，保护私产，“国家保护企业以法人财产权依法自主经营、自负盈亏，企业有权拒绝任何组织和个人无法律依据的要求”。第四，惩治腐败有法可依，“完善惩治贪污贿赂犯罪法律制度，把贿赂犯罪对象由财物扩大为财物和其他财产性利益”。

法治是人类政治文明的重要成果，法治是保障公平正义的底线。十八大以来强调法治是治国理政的基本方式，要求全面推进依法治国，推进科学立法、严格执法、公正司法、全面守法，把维护社会公平正义作为首要价值追求，用法治来维护公平正义，坚持严格执法、公正司法，就能使人民群众感到公平正义就在身边。

（六）尊重人民群众的历史主体地位是公平正义的立足点和出发点

坚持公平正义首先要肯定人民群众的历史主体地位。肯定人民群众的历史主体地位是习近平的一贯主张，早在十八大召开之前，习近平就强调，“掌握和运用马克思主义立场观点方法研究和解决中国的实际问题，是我们党的传家宝”，他要求全党“始终站在人民大众立场上，一切为了人民、一切相信人民、一切依靠人民，诚心诚意为人民谋利益”，“各级领导干部要始终牢记党的根本宗旨，从思想和感情深处真正把人民群众当主人、当先生，虚心向他们求教问策，把政治智慧的增长、执政本领的增强、领导艺术的提高深深扎根于人民群众的实践沃土中，不断从人民群众中吸取营养和力量。在我国，中国共产党是执政党，一切权力属于人民、一切权力服务于人民。党员领导干部要始终站在人民大众立场上，把服务群众、造福百姓作为最大责任，把执政为民、为民用权作为正确使用权力的基本准则，真正做到立身不忘做人之本、为政不移公仆之心、用权不谋一己之私”①。坚持党的群众路线，树立正确的群众观，肯定人民群众的历史主体地位，是确立公平正义理念的根本前提。

党的群众路线教育实践活动是尊重人民群众历史主体地位的伟大实践。2013 年 4 月 19 日，中共中央政治局召开会议，决定从 2013 年下半年开始，用一年左右时间，在全党自上而下分批开展党的群众路线教育实践活动。习近平强调，“以为民务实清廉为主要内容，以县处级以上领导机关、领导班子和领导干部为重点，切实加强全体党员马克思主义群众观点教育，把贯彻落实中央八项规定作为切入点，进一步突出作风建设，坚决反对形式主义、官僚主义、享乐主义和奢靡之风，着力解决人民群众反映强烈的突出问题，提高做好新形势下群众工作的能力，保持党同人民群众的血肉联系，发挥党密切联系群众的优势，为推动经济持续健康发展、全面建成小康社会、实现中华民族伟大复兴的中国梦提供坚强保证。党的群众路线教育实践活动全过程，要贯穿‘照镜子、正衣冠、洗洗澡、治治病’的总要求”。人民是立党之本，“人心向背关系党的生死存亡。党只有始终与人民心连心、同呼吸、共命运，始终依靠人民推动历史前进，才能做到坚如磐石”②。党的群众路线教育实践活动密切了党群关系，摆正了党和人民群众之间的位置，突出了人民群众的历史主体地位。

（七）消灭特权、反对腐败是维护公平正义的突破口和重要举措

取消特权是习近平推行公平正义理念的重要步骤，是习近平的夙愿。

① 习近平．深入学习中国特色社会主义理论体系．人民日报，2010－3－2.

② 深入扎实开展党的群众路线教育实践活动　为实现党的十八大目标任务提供坚强保证．人民日报，2014－6－19.

在中共中央政治局第一次集体学习时，习近平就指出："各级党委要旗帜鲜明地反对腐败，更加科学有效地防治腐败，做到干部清正、政府清廉、政治清明，永葆共产党人清正廉洁的政治本色。各级领导干部特别是高级干部要自觉遵守廉政准则，既严于律己，又加强对亲属和身边工作人员的教育和约束，决不允许以权谋私，决不允许搞特权。"① 12 月 4 日，中共中央总书记习近平主持召开中央政治局会议，审议中央政治局关于改进工作作风、密切联系群众的八项规定，使反对特权制度化。"中央政治局全体同志要改进调查研究，到基层调研要深入了解真实情况，总结经验、研究问题、解决困难、指导工作，向群众学习、向实践学习，多同群众座谈，多同干部谈心，多商量讨论，多解剖典型，多到困难和矛盾集中、群众意见多的地方去，切忌走过场、搞形式主义；要轻车简从、减少陪同、简化接待，不张贴悬挂标语横幅，不安排群众迎送，不铺设迎宾地毯，不摆放花草，不安排宴请"。中央要改进会风、改进文风，要规范出访活动，要改进警卫工作，要改进新闻报道，要严格文稿发表，要厉行勤俭节约。制定这方面的规定，指导思想就是从严要求，体现从严治党②。八项规定是党员干部的行为准则，是消灭特权、预防腐败的重要措施。

反腐是维护公平正义的重大举措。十八大以后，反对腐败成为中国政治生活的重大事项。党中央不断强化反腐力度，致力于消灭腐败，消灭特权，目的是还社会以公平、正义。

2012 年 11 月 15 日，十八届中央政治局常委与中外记者见面，习近平就强调要下大气力解决贪污腐败等问题，"新形势下，我们党面临着许多严峻挑战，党内存在着许多亟待解决的问题。尤其是一些党员干部中发生的贪污腐败、脱离群众、形式主义、官僚主义等问题，必须下大气力解决。

---

① 紧紧围绕坚持和发展中国特色社会主义 深入学习宣传贯彻党的十八大精神：习近平在中共中央政治局第一次集体学习时强调．人民日报，2012－11－19.

② 中共中央政治局召开会议同意关于改进工作作风八项规定．人民日报，2012－12－5.

全党必须警醒起来”①。

2012 年 11 月 17 日，十八届中共中央政治局第一次集体学习，习近平指出如果不根治腐败，必然会导致亡党亡国。“反对腐败、建设廉洁政治，保持党的肌体健康，始终是我们党一贯坚持的鲜明政治立场。党风廉政建设是广大干部群众始终关注的重大政治问题。‘物必先腐，而后虫生。’近年来，一些国家因长期积累的矛盾导致民怨载道、社会动荡、政权垮台，其中贪污腐败就是一个很重要的原因。大量事实告诉我们，腐败问题越演越烈，最终必然会亡党亡国！”共产党员要永葆清正廉洁的政治本色。“我们要警醒啊！近年来我们党内发生的严重违纪违法案件，性质非常恶劣，政治影响极坏，令人触目惊心。”他尤其强调，“对一切违反党纪国法的行为，都必须严惩不贷，决不能手软”②。在中国共产党第十八届中央纪律检查委员会第二次全体会议上，习近平指出，要“更加科学有效地防治腐败，坚定不移把反腐倡廉建设引向深入”，要求全党要“坚持标本兼治、综合治理、惩防并举、注重预防方针，更加科学有效地防治腐败，坚定不移把党风廉政建设和反腐败斗争引向深入”③。

在第十二届全国人民代表大会第一次会议上，习近平强调全党要“坚决同一切消极腐败现象做斗争，永葆共产党人政治本色，矢志不移为党和人民事业奋斗”④。

在中共中央政治局第五次集体学习中，习近平讲话指出，要“借鉴历史上优秀廉政文化，不断提高拒腐防变能力”⑤。在党的群众路线教育实践

---

① 人民对美好生活的向往就是我们的奋斗目标：习近平在十八届中共中央政治局常委同中外记者见面时强调. 人民日报，2012 - 11 - 16.

② 紧紧围绕坚持和发展中国特色社会主义　深入学习宣传贯彻党的十八大精神：习近平在中共中央政治局第一次集体学习时强调. 人民日报，2012 - 11 - 19.

③ 更加科学有效地防治腐败　坚定不移把反腐倡廉建设引向深入：习近平在十八届中央纪委二次全会上发表重要讲话. 人民日报，2013 - 1 - 23.

④ 习近平在第十二届全国人民代表大会第一次会议上的讲话. 人民日报，2014 - 3 - 18.

⑤ 积极借鉴我国历史上优秀廉政文化　不断提高拒腐防变和抵御风险能力：习近平在中共中央政治局第五次集体学习. 人民日报，2014 - 4 - 21.

活动工作会议上，习近平讲，“要把为民务实清廉的价值追求深深植根于全党同志的思想和行动中”，我党要对“形式主义、官僚主义、享乐主义和奢靡之风”“来一次大排查、大检修、大扫除。”① 在十八届四中全会上，习近平同志再次强调全党要“坚定不移反对腐败”②。

2013 年正式成立“中央纪律检查委员会、中央组织部”巡视组，王岐山同志任组长，设立 5 个巡视组，标志着反腐巡视工作进入正式运作阶段。巡视组定位于履行监督责任，当好党中央的“千里眼”，找出“老虎”和“苍蝇”，对违纪违法问题早发现、早报告，成立巡视组是反对和惩治腐败的重要举措。

党的十八大以后，我党展开了声势浩大的反对腐败运动，至今年 8 月，共惩治省部级以上腐败官员 34 名，极大地震慑了贪腐分子。落实八项规定，反对腐败，党的群众路线实践教育活动，都是消灭特权，还社会以公平正义的切实努力。

（八）实行民族区域自治制度，实现民族平等和中华各族人民大团结，是保障民族间公平正义的根本政策，是公平正义在民族事务中的具体体现

民族区域自治、民族平等和各民族之间相互尊重，是公平正义观念在民族工作中的根本指针。习近平重新强调民族区域自治，“要坚定不移坚持党的民族政策、坚持民族区域自治制度”。中国是 56 个民族共同组成的大家庭，民族团结是中国各民族的传统。“中华民族和各民族的关系，是一个大家庭和家庭成员的关系，各民族的关系，是一个大家庭里不同成员的关系”③。各民族要紧密团结，“各民族要相互了解、相互尊重、相互包容、相

① 深入扎实开展党的群众路线教育实践活动　为实现党的十八大目标任务提供坚强保证．人民日报，2014 - 6 - 19.

② 中国共产党第十八届中央委员会第四次全体会议公报．人民日报，2014 - 10 - 24.

③ 习近平．在中央民族工作会议上作重要讲话．人民日报，2014 - 9 - 30.

互欣赏、相互学习、相互帮助，像石榴籽那样紧紧抱在一起”[①]。“加强各民族交往交流交融，尊重差异、包容多样，让各民族在中华民族大家庭中手足相亲、守望相助”，还要“坚决反对大汉族主义和狭隘民族主义，自觉维护国家最高利益和民族团结大局”[②]。各民族要确立在国家中的主体意识，“在各民族中牢固树立国家意识、公民意识、中华民族共同体意识”[③]，形成对祖国的认同感，在精神上成为祖国大家庭中的一员。在民族政策上，习近平还强调各民族之间的交融，“要加强民族交往交流交融，部署和开展多种形式的共建工作，推进‘双语’教育，推动建立各民族相互嵌入式的社会结构和社区环境，有序扩大新疆少数民族群众到内地接受教育、就业、居住的规模，促进各族群众在共同生产生活和工作学习中加深了解、增进感情”[④]。还要改善民族地区的民生，“发展要落实到改善民生上、落实到惠及当地上、落实到增进团结上，让各族群众切身感受到党的关怀和祖国大家庭的温暖”[⑤]，共享祖国繁荣发展的成果。

（九）保障和改善民生是维护公平正义的基本保证

保障民生是伸张公平正义的基础。民生事业是维护弱势群体和社会底层生存与发展的最后屏障，民生事业对弱势群体和社会底层最有意义。罗尔斯的正义理论追求起点平等和有限的结果平等，努力维护最少受惠者的利益，“只要其结果能给每个人，尤其是那些最少受惠的社会成员带来补偿利益，它们就是正义的”[⑥]。党的十八大报告指出，加强社会建设，必须以保障和改善民生为重点。要多谋民生之利，多解民生之忧，解决好人民最

---

① 习近平．在第二次中央新疆工作座谈会上发表重要讲话．人民日报，2014－5－30.

② 习近平．在中央民族工作会议上作重要讲话．人民日报，2014－9－30.

③ 习近平．在第二次中央新疆工作座谈会上发表重要讲话．人民日报，2014－5－30.

④ 习近平．在第二次中央新疆工作座谈会上发表重要讲话．人民日报，2014－5－30.

⑤ 习近平．在第二次中央新疆工作座谈会上发表重要讲话．人民日报，2014－5－30.

⑥ 罗尔斯．正义论．何怀宏，何包钢，廖申白，译．北京：中国社会科学出版社，1998：14。

关心最直接最现实的利益问题，在学有所教、劳有所得、病有所医、老有所养、住有所居上持续取得新进展，努力让人民过上更好生活。民生改善，是一项长期的、系统的、艰巨的、复杂的工程。对此，习近平同志强调，“保障和改善民生是一项长期工作，没有终点站，只有连续不断的新起点，要实现经济发展和民生改善良性循环”①。

习近平总书记在河北阜平看望慰问困难群众时，要求把帮助困难群众特别是革命老区、贫困地区的困难群众脱贫致富摆在更加突出位置。在2013年全国两会上强调，要在学有所教、劳有所得、病有所医、老有所养、住有所居上持续取得新进展。在天津考察就业服务项目时说，就业是民生之本，要注重稳定和扩大就业……。当前我国在教育、医疗卫生、就业领域等等的改革就是以保障民生重建社会公平正义为目的。

确立公平正义的执政理念是第三个三十年工作的根本指针，从全面改革到经济建设，从治理体系和治理能力现代化到法治中国建设，从尊重人民群众的历史主体地位到消灭特权、反对腐败，从坚持民族区域自治到保障和改善民生，习近平总书记制定了一整套以维护社会公平正义为目标指向的治国理政的根本方略，为新时期的社会改革、发展确立了基本的路线与方向。应当说，上述九条治国之策是相互连接、内在统一的，其目标选择是公平正义，其方法是全面深化改革，其基础是发展经济，其体制机制是治理体系和治理能力现代化，其保障是法治中国建设，其立足点和出发点是尊重人民群众的历史主体地位，其突破口是消灭特权、反对腐败，其实施是坚持民族区域自治以及保障和改善民生。

四、 时代问题的转换与核心执政理念的升华

在不同历史时期，我党执政理念的确立均有其现实根据，执政理念的

---

① 倪洋军．感于习近平“民生没有终点站只有新起点”．人民日报，2013－5－16.

转换根源于时代问题的转换，马克思历史辩证法的本质就是事物向对立面的运动，不平等的旧中国必然为平等的新中国所取代，贫穷的社会主义必然向富足的社会主义发展，拜金主义的社会主义必然向公平正义的社会主义转换。平等是要把人从对人的依赖中解放出来，富裕是要把人从物质资料的极度匮乏中解放出来，公平正义是要把人从对物的依赖中解放出来，从平等到富裕到公平正义是一个正反合的逻辑过程，在这个总体性圆圈中，平等是正题，富裕是反题，公平正义是合题。

（一）平等、富裕、公平正义的辩证法

费希特讲“自我设定非我”，在自我和非我的矛盾运动中，事物由自我向非我发展。马克思讲社会批判，社会批判是指要发现社会问题的本质，对社会问题的本质加以否定，从而达到改造现实社会的目的。新中国成立以来，中国社会的变革运动就是按照辩证法的逻辑展开的，这个逻辑过程表现为我党核心执政理念“平等”“富裕”“公平正义”的时代转换。

毛泽东的批判对象是旧中国，其革命的目标也只能是旧中国的最大本质，这个本质就是人对人的剥削和压迫，等级社会是人对人的剥削和压迫所表现出来的根本特征。按照辩证法原理，事物的发展是向对立面的运动，旧中国的本质特征即是贫富不均的等级社会，其向对立面运动的诉求必然是平等。新中国是在旧中国基础上诞生的，毛泽东对旧中国的批判是一个辩证否定的过程，他力图寻找社会主义形式下恰当关系的合理形式，并在社会主义建设中将其付诸实践，平等必然成为毛泽东时代我党的核心执政理念。应当承认，平等是中国共产党对社会主义阶段人们之间的关系的浅层次的认识，并且深深地打上了中国传统政治文化中平等观念的印记，导致平均主义也是其题中之义。在中国传统文化中，平等就是一个常见范畴，平等不仅指财富的平等，而且应当包含政治、经济、文化、社会地位上的平等，但中国历代农民起义所打的旗号“均贫富”只是一种土地、财富平

等观念。正因为人民对财富的渴望，平等观念才深入中国人人心，平等，最能够唤起中国人的参与热情。我们挖掘毛泽东的平等观念的传统文化渊源，并不否认其革命的马克思主义性质，毛泽东的革命理论无疑是马克思主义的，他的平等观念是马克思人的解放思想的逻辑延伸。在新中国的第一个三十年里，作为中国共产党核心执政理念的平等自然比传统文化中的平等观念深刻得多，内容丰富得多，但并不能因此就否认毛泽东的革命理论从中国传统文化中汲取营养。毛泽东的平等观念所要解决的是旧社会人剥削人、人压迫人的黑暗现实，在实行一系列政治、经济社会革命之后，中国建成了一个政治、经济、文化、社会的平等框架结构，但新中国的政治经济制度在很大程度上模仿了苏联斯大林模式，高度计划的经济体制造成了效率低下等弊端。

70 年代末，中国社会最大的问题是贫困，其向对立面运动的最大诉求就是富裕。在中国共产党执政的第二个三十年里，邓小平所提出的富裕理念以平等为基本前提，也就是说，邓小平的富裕执政理念的底板是平等，这是毛泽东的功劳。富裕所涉及的主要是人民群众的物质文化生活领域，所要解决的主要问题是生产效率低下、经济短缺、人民群众的生活资料匮乏、两亿多人民还生活在绝对贫困之下的窘况。以邓小平理论、“三个代表”重要思想和科学发展观为主要组成部分的中国特色社会主义理论体系的核心是解放和发展生产力，发展经济，满足人民群众日益增长的物质文化生活需求。富裕成为这一阶段中国共产党的核心执政理念。但如果以单一的经济发展为中心，必然会带来一系列经济社会问题。

当下中国集聚了大量的社会矛盾，其根本原因就是公平正义得不到彰显，其向对立面运动的诉求必然是寻求公平正义。应当说，“公平正义”理念是比“平等”“富裕”等更为深刻、更高一个层次的、更根本性的哲学范畴。从公平正义出发，可以逻辑地开出道德、平等等政治哲学概念。正义在古希腊哲学中是高居于天国的逻各斯，在基督宗教中是上帝的意志，在中国文化中是“道”，是儒家思想中的“天命”“天志”，正义是政治、伦理原则的灵魂，国家概念、政府设计、道德规范等等可以说都是从正义中开出来了的。只有确立理性、严整、合乎逻辑的正义观念，才能保证建立在其基础之上的国家、政府、道德的合法性。习近平公平正义观念正是针对当下中国的道德失范、社会公平正义缺失、特权盛行、贫富分化严重等问题提出来的。

（二）从“平等”到“富裕”再到“公平正义”是人的解放的三次跃升

马克思在1857—1858年的《政治经济学批判》中依据人对人的依赖、人对物的依赖关系把人的解放划分为三个阶段，“人的依赖关系（起初完全是自然发生的），是最初的社会形态，在这种形态下，人的生产能力只是在狭窄的范围内和孤立的地点上发展着。以物的依赖性为基础的人的独立性，是第二大形态，在这种形态下，才形成普遍的物质变换、全面的关系、多方面的需求以及全面的能力的体系。建立在个人全面发展和他们共同的社会生产能力成为他们的社会财富这一基础上的自由个性，是第三个阶段”①。新中国成立后，毛泽东时代、邓小平时代和新时代对平等、富裕和公平正义的追求恰恰是马克思人类解放三个阶段在当代中国的现实呈现。

毛泽东领导的社会主义革命和建设的伟大功绩在于把人民从不平等的社会中解放出来，因为社会主义革命的对象之一是封建主义，而封建主义建立在人身依附关系上，反对封建主义的结果就是把人从人对人的依赖关系中解放出来，这可以说是毛泽东完成了马克思所说的人的解放的第一个阶段的历史使命，这也是中国革命的新民主主义性质使然。但按照马克思的理解，是资本的逻辑实现了人对人的解放，然而，新中国成立后毛泽东实现社会平等，实现人对人的解放的手段和步骤，社会主义改造的目的恰

---

① 马克思恩格斯全集：第46卷上．北京：人民出版社，1979：104.

恰是消灭市场和资本，实行高度计划的国民经济，但公有制和计划经济尽管达到了把人从人对人的依赖中解放出来的目的，消灭了人对人的依赖，但却带来了物质资料的极度匮乏。人对人的解放是资本逻辑的结果，但资本逻辑必然带来物的依赖，毛泽东力图通过一次革命就完成把人从对人的依赖和从对物的依赖中解放出来的目的，显然脱离实际。

邓小平时代我们党以富裕为核心执政理念，依靠的手段就是市场和资本，资本的充分发展奠定了坚实的物质基础，一方面资本的逻辑肯定了人对人的解放，资本只承认人和人之间的金钱关系，并且以原子化的个人作为其社会基础，但过度市场化的结果是人依赖于物，“从唯物史观考察市场经济，其本质就是人对物的依赖关系的社会化的交往形式。生产者个人在一定的社会关系中的生产活动，要以‘物’的联系为基础，以物质产品的交换形式作为生产者个人生存和发展的必要条件。不论是生产者个人之间的社会关系还是劳动产品，也不论是交换价值和货币，都具有物化的性质，并通过‘物’的方式表现出来即形成人对物的依赖关系”①。财富，不仅是人的解放的物质基础，同时也变成了奴役人的手段。

市场、资本的逻辑必然带来物的依赖，但恰恰是物的依赖过程创造了人的解放的物质基础，要想从人对物的依赖中解放出来，必须让这种关系得到充分发展。物的依赖关系的充分发展正是人对物的解放的必要条件，正像基督教哲学中所讲的那样，“上帝黑暗”是因为在“极致而无限的明亮中陷入极致的黑暗”②，正是极度的明亮才使上帝陷入黑暗，只有在极致的物的依赖中人对物的依赖的解放才成为可能。人类解放必然由第二个阶段跃升至第三个阶段，人的解放的第三个阶段既没有人对人的依赖，也没有人对物的依赖，而是人的自由解放和全面发展，但人的自由与全面发展离不开物质基础，恰恰是资本、市场缔造了人的解放的物质条件，“第二个阶

① 赖传祥．试论社会主义市场经济中“人对物的依赖关系”．中州学刊，1997：1.

② 徐龙飞．形上之路：基督宗教的哲学建构方法研究．北京：北京大学出版社，2013：470.

段为第三个阶段创造条件”。在人的全面发展阶段，“他们共同的社会生产能力成为他们的社会财富”①。

习近平总书记所强调的公平正义，就是通往人类解放第三个阶段的现实路径。公平正义，一方面以人从人对人的依赖的解放为基础，但同时，又从现实的社会实际出发肯定市场与资本的地位与作用，客观的生产和交往关系既是公平正义的基础，又是公平正义的天花板，“只要与生产方式相适应，相一致，就是正义的；只要与生产方式相矛盾，就是非正义的”②。公平正义以现实的生产和经济为标准，“社会的公平或不公平，只能用一门科学来断定，那就是研究生产和交换这种与物质有关的事实的科学——政治经济学”③。公平正义的实现也需要客观的现实物质手段，“正义精神和价值的实现最终要依赖于由生产方式决定的公平关系，它需要现存生产力的发展与生产关系的变革，以及由此导致的整个社会交往的发展水平”④。但公平正义绝不会完全屈从于资本的逻辑，完全仰资本的鼻息，“正义以否定性的形式和超越性的内容表达着人与人交往关系中非私利性和类特性等恰当性的不断增长，以达到人的自由而全面的发展”⑤。以公平正义为核心执政理念就是要在保障生产的基础上建立恰当的规范的人的生活关系和交往准则。

（三）从“平等”到“富裕”再到“公平正义”是一个正反合的过程

许全兴教授撰文指出中国特色社会主义是一个正反合的过程，“中国特色社会主义是初级阶段的社会主义，要经历一个正、反、合的辩证历史过

① 马克思恩格斯全集：第46卷：上．北京：人民出版社，1979：104.

② 马克思恩格斯全集：第46卷．北京：人民出版社，2003：379.

③ 马克思恩格斯全集：第25卷．北京：人民出版社，2001：488.

④ 万斌，赵恩国．公平、公正、正义的政治学界定及其内在统一．哲学研究，2014（9）.

⑤ 万斌，赵恩国．公平、公正、正义的政治学界定及其内在统一．哲学研究，2014（9）.

程。毛泽东对中国社会主义的探索与试验是辩证发展过程中‘正’的阶段，为尔后的发展做了必要的准备，奠定了基础；邓小平纠正了毛泽东晚年的错误，继续进行试验，初步形成了中国特色社会主义理论，其后继者进一步丰富和发展了这一理论，这是辩证发展过程中‘反’的阶段；理论发展的自身逻辑和当代中国社会的现实要求需要一个‘合’的阶段。‘合’不是复旧，而是在‘正’‘反’两阶段基础上进行综合创新。”① 许教授的观点给了我们有益的启示：新中国成立以来中国共产党核心执政理念的时代转换恰恰就是一个正反合的逻辑过程，这个过程以平等为正题，富裕为反题，公平正义为合题。

毛泽东是新中国的开创者，他处于正题阶段，“毛泽东虽然没有找到适合中国特点的社会主义道路，但他无疑是中国特色社会主义伟大事业的开拓者、奠基者，他的有关社会主义革命和建设的理论是中国特色社会主义理论不可分割的组成部分，是中国特色社会主义‘正、反、合’历史过程中‘正’的阶段”②。而平等是毛泽东时代的核心执政理念，平等是社会主义新中国的起点，平等自然构成了新中国成立以来中国共产党核心执政理念的正题。

邓小平时代否定了“一大二公”的人民公社和计划经济，处于反题阶段，“邓小平在继承毛泽东时代正确的理论、制度和实践的基础上，纠正了以阶级斗争为纲的错误和脱离社会主义初级阶段实际的理论、方针和政策，开启了改革开放新时期，逐步形成了中国特色社会主义理论，开辟了中国特色社会主义道路。邓小平理论是对毛泽东思想的继承和发展，亦是对毛泽东晚年错误的辩证否定，进入到中国特色社会主义历史过程中‘反’的阶段”③。富裕是邓小平时代的核心执政理念，“富裕”肯定了竞争、效率、

① 许全兴．中国特色社会主义的“正反合”．毛泽东思想研究，2014（7）．

② 许全兴．中国特色社会主义的“正反合”．毛泽东思想研究，2014（7）．

③ 许全兴．中国特色社会主义的“正反合”．毛泽东思想研究，2014（7）．

资本的合法性，允许“一部分人先富起来”，构成了新中国成立以来中国共产党核心执政理念的反题。

对于毛泽东时代和邓小平时代，习近平明确提出，“我们党领导人民进行社会主义建设，有改革开放前和改革开放后两个历史时期，但本质上都是我们党领导人民进行社会主义建设的实践探索。”“两者绝不是彼此割裂的，更不是根本对立的。不能用改革开放后的历史时期否定改革开放前的历史时期，也不能用改革开放前的历史时期否定改革开放后的历史时期”①。显然，习近平总书记是对改革开放前后两个三十年积极因素的充分肯定，处于合题阶段。我党在第三个三十年的核心执政理念是公平正义，于是，公平正义构成了新中国成立以来中国共产党核心执政理念的合题。但作为合题的“公平正义”，不是正题“平等”、反题“富裕”的简单综合，更不是复旧，用老办法解决新问题，而是在更高基础上对当代中国现实做出的理性回应。合题“公平正义”不是对反题“富裕”的简单否定，更不是回到正题“平均主义”的老路上去。公平正义一个方面是对平等高层次地回归，另一方面又承认和肯定了作为公平正义基础的财富增长的合法性地位。平等包含着公平正义的元素，公平是贯彻始终的逻辑线索。

资本与市场的逻辑与公平正义的内在张力是一个悖论，在唯物史观看来，市场、资本能够激发活力，提高劳动生产率，但也会制造贫富不均。市场、资本的逻辑与公平正义之间始终存在着内在紧张，当市场过度张扬时，公平正义必然受到压制。只有公平正义力量充分彰显，市场、资本才会发挥其应有作用。正是根据这一逻辑，毛泽东建立了平等、公正的社会，消灭了市场、资本，而邓小平为了纠正计划经济所带来的效率低下问题，引入市场、资本。改革开放三十多年之后，市场、资本高度张扬带来了经济的高速发展和极度繁荣，但在市场、资本力量扩张中公平正义力量被遮

---

① 毫不动摇坚持和发展中国特色社会主义　在实践中不断有所发现有所创造有所前进：习近平同志在新进中央委员会的委员、候补中央委员学习贯彻党的十八大精神研讨班开班式上的讲话．人民日报，2013－1－6.

蔽。在第三个三十年中，这个合题仍然纠缠于公平正义与资本的逻辑之间——整个现代性就奠基在资本的逻辑之上，资本逻辑是现代化建设无可回避的。也就是说，一方面，要重新确立公平正义理念，但这种对公平正义的反思不是简单地向平等的回归，而是在更高层次上对人的自由解放思想的回应，它超越了毛泽东单纯追求平等的局限，毛泽东的平等简单地拒绝了市场与资本，将公平正义与资本、市场简单对立，而习近平是在更高层次上思考公平正义，并且把公平正义在与市场、资本的对立中把握其统一，是经济高度发展基础上的公平正义；另一方面，公平正义也是对富裕的超越，公平正义肯定了富裕的两大支柱：市场与资本的积极因素，并且力图克服市场、资本对公平正义的侵害，是在公平正义与市场、资本的统一基础上的综合创新。

（原载于《东岳论丛》2015 年 1 月第 36 卷第 1 期）